3ª EDIÇÃO

GESTÃO CRIATIVA

Aprendendo com os mais bem-sucedidos empreendedores do mundo

www.dvseditora.com.br

Victor Mirshawka - Victor Mirshawka Jr.

GESTÃO CRIATIVA

Aprendendo com os mais bem-sucedidos empreendedores do mundo

3ª EDIÇÃO

www.dvseditora.com.br

GESTÃO CRIATIVA - Aprendendo com os mais bem-sucedidos empreendedores do mundo.
Copyright© 2003 DVS Editora Ltda. / 3ª edição (2012)

Todos os direitos para a língua portuguesa reservados pela DVS Editora. Nenhuma parte desta publicação poderá ser reproduzida, guardada pelo sistema "retrieval" ou transmitida de qualquer modo ou por qualquer outro meio, seja este eletrônico, mecânico, de fotocópia, de gravação, ou outros, sem prévia autorização, por escrito, da editora.

Produção Gráfica: Spazio Publicidade e Propaganda
Revisão: Jandyra Lobo de Oliveira
ISBN: 978-85-88329-07-2

Endereço para correspondência com os autores:
Victor Mirshawka - Victor Mirshawka Jr.
Site: www.dvseditora.com.br

Dados Internacionais de Catalogação na Publicação (CIP)
(Câmara Brasileira do Livro, SP, Brasil)

```
Mirshawka, Victor
    Gestão criativa: aprendendo com os mais
bem-sucedidos empreendedores do mundo / Victor
Mirshawka, Victor Mirshawka Jr. -- São Paulo:
DVS Editora, 2003.

    1. Administração de empresas 2. Criatividade em
negócios 3. Empreendedorismo 4. Sucesso em negócios
I. Mirshawka Júnior, Victor. II. Título

03-1031                                    CDD-650.1
```

Índices para catálogo sistemático:

1. Gestão criativa: Administração de empresas
650.1

Dedicatória

Ao amigo e presidente da diretoria executiva da Fundação Armando Alvares Penteado (FAAP), Antonio Bias Bueno Guillon, um empreendedor nato, que com a sua perspicácia, coragem, agilidade e criatividade tornou em pouco tempo a instituição que dirige uma referência nacional nos campos da educação, arte e cultura.

E fez tudo isso com muita elegância, que é a arte de não se fazer notar misturada com o cuidado sutil de se deixar distinguir.

O sucesso alcançado pela FAAP tem uma explicação: está fundamentado no seu talento, intuição, competência, trabalho, paixão pelo que faz e um pouco de sorte.

Com ele aprendemos que para vencer não podemos em nenhum momento esmorecer e, mais do que isto, que para realizar os sonhos precisamos perseverar, insistir, não desistir nunca, não nos deixando atormentar e desanimar com os problemas, mas ao contrário, ficar energizados e motivados com as soluções encontradas.

Muito obrigado, estimado Antonio, por termos podido participar dessa obra de empreendedorismo notável e bem-sucedida que você incansavelmente continua realizando na FAAP.

Índice

CAPÍTULO 1

Pessoas, empresas e países empreendedores ___ **23**

1.1 - Pessoas empreendedoras ___ 23

1.2 - As preocupações do empreendedor ___ 30

1.3 - As empresas empreendedoras ___ 33

1.4 - Roberto Marinho, o maior empreendedor brasileiro do setor de comunicações do século XX ___ 41

1.5 - O intra-empreendimento ___ 47

1.6 - A economia empreendedora do século XXI ___ 54

1.7 - Pequenos negócios e seu desenvolvimento no Brasil ___ 60

1.8 - A importante participação do SEBRAE para o desenvolvimento do empreendedorismo no Brasil ___ 64

1.9 - A criação do ambiente propício ao empreendedorismo no Brasil ___ 71

CAPÍTULO 2

Os desafios do empreendedorismo ___ **89**

2.1 - Tendência no Brasil ___ 89

2.2 - Conceituando o empreendedor ___ 90

2.3 - O processo empreendedor ___ 96

2.4 - Enxergando uma boa oportunidade de negócio ___ 98

2.5 - Promovendo a transição de sucesso: de empregado a empresário ___ 102

2.6 - Os 6 Cs essenciais para se montar um negócio ___ 105

2.7 - Alguns segredos do empreendedor bem-sucedido ___ 108

2.8 - Os pecados que devem ser evitados
pelos empreendedores _____ 114

CAPÍTULO 3
Abrindo o seu negócio com sucesso _____ **139**

3.1 - Os primeiros cuidados com a idéia de abrir
o seu negócio _____ 139

3.2 - Estudo do mercado _____ 141

3.3 - Plano de *marketing* _____ 145

3.4 - Instalações _____ 158

3.5 - Empregar as pessoas certas _____ 163

3.6 - A informatização da empresa _____ 167

3.7 - Os negócios e a lei _____ 172

3.8 - Controle financeiro _____ 177

3.9 - O plano empresarial _____ 181

CAPÍTULO 4
A mulher empreendedora _____ **187**

4.1 - As *mompreneurs* (mães empreendedoras) _____ 187

4.2 - A mulher aprendendo a se conhecer, quebrando
barreiras e cuidando do próprio negócio _____ 192

4.3 - Tentando compreender a criatividade feminina _____ 215

4.4 - Experiências empreendedoras no terceiro setor _____ 221

CAPÍTULO 5
O empreendedorismo criativo _____ **237**

5.1 - As leis do empreendedor criativo (EC) _____ 237

5.2 - As táticas do EC _____ 254

CAPÍTULO 6
O empreendedor fazendo uso do pensamento sistêmico _____ **265**

6.1 - Noção de sistema _____ 265

6.2 - Conceitos fundamentais do pensamento sistêmico _____ 267

6.3 - Os benefícios do pensamento sistêmico _____ 283

CAPÍTULO 7

**Enfronhando-se criativamente no negócio
e prospectando o seu futuro** **289**

7.1 - Conhecimento profundo e abrangente da empresa 289

7.2 - O processo da exploração criativa 295

7.3 - Decisões eficazes 304

7.4 - Planejando o futuro 307

7.5 - Os decálogos finais: quebrando ou desenvolvendo
o seu negócio 313

CAPÍTULO 8

**Empresas e empreendedores bem-sucedidos
que se formaram na FAAP** **319**

8.1 - Asyst Sudamérica 319

8.2 - NSA Brasil 325

8.3 - Gráfica Arizona 329

8.4 - Maria Tereza Possatto 333

8.5 - Peggy Beçak 337

8.6 - Edson Crescitelli 341

8.7 - Injepet Embalagens 345

8.8 - Sérgio Kalil 349

8.9 - Tudo começou com uma pequena estante... 353

BIBLIOGRAFIA **359**

Jornais que serviram de referência 367

Revistas utilizadas para escrever o livro 367

Sites consultados na elaboração deste livro 368

Editoras e livrarias on-line 369

Revistas especializadas on-line 369

SIGLAS **371**

Introdução

A finalidade básica ao escrevermos este livro foi auxiliar o leitor a abrir o seu próprio negócio.
Planejar e abrir um negócio não é fácil, porém a tarefa pode ser enfrentada de maneira sistemática, o que irá aumentar a probabilidade de sucesso.

Inicialmente, é necessário compreender que toda empresa deve ter um motivo para existir.

Em seguida, todo empreendedor tem que estar ciente e bem convencido de por que sua empresa deve ser criada.

As pessoas abrem negócios por muitas razões, umas boas e idealistas e outras nem tanto, visando algumas vezes a explorar situações privilegiadas.

Claro que a maioria dos empreendedores deseja tornar-se independente e escapar do ambiente de trabalho tradicional, rotineiro e com muitos chefes.

Lamentavelmente, o mercado às vezes pode ser muito mais severo e exigente que o mais meticuloso dos patrões.

Em conseqüencia, aquele que começa um negócio somente para se livrar das obrigações de um emprego convencional pode vir a se decepcionar.

Existem aqueles empreendedores que almejam aproveitar uma oportunidade imperdível e embarcam num novo negócio como uma forma de dar vazão a toda a sua criatividade adormecida.

É evidente que essa é uma motivação aceitável para ter e operar uma empresa, mas não basta para chegar ao sucesso.

Qualquer negócio precisa fazer dinheiro por um motivo vital: pouquíssimos são os empreendimentos que têm condições de sobreviver se não se tornarem lucrativos.

Assim, com certeza a simples vontade de ter um negócio próprio não justifica a existência de uma empresa.

Aliás, a bem da verdade, nem mesmo o ardente desejo de ter lucro é suficiente para que um empreendimento alcance sucesso.

Para prosperar, uma empresa deve ter também uma motivação econômica, ou seja, produzir bens e/ou serviços que as pessoas se interessem em comprar em quantidades suficientes para dar condições de sobrevivência à empresa.

Infelizmente, as pessoas têm diversos motivos para não comprar, como por exemplo, achando que o preço não é justo, que a qualidade não é boa e que a concorrência possui um produto melhor, só para citar alguns obstáculos que o empreendedor deve vencer com o seu negócio.

Uma empresa só sobrevive e tem sucesso quando o empreendedor proprietário consegue identificar a demanda verdadeira para seus bens e/ou serviços.

Hoje fala-se o tempo todo de sociedade empreendedora, economia empreendedora, gestão empreendedora criativa, etc.

Entretanto o papel do empreendedor só foi detectado por volta de 1800, quando o economista francês J.B. Say definiu o empreendedor como sendo aquela pessoa que tem a capacidade de "transferir recursos econômicos de um setor de produtividade mais baixa para um setor de produtividade mais alta e de maior rendimento".

Contudo, a descoberta do impacto do empreendedorismo na economia ainda é mais recente.

Foi o economista tcheco Joseph Alóis Schumpeter (1883-1950) quem primeiro identificou o empreendedorismo como a origem das intensas transformações econômicas no século XX.

Quando viveu nos EUA, publicou em 1912 o livro *Die Theorie der*

Wirtschaftlichen Entwicklung (*A teoria da dinâmica da economia*), no qual atribui as diferenças de comportamento da economia a um único fator: os empreendedores.

De acordo com Schumpeter, eles são dotados de um faro especial para sentir e aproveitar oportunidades oferecidas pelas mudanças tecnológicas, introduzindo novos processos de produção, abrindo novos mercados, enviando novos produtos e serviços, desenvolvendo e agregando novas fontes de matérias-primas e estruturando novas empresas.

Sem dúvida que, com suas inovações, os empreendedores criam um novo ciclo econômico ao tornarem obsoletos os investimentos do passado, transformando radicalmente as economias e toda a sociedade.

Inúmeros empreendedores de fato deixaram sua marca na história como inventores geniais que revolucionaram o mundo, criando novos ciclos econômicos com as suas invenções.

Mas, se até a 2ª Guerra Mundial grandes saltos tecnológicos – como os da introdução da energia elétrica e do automóvel – ocorriam em lapsos de várias décadas, agora a inovação é construída diariamente, quer como a soma de pequenos avanços de muitos empreendedores, quer como os saltos brutais que são conseguidos nos laboratórios das megaempresas, nas quais se aplicam anualmente bilhões de dólares em pesquisa e desenvolvimento. Como exemplo recente basta lembrar o que está acontecendo no campo da genética.

Empreender, de uma forma simples, pode ser entendido como resolver problemas e suprir necessidades.

Novas soluções, novos nichos de mercado, novas formas de atender, vender e distribuir são criações cotidianas de uma enorme legião de empreendedores espalhados pelo mundo, principalmente no Brasil.

E quando não chegam a romper um ciclo econômico, essas iniciativas cozinham em fogo brando as novas etapas de desenvolvimento das nações.

Um aluno de Schumpeter, o economista francês François Perroux, deu ao empreendedor um *status* mais sofisticado ao defini-lo como sendo "aquele que muda algum aspecto em seu mercado ou de sua empresa e avança ante a concorrência".

Na realidade, esse empreendedor pode estar à frente de qualquer tipo de negócio, seja ele de pequeno, médio ou grande porte, de tecnologia de ponta ou de um segmento tradicional.

Assim ele cria floriculturas e supermercados, cadeias de lojas de materiais de construção e sistemas de informática, grifes de moda e serviços de consultoria para educação a distância, cadeias de cabelereiros e *fast-food*, etc.

Lloyd Shefsky, autor do livro *Entrepreneurs Are Made Not Born* define a palavra e*ntrepreneur* dividindo-a em três partes, *entre, pre, neur,* e aí interpreta o seu significado em latim: *entre* significa entrar, *pre* quer dizer antes e *neur* pode ser entendido como centro nervoso.

Dessa maneira Shefsky conclui que e*ntrepreneur* (empreendedor) é alguém que entra em um negócio – qualquer que ele seja – no momento que pode constituir ou mudar de maneira significativa o centro nervoso (vital) do mesmo.

Shefsky complementa explicando que ao se estudar o empreendedorismo não se devia preocupar ou estar focado principalmente no fato se as pessoas herdam, compram ou como abrem ou dirigem um negócio, mas sim com o que elas fazem para **desenvolver ou mudar o centro nervoso do próprio negócio**!!!

É o que se deve analisar e eventualmente incorporar ou estudar, digamos, a vida empresarial de empreendedores notáveis como Marc Andreessen, co-fundador da Netscape Communications; Jeffrey P. Bezos, fundador da Amazon. com; Ben Cohen e Jerry Greenfield, fundadores da Ben&Jerry's Ice Cream; Herb Kelleher, fundador da Southwest Airlines; Phil Knight, co-fundador da Nike, Inc.; Tom Monaghan, fundador da Domino's Pizza; Robert Mondavi, fundador da Robert Mondavi Winery; Bill Rosenberg, fundador da Dunkin' Donuts; Howard Schultz, fundador da Starbucks Coffee Company; Fred Smith, fundador da Federal Express; Ted Turner, fundador do Turner Broadcasting System, Cable News Network (CNN) e Turner Network Television (TNT), só para citar alguns dos famosos *entrepreneurs* norte-americanos.

Mark Baven escreveu um livro denominado *Extreme Entrepreneur*, no qual descreve esse empreendedor extremo (EE) ou radical, que possui a qualidade de ser visionário e que inclusive tem a coragem de se envolver em situações do tipo ou "ganho ou perco tudo", ou ainda pior, "mato ou morro".

Aí ele inclui vários empreendedores notáveis que na sua época não se preocuparam muito com a sua educação, pois estavam convencidos que ela era um fim e não um meio para eles desenvolverem os próprios negócios.

É o caso de Soichiro Honda, que disse: "Eu não preciso de um diploma. Ele vale menos que uma entrada de cinema. Pelo menos o *ticket* (ingresso) me garante que vou assistir ao filme, mas o diploma não me assegura que vou ter sucesso no meu negócio."

É uma afirmação no mínimo estranha porque Soichiro Honda não terminou o 2º grau, mas a importância da Honda, empresa que criou, não precisa ser comentada pois fala por si mesma.

Muitos outros famosos empreendedores poderiam ser incluídos na categoria EEs como: Richard Branson, que deixou a escola aos 16 anos; Bill Gates, que não concluiu seu curso em Harvard; Henry J. Heinz, que abandonou a escola aos 14 anos; Steven Jobs, que largou a faculdade; Helena Rubinstein, que saiu da escola técnica; Cornelius Vanderbilt, que nem quis ir à escola, etc.

Parece que o que deu realmente certo para os EEs é que eles se davam muito bem com a **ação**, e com o seu **entusiasmo** souberam atrair financiamentos, a atenção dos meios de comunicação, selecionar bons empregados e conquistar milhões de clientes.

Como se percebe, o empreendedor está sempre focado na solução de problemas e necessidades dos clientes, auxiliando de forma significativa a fermentar o caldo da civilização.

O empreendedorismo, por sua vez, não se restringe a um dom inato, a um específico traço de personalidade, ou ainda a lampejos de genialidade que surgem para alguns.

Apesar da inovação ser o motor da dinâmica empreendedora, freqüentemente os empreendedores não inventam nada.

O maior guru da administração mundial, Peter F. Drucker, no seu livro *Inovação e espírito empreendedor*, diz: "Os empreendedores geralmente não provocam a mudança por si mesmos, só que eles estão sempre procurando a mudança, reagem a ela e a exploram como uma oportunidade imperdível."

Milhares de novos negócios são criados a cada dia ao redor do mundo, por empreendedores movidos pelos mais distintos estímulos: dinheiro, poder, curiosidade, desejo de fama ou de realização pessoal.

A maioria desses novos empreendimentos é de pequeno porte e uma grande parcela deles falhará. Porém, uma boa parte atingirá o êxito e muitos até conseguirão criar novos mercados e novos valores atendendo às demandas que surgirem, e com isto gerarão riqueza, empregos e inovações.

Pesquisa recente realizada em 21 países pelo Global Entrepreneurship Monitor (GEM), em parceria com a London Business School (Inglaterra), a Babson College de Boston (EUA) e com o apoio do Kauffman Center for Entrepreneurial Leadership (EUA), constatou que o Brasil é o País que tem o **maior número de pessoas com espírito empreendedor no mundo**.

O curioso é que o empreendedorismo é ensinado no momento em poucas universidades brasileiras, como é o caso das várias faculdades e dos cursos de pós-graduação da FAAP.

Talvez seja por isso que ao deixar a faculdade a maioria dos alunos não monta um empreendimento.

Muitos concluem o curso superior para ter uma profissão e conseguir um emprego.

Poucos ainda são os que, durante o curso ou quando saem da faculdade, abrem seu próprio negócio.

Está mais do que na hora de as escolas de 2º grau (principalmente as técnicas profissionalizantes) e as instituições de ensino superior incorporarem nos seus currículos disciplinas de empreendedorismo, a fim de agregar valor à sociedade como um todo-pelo surgimento de novos negócios, resolvendo com isto provavelmente o problema do desemprego e, por extensão, ajudando a acabar com a fome no Brasil!

A conhecida especialista em questões de economia, Míriam Leitão, conta que: "Certa vez um embaixador brasileiro num país vizinho foi chamado à sede do governo e ouviu um pedido do presidente: 'Seria possível levar alguns empresários nossos ao Brasil para ensiná-los como empreender?' "

Realmente nós gostamos de negócios, e isto aumenta nossas possibilidades na era da competitividade, isto é, dentro da economia digital.

O brasileiro tem coragem, ousadia, boas idéias.

O problema é ainda o ambiente nacional, muitas vezes hostil: impostos em demasia, excesso de burocracia, custos trabalhistas assustadores, juros altos.

Como transformar sonho em realidade num ambiente destes?

Mas o brasileiro vai conseguindo, e 98,5% das empresas existentes no Brasil são MPEs.

Muitos são hoje os empreendedores brasileiros que servem de referência para todo aquele que quer ser empreendedor, mas, até como homenagem, deve-se citar a trajetória de vida do comandante Rolim Adolfo Amaro, que era piloto da VASP em 1968, quando comprou o seu primeiro avião por US$ 50 mil financiados.

Foi para a Amazônia criar uma empresa de táxi aéreo, e em 1978 adquiriu a pequena TAM em Marília, Estado de São Paulo.

Logo ele notou que os passageiros queriam mais do que as companhias aéreas estavam oferecendo. Eles queriam tapete vermelho e muitas outras coisas.

Com estratégias de atendimento personalizado, o comandante Rolim transformou a empresa numa das maiores do País no ramo da aviação.

Este foi o seu legado, e agora a TAM está firmando um acordo de parceria com a VARIG, com o que deverá surgir a mais pujante empresa aérea da América do Sul, pronta para competir em condições de igualdade com as melhores do mundo, principalmente no que se refere ao atendimento.

Este livro é constituído por oito capítulos.

No Capítulo 1 procura-se analisar pessoas, empresas e países empreendedores, dando um destaque a programas de fomento ao empreendedorismo no Brasil.

No Capítulo 2 abordam-se as características e os atributos de uma pessoa empreendedora, buscando-se enfatizar as armadilhas que esperam pelo empreendedor no desenvolvimento de seu negócio.

No Capítulo 3 analisam-se os vários cuidados que o empreendedor deve tomar para tornar o seu negócio bem-sucedido.

No Capítulo 4 é dado um espaço à mulher empreendedora, estabelecendo-se uma distinção entre a criatividade feminina e a masculina. Salienta-se a participação da mulher empreendedora em várias ações sociais no Brasil.

No Capítulo 5 discute-se como age o empreendedor criativo.

No Capítulo 6 destaca-se a imperiosa necessidade do empreendedor ter capacidade de desenvolver o pensamento sistêmico.

No Capítulo 7 são apresentados vários exercícios em forma de questionários, que uma vez respondidos pelo leitor, o preparão para ingressar no empreendedorismo com o pé direito.

Finalmente, no Capítulo 8 apresentam-se vários relatos de ex-alunos da FAAP que se tornaram empreendedores.

Este é um capítulo que deve crescer muito nas próximas edições do livro, visto que a partir de 2003 a FAAP estará com o seu Centro de Criatividade e Empreendedorismo funcionando, o qual servirá inclusive para documentar o maior número possível de histórias de empreendedores que tiveram a sua formação de 3° grau e pós-graduação na instituição.

Queremos agradecer aos professores da Central de Cursos (CECUR) da FAAP, que leram o texto e deram valiosas sugestões para aperfeiçoá-lo.

Muito obrigado em particular aos mestres Márcio Amadi e César Adames, bem como à brilhante revisora sra. Jandyra Lobo de Oliveira.

Os autores

"Os empreendedores bem-sucedidos são de todo tamanho, forma e personalidade. Porém existe um denominador comum entre eles: os empreendedores são aquelas pessoas que recebendo a mesma informação que muitos outros indivíduos, enxergam coisas que estes últimos não conseguem vislumbrar."

Capítulo 1
Pessoas, empresas e países empreendedores

1.1 - PESSOAS EMPREENDEDORAS

Uma idéia sobre o empreendedor é a de que ele é aquela pessoa que abre o seu próprio negócio, tendo:

1. um elevado **senso de missão**, ou seja, ele acredita que está fazendo algo muito importante para o mundo. Entre os exemplos internacionais pode-se citar Konosuke Matsushita, fundador da Matsushita Electric, ou então William Hesketh Lever, fundador da Unilever;

2. uma **obsessão por atender bem** os clientes e aprimorar os seus produtos e serviços, como foi, por exemplo, o caso de Steve Jobs, fundador da Apple Computer;

3. uma forte **inclinação para a inovação** executada com alta velocidade.

Aliás, isto tem tudo a ver como o espírito de empreendedor que tem um negócio pequeno, devendo vencer a grande empresa que já está solidamente estabelecida no mercado.

Aí uma saída para ele é se inspirar em Davi na sua luta contra Golias...

No mundo empresarial isto significa vencer pela velocidade, pela rapidez dos movimentos e pela introdução da inovação.

Um bom exemplo, conhecido por todos, foi o de Akio Morita quando fundou a Sony, uma empresa pequena que conseguiu derrubar muitas gigantes do ramo através das diversas inovações que introduziu velozmente no mercado; e

4. uma atitude e um modo de ação peculiar, significando que é capaz de se **auto-inspirar** no sentido de ficar altamente comprometido com o seu trabalho, e continuamente estar buscando fazer melhor o que já está fazendo.

Um modelo desse tipo de empreendedor é o norte-americano Ross Perot, ou então Soichiro Honda, fundador da Honda, ou o inesquecível Walt Disney, fundador do grupo Disney, que disse há muito tempo: "Toda a motivação da minha vida tem sido fazer coisas que sejam prazerosas para as pessoas, por serem novas e agradáveis. Procedendo desta forma eu também fiquei muito satisfeito e feliz, estando continuamente inspirado para criar novas coisas sem parar."

Se o século XIX foi o da era industrial, o século XX será lembrado como a era do gerenciamento, com o surgimento de inúmeras teorias de como se deve proceder para ser um bom gestor. Tudo faz crer que o século XXI deverá ser a **era do empreendedorismo**, facilitado pelo grande avanço das telecomunicações, pela economia digital que possibilita o surgimento de muitas empresas constituídas por um número reduzido de indivíduos, até mesmo aquelas de uma pessoa só.

M. J. Morris, no seu clássico livro *Iniciando uma pequena empresa com sucesso*, descreve que muitos negócios são iniciados por pessoas que sabem agir (ou fazer) e que geralmente – mas nem sempre – são competentes, possuindo talentos que a maioria das pessoas gostaria de ter (ou obter) para executar algo.

Assim é o **artesão** que, entretanto, comete muitos erros, como por exemplo:

- tem pouca habilidade para a venda, especialmente para convencer os clientes do preço que devem pagar pelo seu produto/serviço;

- é comumente incapaz de avaliar adequadamente o custo do que produz, estabelecendo um preço inadequado para a venda;
- faz avaliação insatisfatória do que os clientes realmente precisam, em oposição ao que dizem que desejam;
- tem uma idéia exagerada sobre as qualidades de seu produto/serviço;
- trata a venda – e a habilidade de venda – como algo que possa ser analisado só quando houver tempo, e isto **após** a execução do importante processo de manufatura.

Uma coisa recomendável para o **artesão** que deseja abrir o seu negócio é antes passar pela enriquecedora experiência de trabalhar na barraca de um "marreteiro" durante algumas semanas.

Com alguma criatividade, um produto corriqueiro pode se tornar muito especial (!?!?), o que aumentaria o preço que os clientes se dispõem a pagar.

Este estágio na barraca ensinaria ao artesão um pouco a arte de comunicar corretamente as vantagens de um produto, em termos plenamente compreensíveis, sem fugir de um comportamento ético.

Claro que isso não quer dizer que as apresentações de venda devam incluir uma parafernália ou se constituírem num *show-business*, como fazem os marreteiros mais chamativos.

Caso o artesão decida ter um sócio, um vendedor será o parceiro mais indicado.

Ele precisa evitar aliar-se a um tipo detalhista.

O que na realidade ele necessita é de alguém com grandes idéias e uma visão que ultrapasse os limites do seu negócio, ou melhor, da sua oficina.

Um outro tipo que quer freqüentemente tornar-se um empreendedor é o **vendedor**. Muitos vendedores desejam abrir suas empresas.Os vendedores podem ser impositivos e terem sua própria habilidade de conseguir as coisas à sua moda, e os que são muito bons empregam métodos fantásticos, mas legítimos de persuasão.

Mas existem aqueles vendedores que pouco fazem além de anotar as encomendas feitas por clientes conquistados de alguma maneira pelas suas empresas.

E existem também os vendedores que sabem vender, mas que pouco sabem sobre como funcionam os produtos que vendem.

E os vendedores têm muitas outras fraquezas, entre as quais destacam-se as seguintes:

- demonstram um excesso de confiança em sua capacidade de julgar;
- evidenciam otimismo em situações em que o medo (ou pelo menos o receio) deveria ser mais apropriado;
- têm uma crença muito grande em suas próprias habilidades;
- assumem compromissos tendo apenas uma vaga idéia de como serão cumpridos;
- subestimam as dificuldades e complicações de produção e gestão;
- encaram o trabalho burocrático como enfadonho (o que pode ser verdade) e desnecessário (o que não é);
- demonstram, em geral, falta de humanidade para aceitar, ouvir ou buscar conselhos e opiniões cautelosas;
- gastam comumente muito dinheiro para manter a "aparência", etc.

Portanto, se um vendedor resolver abrir seu próprio negócio, não deve esquecer que tem essas fraquezas, sendo óbvia a sua falta de habilidade para administrar. Em vista disso é ideal que contrate alguém que tenha competência no que se refere à gestão.

Uma outra questão é que o empreendedor com perfil de vendedor deve ter como colaboradores pessoas que saibam bem como elaborar um produto ou oferecer um bom serviço, além de funcionários que se preocupem com a qualidade.

Por melhor que seja, o empreendedor-vendedor é apenas um elo da corrente em que muitas outras aptidões são fundamentais.

Os não-vendedores, como um contador, um gerente de produção, gerente de distribuição, etc., são vitais para a saúde da empresa, por mais brilhante que seja o proprietário-vendedor.

Ao abrir o seu negócio, o vendedor precisará preencher com pessoas competentes as outras funções, pois sozinho fazendo coisas nas quais é fraco provavelmente se transformará num herói fracassado.

Todavia, com os colaboradores corretos poderá ter um sucesso razoável.

Dessa maneira, a sua empresa ganhará em opções, possibilidades de fazer corretamente as coisas e determinação para executá-las, além de sua experiência para que os seus funcionários fiquem inspirados na sua energia e compromisso em vender o que produzem.

Muitas vezes o empreendedor é uma pessoa com anos de experiência administrativa que resolve começar a sua própria empresa.

Por quê?

Porque acredita que a experiência e as atitudes que adquiriu, geralmente numa grande (ou média) empresa, podem se aplicar a qualquer situação!

Muitos não percebem ainda que gerenciar uma pequena firma é bem diferente.

Comumente o **administrador experiente** proprietário só percebe isto tarde demais...

Aliás, ele pode cometer muitos outros erros que podem originar-se parcialmente do seu aprendizado enquanto trabalhava na grande empresa.

Assim, por exemplo, em grandes negócios freqüentemente é muito perigoso **admitir não saber**, de forma que as pessoas desenvolvem técnicas que as auxiliam a ocultar a ignorância ou inclusive a blefar.

Quando alguém inicia seu próprio negócio, ninguém pode esperar que ele alcance a perfeição em todos os setores. Porém, o que ele não pode é teimar que já sabe-tudo em gestão, pois trabalhou a vida inteira administrando.

Claro que a experiência administrativa anterior do potencial empreendedor é valiosa, mas isto não o torna o super-homem da pequena empresa.

Por sinal, a maioria das pessoas em grandes organizações acaba se especializando em algo particular, em maiores ou menores proporções.

Quando um gerente instala sua própria firma, deve transformar-se, da noite para o dia se possível, num homem de muitas aptidões, o que não é tão simples assim.

É evidente que os seus melhores aliados são o seu *know-how* (conhecimento), a confiança e a competência, mas seu pior inimigo é **o excesso de confiança**.

A experiência administrativa que o empreendedor teve em grandes empresas pode ser a base de sucesso do seu negócio, desde que ela seja orientada e reformulada para requisitos bem diferentes na nova empresa.

Já se essa experiência administrativa veio de um trabalho num setor similar, isto também não é garantia de sucesso, e pode até levar ao fracasso pois nem todas as pequenas empresas têm hábitos dignos de ser copiados.

As pessoas que de uma certa forma não admiram suficientemente nem o produto (serviço) da empresa em que trabalham e tampouco os clientes da mesma (isto às vezes acontece com alguns indivíduos que trabalham no serviço público), não podem ser empreendedoras porque sofrem de uma doença que podemos denominar de **síndrome do burocrata**.

O pior é que existem burocratas que se tornam empreendedores...

Os **burocratas** são pessoas que passaram a vida na administração e normalmente demonstram todas as qualidades autênticas de seu ofício.

Em geral são:

- tranqüilos;
- cautelosos;
- detalhistas;
- implacáveis na busca de precisão;
- dedicados ao exato cumprimento das regras;
- inclinados a buscar decisões "de cima" quando acontecem desvios de normas.

Todos os negócios necessitam, por incrível que pareça para alguns, do talento burocrático, e tal talento é raro em muitos empreendedores!?!?

O lado ruim é que o burocrata fica às vezes procurando como desapareceram alguns reais que estão faltando para compor o saldo de custos e não dá muita importância a alguém que tem aptidões para produzir o equivalente a centenas de milhares de reais por mês.

Por outro lado, nem todos os burocratas são bons em seus trabalhos, sendo que alguns foram obrigados a executá-los pelas circunstâncias e não por opção.

Deste modo, a mensagem para o burocrata que esteja pensando em abrir um negócio sozinho é: **pensar muito bem antes de fazê-lo.** Não há vergonha alguma em reconhecer que seu talento reside em outro lugar e desistir de seguir adiante.

O burocrata, entretanto, é muito útil como auxiliar a fim de que o empreendedor possa instalar controles para os processos vitais do negócio, desde que não implemente outros controles que venham a influenciar a eficiência, eficácia ou até a sobrevivência da firma.

O burocrata talvez não seja líder, nem mesmo bom em venda, mas é um parceiro excelente para um empresário visionário.

Então, em lugar de dar início à sua própria empresa, se o burocrata não tiver propensão imaginativa, poderia ligar-se como sócio a algum homem arrebatado que saiba agir.

Tais pessoas amiúde não possuem nenhum domínio de sistemas adequados, da gestão necessária e do trabalho burocrático associado.

Bem, descritas essas pessoas com as características de artesão, vendedor, administrador experiente e burocrata (claro que existem outros perfis...), o fato é que elas têm inúmeras fraquezas e lhes falta uma característica fundamental do empreendedor, ou seja, ter o **foco dual** tanto no cliente como no seu produto/serviço, o que por sinal diferencia o verdadeiro empreendedor dos gerentes profissionais.

O empreendedor integral está intimamente envolvido com a feitura dos seus produtos, como faz um artesão, e também na sua venda para os clientes, como faz um vendedor.

Naturalmente o empreendedor também está intimamente interessado no *design*, na manufatura e no uso do seu produto ou serviço.

Isto ele procura saber pessoalmente, ficando envergonhado quando a qualidade do que elaborou é ruim ou se algo não foi feito de maneira correta pela sua empresa.

Por outro lado, ele fica emocionado quando os clientes se encantam com o seu produto.

Ele nunca se esquece dos clientes, pois no seu pensamento analítico sabe que são eles que pagam as contas de todos na sua empresa.

Ele também procura ouvir os clientes porque assim recebe muitas idéias e sugestões para aperfeiçoar seu produto ou serviço.

Quando percebe que seus clientes estão insatisfeitos, sabe que isto é prenúncio de uma grave crise, e busca nessa circunstância tornar-se um *expert* (especialista) na gestão do atendimento a seus clientes.

Estas características do empreendedor têm validade também para o mais recente tipo de empreendedor: aquele que atua na Internet, abrindo uma empresa ponto.com e prestando algum serviço, usando o ciberespaço para alcançar os seus clientes.

1.2 - AS PREOCUPAÇÕES DO EMPREENDEDOR

Sem dúvida, um empreendedor procura deixar seu rastro até na areia, pois ele possui um grande **senso de missão.**

Às vezes um empreendedor pode até não saber expressar claramente a sua missão, mas ele sabe sempre explicar de maneira clara o que está fazendo e como pretende mudar o rumo das coisas no mercado com o que está fazendo.

O sentido de missão para o empreendedor é composto de **estratégia (o que)** para o negócio e a **cultura** (o **como**) do negócio.

Na realidade, uma outra forma de explicar isto é através das expressões "plano do negócio" e "valores do negócio".

Todos os empreendedores são fortemente focados tanto no que estão fazendo (a estratégia ou o plano) como no que fazem para realizar isso (a cultura ou seus valores).

Um exemplo inequívoco do forte senso de missão de um empreendedor é expresso por Benjamin B. Tregoe, co-fundador da empresa Kepner-Tregoe, que já ensinou a mais de seis milhões de pessoas o seu método de gerenciar uma empresa.

Disse um dia Ben Tregoe: "Na nossa empresa nós temos um intenso sentimento de que estamos fazendo algo tremendamente importante.

Queremos realmente melhorar a racionalidade do mundo e acreditamos que com o nosso trabalho temos aperfeiçoado a comunicação entre as organizações e entre as pessoas.

Cremos que estamos melhorando a qualidade do mundo.

Este sentido de propósito – este senso de missão – é tremendamente importante.

Entendemos que sem o senso de missão dificilmente um empreendedor vai ter sucesso caso ele se oriente apenas na busca de independência e lucro."

Já se comentou um pouco a forte inclinação que deve ter o empreendedor pelo seu produto (serviço) e pelo cliente.

Certamente, essa é a grande arma do empreendedor bem-sucedido que com freqüencia não é nenhum super-homem e nem é muito mais inteligente que as outras pessoas.

Mas ele tem uma atenção obsessiva pelo seu **produto e pelos seus clientes**, "amando-os " perdidamente.

O empreendedor deve, na realidade, preocupar-se muito com os seus clientes, respondendo de imediato às suas reclamações, requisições ou dúvidas sobre como funciona o seu produto.

Ele também precisa ser cortês e competente, significando que não basta apenas sorrir, é necessário solucionar rapidamente todas as possíveis atrapalhações que o cliente venha a ter com o produto adquirido ou o serviço que lhe foi prestado.

Portanto, o empreendedor bem-sucedido é aquele que consegue atender seu cliente bem mais rápido que o seu concorrente (e não se pode esquecer que vivemos na era da Internet), e que faz isto de maneira melhor que o seu competidor, provavelmente porque tem, entre outras coisas, mais afinidade com o consumidor ou usuário de seus produtos.

O empreendedor está sempre preocupado com a inovação.

Um exemplo de um empreendedor inovador é o de Kari Stefansson, fundador e o CEO (*chief executive officer*, ou seja, o executivo principal) da CODE Genetics, uma empresa da Islândia que está se aproveitando (e muito) das oportunidades oferecidas pela revolução da biotecnologia.

Kari Stefansson teve a coragem de deixar seu cargo de professor na Harvard Medical School, e em poucos anos tornou-se a pessoa mais rica da Islândia, ganhando mais de US$ 500 milhões por ano, e o valor de mercado da sua empresa em 2002 superou US$ 2 bilhões.

Diz Kari Stefansson, um empreendedor inovador de alta-velocidade, que tem como concorrentes empresas inovadoras como Genentech, Amgen, Chiron, etc., que quase ninguém conhecia até uns quinze anos atrás: "O que eu gostaria de enfatizar inicialmente é que neste início do século XXI está clara a mudança de paradigma na nossa sociedade, que agora deseja ardente e continuamente uma nova criação de valor.

Hoje se valoriza enormemente nas empresas a propriedade intelectual, e como conseqüência atribui-se um valor monetário ao conhecimento, ao *know-how* e à descoberta que eventualmente os funcionários venham a fazer na empresa.

Uma decorrência dessa mudança de paradigma – pois antes o vital numa empresa estava na produção e na distribuição – foi o deslocamento do centro de descoberta do conhecimento novo da academia para a indústria.

Claro que isto gerou certos conflitos, mas o ponto importante de tudo é que muito mais dinheiro está sendo atualmente investido no conhecimento e na descoberta dentro das empresas.

Nota-se também que a indústria no tocante à inovação já está fazendo as coisas de maneira mais sistemática do que a academia, que inclusive em alguns países do mundo está no caos..."

Os empreendedores de um modo geral têm a reputação de inovadores de alta velocidade, e isto se deve em função de que eles abraçam seus empreendimentos e adoram ter liberdade para agir.

Realmente a maior parte dos empreendedores salienta que a ação é para eles até mais importante que a própria inovação!!!

De fato, uma grande idéia sem nenhuma ação para implementá-la não gera nenhum resultado prático para a empresa.

Percebe-se que as pessoas numa grande empresa fazem parte de um grupo inovador, quer dizer, são orientadas para a ação quando estão sempre tentando algo novo, quando andam apressadamente de um lado para outro da empresa, quando têm um grande cabedal de novas idéias e querem experimentar todas.

E principalmente quando essas pessoas ao cometer erros não desistem, voltando ao ponto de partida e tentando de novo...

Desde o tempo de César na Roma antiga dizia-se: *"Mater artium necessitas"*, isto é, a "necessidade é a mãe da invenção".

A história está repleta de evidências de que qualquer um pode tornar-se inovador se a sua vida depender disto, e em nenhum setor se encontram melhores ilustrações do que nas empresas empreendedoras.

É o caso dos cinco mineiros de Minnesota, que em 1902 estavam à beira da falência, pois tinham investido todas as suas economias para explorar um "poço de pedregulhos" na esperança de encontrar minerais valiosos, mas o que puderam extrair foi apenas areia...

Desesperados, eles inventaram a lixa (*sand paper*), que foi o primeiro produto da emergente empresa 3M.

O resto da história todos conhecem: **a 3M é considerada hoje uma das mais inventivas empresas do mundo**.

Finalmente, o território em que os empreendedores se destacam dos trabalhadores comuns e dos gerentes é que eles **"amam o que fazem e são bons no que fazem"**.

O empreendedor bem-sucedido do século XXI é aquele que está constantemente respondendo para si à pergunta: " Como eu posso trabalhar com mais qualidade, executar as tarefas melhor, mais eficientemente e mais rapidamente?"

O empreendedor está sempre se auto-estimulando a fazer tudo de forma mais eficaz, mas a essência desta **auto-inspiração** está fundamentada numa verdade elementar do comportamento humano: toda pessoa busca desenvolver habilidades que ela percebe que lhe trazem benefícios e procura de todas as formas evitar as ações que podem lhe trazer conseqüências negativas, tais como: aborrecimento, cansaço, trabalho não-gratificante, trabalho sem remuneração, etc.

E aí é que está a diferença fundamental entre um empreendedor e um burocrata.

O empreendedor, cada sexta-feira à noite sente as conseqüências de seu desempenho quando conta o dinheiro que tem em caixa e verifica se sobra algum para sobreviver e manter bem a sua família.

Se existe um saldo, ele se sente no " topo do mundo", mas quando está no vermelho busca meditar muito no fim de semana para que consiga fazer algo que atenue a fome de seus filhos...

Assim o empreendedor busca periodicamente se inspirar nas conseqüências resultantes de seu trabalho.

Já o burocrata, por sua vez, raramente experimenta qualquer tipo de conseqüência, seja positiva ou negativa, pois ele está acostumado a executar um trabalho metódico e rotineiro, quase sempre sem modificações, seguindo as normas estabelecidas.

1.3 - AS EMPRESAS EMPREENDEDORAS

Um interessante exemplo de grande sucesso de empreendedorismo no Brasil é o da rede *O Boticário*, iniciada em Curitiba.

O fundador de *O Boticário*, o boliviano Miguel Gellert Krignsner, diz: "Após essa trajetória de quase 26 anos – o primeiro produto *Acqua Fresca* foi lançado em 1977 – temos mais de 2.200 lojas espalhadas pelo Brasil, Portugal, Bolívia, Peru, Paraguai, Japão e México.

Fui um dos primeiros a investir no *franchising* para pulverizar a marca, isto ainda em 1980.

A cada início de ano fazemos nosso planejamento estratégico, visando não só a alcançar novas metas, mas também a antecipar problemas.

Graças a isso, a rede, apesar do tamanho, prima pela agilidade.

Tenho consciência da enorme responsabilidade assumida pela empresa ao atingir dimensões tão grandiosas como as nossas.

São hoje mais de 10 mil funcionários diretos e indiretos, que dependem de nós para realizar seus sonhos.

O principal mandamento da cartilha de *O Boticário* é jamais acreditar que o trabalho já esteja concluído.

Por isso, a cada cinco anos as lojas são "repaginadas", a fim de atender às propostas do varejo.

A maior mudança ocorreu no fim dos anos 90, com a implantação do auto-serviço.

Saíram os balcões, as vendedoras assumiram o papel de consultoras de beleza, e o cliente passou a ter acesso direto às linhas.

Os resultados das mudanças podem ser facilmente medidos pelo grau de fidelidade do cliente.

O Boticário é hoje uma das 25 marcas mais lembradas no Brasil.

Seus clubes de relacionamento – Garota Thaty, Amiga Ma Cherie e Amigos do Boti – somam mais de 210 mil clientes cadastrados.

Sem contar o Programa Fidelidade, lançado em 2000 que já está com quase 2 milhões de pessoas inscritas.

Hoje as exportações representam menos de 2% do faturamento, que foi de R$ 1,4 bilhão em 2002, mas a meta é chegar a 8% em cinco anos.

Para mim, os ingredientes básicos da receita de sucesso para um empreendedor são: qualidade, fidelidade, responsabilidade e muito trabalho.

Mas além de tudo isso é importante que o empreendedor saiba sonhar grande, e por menor que seja o seu negócio, mesmo a partir de um pequena farmácia de manipulação como foi o meu caso, ele pode criar um *O Boticário.* "

Um outro exemplo de alguém que conseguiu instalar o espírito empreendedor numa organização é o de Andy Grove, na Intel dos EUA.

Quando Gordon Moore fundou a Intel, Andy Grove estava ao seu lado para auxiliá-lo a comandar uma das empresas mais turbulentas, imprevisíveis e empreendedoras do mundo, ainda mais que cabia a ela dar veracidade à "Lei de Moore", que afirma que a cada 18 meses os *microchips* devem ter a sua potência dobrada e diminuir em 50% o seu custo.

E já há algumas décadas a Intel tem demonstrado que a lei á válida!!!

A Intel produz aproximadamente 90% de todos os *microchips* do mundo.

Ficou famosa a frase de Andy Grove: " Só os paranóicos sobrevivem."

E na Intel, cada ano que passa representa uma corrida sempre mais complicada para diminuir o tamanho do *chip* e torná-lo mais poderoso, valendo-se das técnicas cada vez mais sofisticadas da nanotecnologia.

Na opinião de Larry C. Farrell, um pioneiro no ensino de empreendedorismo, a Lincoln Electric é a mais empreendedora grande empresa do mundo.

O ex-presidente da Lincoln Electric, Fred Mackenbach, relatava alguns anos atrás orgulhosamente: "Na Lincoln pagamos os mais altos salários que se paga numa fábrica no mundo porque os nossos funcionários sabem, como empreendedores internos, que quanto mais e melhores equipamentos produzirem, mais dinheiro receberá a empresa.

Além disso, os empreendedores não são pagos pelo tempo que ficam parados ou pelos refugos que produzem, por isto eles sabem se autogerenciar e nós não precisamos contratar supervisores para controlá-los.

Dessa maneira, todos aqui trabalham duro e bastante bem, contudo são muito bem remunerados pela sua dedicação e pelas suas idéias brilhantes colocadas à disposição da empresa para a sua melhoria contínua.

É no fim tudo muito simples: quando os empregados são tratados como empreendedores eles se comportam de fato como empreendedores."

Seguramente Richard Branson é o mais famoso e bem-sucedido empreendedor da Grã Bretanha, desde os tempos de William Lever, George Cadbury e Jesse Boots.

E ele merece toda a fama e fortuna que possui, pois criou inúmeros negócios com a marca Virgin, tais com Virgin Music, Virgin Records, Virgin

Atlantic Airways, Virgin Films, Virgin Direct, Virgin Megastore, Virgin Cola, e dúzias de outros negócios.

Ele não gosta de explicar qual é o seu **senso de missão**, mas fica evidente que é obcecado por criar e estabelecer novos negócios.

Richard Branson explica: " Convencionou-se dizer que o 'grande é bonito', mas aqui na Virgin sempre que uma empresa cresce demais nós a dividimos em unidades menores.

No meu modo de ver, a empresa para ser criativa, ligeira e divertida para quem nela trabalha não pode ter mais de 100 empregados."

Richard Branson pode não ser muito articulado para explicar o seu senso de missão, todavia com o seu comportamento ele já ensinou ao mundo dos empreendedores qual é a estratégia que usa no seu grupo, e como ele faz para que todos na empresa estejam de acordo com a cultura corporativa que na Virgin procura de todas as formas se afastar da rotina e da burocracia.

São inúmeros e bons exemplos de como se deve e se pode criar uma cultura voltada ao empreendedorismo numa empresa.

Conseqüentemente, na 3M o valor essencial é a **contínua inovação** do produto; na Singapore Airlines, envidar todos os esforços para oferecer em primeiro lugar a segurança e em segundo, o melhor serviço possível aos passageiros; na Mercedes-Benz, é o de fabricar o veículo de maior qualidade do mundo, ano após ano.

Evidentemente que isso tudo representa o senso de missão da empresa, transmitido de forma clara para todos os seus empregados.

Criar uma cultura corporativa empreendedora não é uma tarefa completamente desestruturada.

Todas as culturas são baseadas num conjunto direto de crenças ou valores essenciais, com o que a sociedade no seu todo concorda e está comprometida.

Para que as empresas do século XXI consigam introduzir a cultura empreendedora no seu ambiente é necessário que elas estejam focalizadas firmemente no conceito de vantagem competitiva, que só pode ser conseguido se houver um profundo comprometimento dos seus funcionários com o empreendedorismo interno.

Se criar uma cultura empreendedora não é tão difícil, mantê-la acesa durante várias décadas, como Richard Branson conseguiu na Virgin, já não é uma tarefa tão fácil.

Para conseguir manter a cultura empreendedora durante muito tempo, as três práticas mais importantes que devem ser mantidas são as seguintes:

1) O comportamento diário da alta administração deve ser **impecável** e servir sempre de exemplo.

2) As **práticas** e os **rituais da empresa** devem continuar sendo valorizados.

Assim, por exemplo, se foi decidido que a inovação é o **valor número um** da empresa, isto deve ser praticado, e no orçamento de cada ano deve aparecer uma previsão significativa para investir em pesquisa, desenvolvimento e suporte para a implementação de novas idéias.

Agora, se não existem recursos, se no jornal interno (*newsletter*) ou na revista oficial da empresa nunca aparece um artigo sobre inovação, não existe um programa formal para receber as sugestões dos empregados, etc., fica muito difícil acreditar que a empresa quer inovar!!!

3) **Os sistemas de premiação e punição** devem ser utilizados para que os funcionários saibam quem está se destacando, quem "ama"os clientes, quem procura seguir melhorias, bem como conhecer aquelas pessoas que não se dedicam e até "odeiam" de certo modo trabalhar na organização.

Claro que se deve reconhecer, valorizar e promover de alguma forma os que são dedicados e eliminar da empresa aqueles que não se entrosam com a sua cultura empreendedora.

As empresas empreendedoras buscam instilar, ou melhor, fazem penetrar progressivamente no espírito dos seus empregados que eles devem continuamente preocupar-se com o **produto (serviço)** e com os **clientes da organização.**

Um exemplo extraordinário é o de Eiji Toyoda, que foi o fundador da Toyota Motor, considerada hoje a melhor fabricante de automóveis do mundo, vencendo em produtividade a Ford, a General Motors, a Honda, a Nissan e todas as outras marcas famosas.

Mas qual é o segredo do sucesso da Toyota?

Seguramente tem tudo a ver com a insuflação por parte de Eigi Toyoda da visão voltada para o produto/cliente em todos os empregados da empresa, que permanece até hoje...

Ele começou fazendo carros em 1933, e assumiu naquela época que só poderia sobreviver se os seus clientes estivessem felizes com os veículos adquiridos.

Em 1947, Toyoda e o seu legendário diretor de produção, Taiichi Ohno, visitaram os EUA pela primeira vez.

Eles percorreram as fábricas de Detroit e não viram nada que já não tivessem visto antes...

O que lhes agradou mais foi a maneira como se trabalhava nos supermercados norte-americanos, pois nessa época (e até hoje...) os métodos utilizados nos mercados e superlojas de alimentos do Japão eram bastante lentos e arcaicos.

Toyoda e Ohno ficaram muito impressionados com a velocidade que se operava nos supermercados norte-americanos, principalmente em relação aos produtos perecíveis.

Eiji Toyoda observou detalhadamente todo o processo de entrega do leite fresco, desde a sua retirada da vaca até a chegada ao supermercado e a aquisição final pelo cliente, e achou que poderia aplicar a idéia ao seu negócio de fabricar carros.

Ao voltarem ao Japão, Toyoda e Ohno projetaram um novo sistema de produção de automóveis voltado para o cliente.

Dessa maneira, eles estabeleceram unidades de negócio completas colocando *design*, produção, *marketing* e vendas, tudo junto sob o comando do mesmo chefe.

Denominaram o método de *kanban* ou produção *just-in-time* (no momento certo), e com isto iniciaram uma revolução na indústria automobilística que se chocou frontalmente com o método de produção existente, que era lento e com respostas demoradas.

Foi na Toyota também que surgiu o conceito de **sistema de engenheiro-chefe**, no qual a fabricação dos novos modelos de carro tinha um chefe do começo até o fim.

Esse engenheiro-chefe tinha uma autoridade enorme desde o *design* até a produção, passando para o *marketing* de um modelo específico.

Uma vez colocado em prática, era quase impossível ao pessoal do *design* desconsiderar as pessoas da produção, e estas, por sua vez, não podiam deixar de se preocupar com a gente do *marketing*.

Naturalmente a Toyota é uma empresa organizada e as pessoas e os grupos de pessoas têm tarefas específicas para executar.

Entretanto a cultura *kanban*, constantemente seguindo o cliente, domina todas as ações na empresa.

Na verdade *kanban* é apenas uma técnica, mas é uma técnica voltada para uma visão cliente/produto.

E é essa visão que nos alerta que todos devemos nos mover ou prestar muita atenção quando o **cliente fala!**

Mais recentemente um outro grande empreendedor revolucionou a cultura da sua empresa, introduzindo uma nova maneira de operar um negócio ao implementar o uso da Internet para fazer todas as transações comerciais, isto é, o *business to business* (B2B).

Trata-se de Michael Dell, fundador da Dell Computer, que nela implementou a seguinte cultura: " A missão da nossa empresa é fazer todo o esforço humano possível, bem como utilizar toda a tecnologia disponível para servir melhor aos nossos clientes.

Devemos estar continuamente preocupados procurando formas para tornar a vida dos nossos clientes mais simples e economizar dinheiro para eles.

Este pensamento deve impregnar a mente de cada um dos nossos funcionários."

Seguramente Michael Dell não apenas se inspirou no "jogo" de *just-in-time* da Toyota, como deu-lhe uma nova dimensão, pois usando a Internet como veículo conseguiu que o custo de seu estoque não superasse os 2% do valor das vendas, mantendo o cliente sempre satisfeito e recebendo a sua mercadoria em um tempo cada vez menor.

Entre os muitos empreendedores de renome internacional, nos quais o (a) leitor (a) deste livro deveria se espelhar para aprender como contornaram dificuldades para abrir seus negócios e adquirir um enorme foco no cliente, devem-se destacar: Walt Disney, Soichiro Honda, Estée Lauder (líder mundial em cosméticos finos), Ray Kroc (fundador da cadeia Mc Donald's) e Steve Jobs (fundador da Apple, Next e Pixar).

Aliás, Steve Jobs, por exemplo, nunca gostou de ser um gerente, e provavelmente até detesta este termo, mas há pouco tempo foi agraciado com o título de **maior gerente empreendedor** dos EUA.

O fundador da Sony, Akio Morita, seguramente é um nome que serve muito bem de referência para mostrar como se pode estabelecer numa empresa a **necessidade contínua da inovação** e de muita **ação**, e até hoje a sua empresa é reconhecida como sendo a grande empresa mais inovadora do Japão.

Akio Morita vivia irritado com a crítica de que o Japão era uma nação de imitadores e não de inovadores.

Para ele, há três tipos de criatividade: na tecnologia, no desenvolvimento de produto e no *marketing*.

E ter qualquer uma delas na empresa, sem as outras, é uma receita evidente de condenar o negócio à estagnação, e provavelmente ao declínio.

O pior é que as grandes empresas japonesas, logo após a 2ª Guerra Mundial, concentraram-se somente no desenvolvimento do produto.

Akio Morita, ao contrário, de 1953 até 1957 trabalhou nos EUA como vendedor da Sony para aprender a lidar com o mercado.

E deve-se destacar que em 1955 a Sony lançou o primeiro rádio transistor do mundo; em 1959, o primeiro aparelho de televisão transistorizado, e em 1964, a primeira calculadora de mesa do mundo.

Isto só para citar algumas importantes inovações ocorridas há mais de quarenta anos.

E a Sony nunca mais parou de inovar graças à cultura de inovação contínua e rápida inculcada na empresa pelo seu fundador Akio Morita.

A Sony pode até ser a grande empresa mais inovadora do Japão, mas a campeã mundial nessa categoria continua sendo a Minnesota Mining and Manufacturing Company, conhecida em todo o mundo como 3M.

Essa empresa foi erguida fundamentando-se numa estratégia bem simples de entender: **crescer inventando novos produtos em significativa quantidade todos os anos.**

Desde a fundação em 1902 ela já inventou quase 60.000 produtos diferentes – um tremendo recorde.

E como é que a 3M consegue isto?

Porque nela (e em outras empresas inovadoras) todos os seus empregados são movidos por duas forças poderosas.

A primeira é que eles têm uma **paixão** e uma crença de que é necessário, é imprescindível inventar.

Para eles, a inovação não é apenas enfeitar um bolo gostoso, mas é o próprio bolo.

Em segundo lugar porque eles ficam exultantes com o fato de que têm liberdade para agir.

Desde o CEO até o empregado médio, eles experimentam e tentam fazer coisas novas inerentes ao seu trabalho.

E espera-se na empresa que todos realmente assim procedam.

Pois bem, essas práticas extremamente simples são as "regras de ouro" do empreendedor inovador de alta velocidade.

É certo que uma empresa empreendedora é aquela na qual existe um **espírito de auto-inspiração**, com todos realmente comprometidos na busca de um desempenho cada vez melhor.

Para que exista esse clima numa empresa é preciso que os empregados amem o que fazem, que eles tenham autonomia e a correspondente responsabilidade, que saibam comemorar os sucessos, mas também compartilhar os fracassos.

A busca da melhoria contínua da qualidade do produto/serviço tem sido um "mantra", ou seja, uma disposição de todas as empresas de seguir um conselho sagrado.

E isto está também ocorrendo de forma patente com inúmeras organizações brasileiras, bastando ver as dezenas delas que têm se candidatado para ganhar o Prêmio Nacional da Qualidade.

Mas isto não é tão fácil de conseguir quando se deseja que **todos** os empregados de uma empresa estejam comprometidos com a qualidade, acreditando que a parte mais importante do seu trabalho é melhorar algo a cada dia!

Isto pode ou não significar que se deva trabalhar mais, porém seguramente indica que é necessário trabalhar de maneira mais inteligente.

Toda organização deve possuir funcionários que estejam continuamente buscando novas idéias e métodos para melhorar seu desempenho por sua própria iniciativa. Eles são os miniempreendedores da empresa, que ela não deve desprezar de forma alguma.

A melhor maneira – talvez até seja a única – para **inspirar** os outros é permitir que eles **inspirem a si mesmos.**

1.4 - ROBERTO MARINHO, O MAIOR EMPREENDEDOR BRASILEIRO DO SETOR DE COMUNICAÇÕES DO SÉCULO XX

Com 98 anos de idade, faleceu em 6 de agosto de 2003, Roberto Marinho, proprietário das Organizações Globo, o maior conglomerado de comunicações do País, com a TV de maior audiência e a maior rede de TV por assinatura.

Roberto Pisani Marinho nasceu numa casa modesta do Estácio, no Rio de Janeiro, em 3 de dezembro de 1904.

Antes de completar 20 anos de idade, já trabalhava nas oficinas e na redação de *A Noite*, aprendendo a profissão na prática, pois chegava de madrugada e passava o dia inteiro no jornal, **sem tempo para estudar**.

Ele tinha 21 anos e era secretário do pai, em 1925, quando Irineu Marinho morreu de repente, apenas 25 dias após o lançamento de *O Globo*.

Para quem começou dessa maneira, nada mais significativo de que o título *Condenado ao Êxito*, que ele pretendia dar a uma autobiografia, que acabou não escrevendo.

Nesse livro, se tivesse sido publicado, seguramente contaria como levou, em **sete décadas de trabalho duro**, ao sucesso uma *holding* que atravessou a virada do século com mais de 20 mil funcionários e um faturamento aproximado de R$ 6 bilhões.

A sua fortuna pessoal ultrapassou US$ 2 bilhões segundo a informação divulgada na revista *Forbes* no seu ultimo levantamento dos homens mais ricos do mundo.

O foco inicial de seus negócios foi o jornal.

Ele mesmo contava: "Quando achei que *O Globo* estava consolidado, fiz a Rádio Globo.

A terceira etapa, só veio 30 anos depois, quando resolvi montar a TV Globo, pois estava inconformado com as televisões que então operavam no Brasil, todas muito fracas e sem qualidade!!!"

O interessante é que Roberto Marinho não sabia nada de televisão, mas como era um **empreendedor nato** e um grande empresário já entendendo de jornalismo e negócios, ele não hesitou em se lançar no empreendimento que consolidaria sua carreira.

Comprou televisões de empresários em apuros financeiros, porém o segredo do seu negócio foi associar-se a repetidoras regionais – o que permitiu levar o sinal da Globo aos mais remotos pontos do País.

Ele foi um grande psicólogo, pois soube cercar-se de colaboradores muito eficazes, sendo que foram raras as vezes que enganou-se na vida, na escolha dos seus auxiliares diretos.

Para montar a TV Globo em 1969, Roberto Marinho associou-se ao grupo norte-americano *Time-Life*, que entrou na parceria com US$ 4 milhões.

Seus adversários, em especial Assis Chateaubriand, dos *Diários Associados*, fizeram tanto barulho, acusando-o de estar cometendo um crime contra os interesses nacionais, que conseguiram a abertura de uma CPI (Comissão Parlamentar de Inquérito) para investigar o contrato.

Nada se apurou de irregular, mas em 1970, o Congresso Nacional, aprovou um decreto-lei restringindo a entrada de empréstimos externos e a contratação de assistência no exterior.

O contrato feito com a *Time-Life* previa que o participante financeiro não teria interferência na gestão da empresa.

Porém, foi vital o *know-how* norte-americano, pois eles ensinaram como organizar comercialmente o negócio, como analisar os indicadores de audiência, como gerir o "bicho TV" que mal engatinhava naquela época no Brasil...

Nos primeiros anos de funcionamento da TV Globo, Roberto Marinho foi buscar no mercado o que havia de melhor, do tino comercial de Walter Clark à visão de TV de José Bonifácio de Oliveira Sobrinho, o Boni.

E não fez apenas isso.

Conferiu poder e participação nos negócios a ambos e profissionalizou a empresa, acabando com o estilo "bico" que dominava o jornalismo da época.

Quando percebeu que já dominava o veículo TV, começou a pressionar os norte-americanos para que saíssem da sua organização.

Chegou a oferecer 50% da *Time-Life* para o banqueiro Walter Moreira Salles, por US$ 5 milhões da época.

O negócio entretanto não prosperou e os norte-americanos relutaram em sair.

Coincidência ou não, começou uma pesada campanha no Congresso contra a presença da *Time-Life*, capitaneada pelo senador João Calmon, um dos membros do condomínio dos *Diários Associados*.

Com pressão por todo lado, os norte-americanos aceitaram sair do negócio.

No lugar de achar sócios, Roberto Marinho conseguiu um financiamento salvador do Banco Nacional, através do seu diretor no Rio de Janeiro, José Luiz de Magalhães Lins.

O fato é que arriscando tudo, Roberto Marinho pagou em 1972 a sua dívida, que com juros chegou a US$ 5,797 milhões.

O ex-vice-presidente de operações da Rede Globo, José Bonifácio de Oliveira Sobrinho lembra: "O dr. Roberto Marinho empenhou seus bens pessoais, inclusive a própria casa para liquidar a dívida com o grupo norte-americano.

Daí para frente, buscamos outros meios para financiar nossa produção, nossa programação, nosso equipamento e no final até para pagar a dívida.

Para levar a TV Globo a São Paulo, Roberto Marinho comprou uma emissora colocada na mais baixa escala de audiência."

Em 1977, foi criada a Fundação Roberto Marinho, um dos primeiros exemplos de aplicação do conceito de responsabilidade social entre as empresas brasileiras.

Em 1993, Roberto Marinho foi eleito para ocupar a cadeira Nº 39 da Academia Brasileira de Letras, que o colocou mais próximo ao universo com o qual sempre conviveu.

Ele foi um leitor ávido de clássicos de Shakespeare, Tolstoi, Dante, Machado de Assis e Eça de Queirós.

Entretanto foi em Marcel Proust que retirou um ensinamento considerado por ele inesquecível.

Ele gostava muito de citar uma passagem do livro de Proust: *Du Cotê de Chez Swan*: "O que censuro nos jornais é fazer-nos prestar atenção todos os dias nas coisas insignificantes, ao passo que lemos três ou quatro vezes na vida os livros, em que há coisas essenciais."

Foi também em Proust que Roberto Marinho buscou inspiração para a mensagem que enviou, junto com um buquê de rosas, a Lily de Carvalho que, em 1991, tornou-se sua terceira mulher.

No cartão enviado a ela, estava a frase: "Em busca do tempo perdido."

Ele, aos 85 anos, não escondeu que estava apaixonado pela mulher que conheceu em 1939, quando ela desembarcou no Brasil junto com o marido, Horácio de Carvalho, dono do antigo *Diário Carioca*.

Nascida na Alemanha, porém cidadã francesa, em 1937 foi Miss França.

O empresário empreendedor encantou-se logo no primeiro momento que viu Lily, mas eles só voltaram a se encontrar em 1987, em um jantar organizado por uma amiga em homenagem a ela.

Aliados a uma rotina de trabalho intenso, sempre estiveram entre as paixões de Roberto Marinho, a música, as artes plásticos, a literatura, o boxe, a pesca e o hipismo, esporte em que foi campeão brasileiro por seis anos consecutivos, sendo que em 1945 chegou a estabelecer um recorde no salto.

Com 71 anos, surpreendeu muitos de seus amigos ao inscrever-se em um concurso hípico.

Porém, a primeira grande perplexidade ele causou aos seus amigos quando com 46 anos iniciou a prática de um esporte pouco convencional, ou seja, a pesca submarina.

O gosto pela música erudita nasceu quando era menino e acordava escutando discos de Enrico Caruso, apreciava Chopin, conhecia as óperas de Verdi e de muitos outros mestres da música clássica.

Roberto Marinho montou uma pinacoteca com mais de 600 obras, entre elas de Portinari, Di Cavalcanti, Tarsila do Amaral, Guignard, Djanira, João Câmara, Sagnac, Segal, Pancetti, Leger, Dufy e Utrillo.

As críticas ao jornalista e empresário Roberto Marinho são todas bastante conhecidas; umas corretas outras exageradas.

Um fato a história da mídia no Brasil jamais poderá ocultar: mais do que ter construído um conglomerado, foi sob sua égide que o Brasil pode ter sua produção televisiva exportada e consumida em outros países, produção que também unificou o Brasil, por meio da rede nacional de retransmissão de sinais montada por ele e ainda ter ganho importância continental – pelo tamanho de seu faturamento e pela natureza de seu negócio.

Roberto Marinho, sem dúvida é o **melhor exemplo de empreendedor brasileiro arrojado**, num País cujo arquétipo de empresário de mídia, até então, era o forte personalismo de Assis Chateaubriand, o centralizador pai dos *Diários Associados*, que foi incapaz de criar uma instituição que pudesse manter seu império intacto depois de sua morte.

Roberto Marinho através de suas ações empresarias deixou para as Organizações Globo quatro "conquistas" muitos claras que são:

1. Diversificação.

Poucos empresários de mídia em todo o mundo, conseguiram diversificar tanto dentro do seu próprio meio.

Roberto Marinho criou jornais, emissoras de rádio, canais e emissoras de televisão, editora de livros, revistas, gravadoras, empresas de canais a cabo, televisão via satélite e empresa de Internet.

2.Integração.

A Rede Globo de fato integrou e interligou o nosso País de Norte a Sul e de Leste a Oeste cujos habitantes passaram a ficar em frente da telinha a partir da década de 1970, impulsionada pelo "milagre econômico" cujo ápice se deu em 1973.

A integração nacional veio com uma marca que resiste ao tempo, ou seja, o Padrão Globo de Qualidade, que surgiu também devido ao trabalho de José Bonifácio de Oliveira Sobrinho, o homem certo para a tarefa importante, bem escolhido pelo empreendedor criativo Roberto Marinho.

3.Exportação.

A partir de 1987 poloneses, russos e chineses (da China Continental), puderam ver novelas interpretadas por Lucélia Santos apesar de que os diálogos eram traduzidos para cada língua no início por um só locutor, o que tornava o desenvolvimento da história, no mínimo bastante engraçados e sem a devida emoção e adequação.

Hoje, com exceção dos EUA, que outro país consegue exportar, de forma constante e com tanto sucesso suas *soap operas* (novelas) como a TV Globo do Brasil?

Pode-se criticar à vontade as novelas da Globo, mas não se pode negar que elas criaram um modelo – nacional e internacional – de produção televisiva, um jeito brasileiro de contar histórias, e com eficácia.

Nenhuma outra empresa de mídia brasileira conseguiu esse feito até agora!

4.Modernização.

Esta característica é evidente, por exemplo, na paginação do jornal *O Globo*, na impressão do mesmo nas rotativas *full color* (completamente colorido), na criação de um sistema nacional de rádio, nos equipamentos que fizeram da Globo a líder na retransmissão de sinais em todo País, na implantação do Projac (os famosos estúdios da Globo no Rio de Janeiro), na criação, mesmo que tardia, de um portal de Internet com todo o conteúdo das empresas.

O padrão de qualidade está presente no jornal, na televisão, no portal.

Nasceu, ganhou corpo e se institucionalizou sob a tutela de Roberto Marinho.

Se um proprietário não tiver vontade empresarial, a determinação de orientar sua organização no caminho que Roberto Marinho deu às suas, terá pouca chance de ter sucesso.

Reza a lenda que Roberto Marinho nas suas reuniões costumava dar as determinações dizendo: "Se eu morrer..."

Não usava nunca o "quando".

Agora ele se foi, ou seja, não existe mais o superpai e a tarefa da terceira geração constituída pelos seus filhos Roberto Irineu, João Roberto e José Roberto que já dividiam com ele o comando do império Globo, é bem espinhosa.

Se não conseguirem superar o superpai pelo menos, devem manter as Organizações Globo dentro do patamar já alcançado no cenário nacional e internacional.

É grande o desafio, porém eles vão conseguir, pois tiveram como orientador e educador, o seu pai, o maior empresário empreendedor em sua área de atividades no século XX!!!

1.5 - O INTRA-EMPREENDIMENTO

Existem três formas claras para instilar numa empresa conseqüências criativas e ações empreendedoras.

A **primeira** delas é fazer com que os **trabalhadores se sintam proprietários** do que estão fazendo ou sugerindo.

Não existe muito mistério para se implementar esse ambiente, contudo os últimos levantamentos indicam que mais de 80% das empresas do mundo **não fazem isso!**

Uma outra forma é introduzir o *intrapreneurship* (intra-empreendimento), que é uma antiga idéia com um nome sofisticado.

O que se deve buscar numa empresa é que cada equipe se transforme em um centro separado de serviços e de lucros, tornando-se dessa maneira parte de um **sistema de intra-empreendimento livre.**

Em muitas organizações, boa parte do trabalho é voltada para servir clientes internos.

O problema então é: como proceder para que os prestadores internos de serviços se tornem mais inovadores, eficientes e focalizados nos clientes?

O motivo principal dessa pergunta é querer que os clientes internos se tornem funcionários que trabalham em intra-empreendimentos internos de serviços.

Além disso, quando eles forem também responsáveis pelos seus próprios centros internos de lucro, os intra-empresários de serviços gravitarão para onde recebam o valor mais alto.

Através do *feedback* (realimentação) dos clientes internos, eles aprenderão também como se deve proceder para satisfazer as verdadeiras necessidades dos clientes externos de modo mais rápido, melhor e mais barato.

E os grandes resultados para a organização serão as descobertas na inovação e na melhoria da produtividade.

Gifford Pinchot, um renomado especialista em intra-empreendimento, recomenda a observação dos seguintes nove passos para se lançar numa organização o **sistema de livre intra-empreendimento**:

1. criar sistemas rápidos e fáceis que permitam estabelecer intra-empreendimentos que prestem serviços aos clientes internos;
2. estabelecer formas de registrar intra-empreendimentos para que os membros da equipe possam ter liberdade dentro dos mesmos;
3. formular direitos internos de propriedade e estabelecer algo semelhante a um sistema judiciário para ter plena convicção de que ninguém irá ignorá-los;
4. criar um banco interno de capital para liberar pagamentos de transferência e servir como depositário para o capital interno;
5. permitir que cada intra-empreendimento possa estabelecer uma conta, emitir recibos, fazer "cheques" aos outros, e possa por conta própria resolver todos os problemas contábeis daí decorrentes;
6. estabelecer um sistema que registre os acordos e contratos, certificando-se de que todos encarem as promessas internas com responsabilidade, respeito e rigor, cumprindo os compromissos assumidos;
7. projetar um processo que acompanhe o cumprimento do regimento interno que descreve as "leis comerciais" existentes, com rotinas simples e rápidas a fim de criar uma economia interna com o mínimo de atritos;
8. criar um sistema judiciário interno rápido e eficiente, com tribunais

e juízes imparciais, aos quais as disputas entre compradores e vendedores dentro da empresa possam ser levadas;

9. promover o sentimento de propriedade do empregado para aumentar a sua cooperação nos sistemas cruzados.

O fato concreto é que os intra-empresários têm condições de encarar e vencer todos os desafios difíceis, tais como: orçamentos fixos ou em declínio, demanda cada vez maior de seus serviços, aumento nos padrões de qualidade e responsabilidade ambiental, etc.

Claro que para ser bem-sucedidos os intra-empresários precisam se tornar eficientes e eficazes.

Isto significa encontrar as maneiras de contornar ou transpor a burocracia e fazer corretamente todo o trabalho utilizado tanto pelos clientes internos quanto pelos externos.

Os 10 mandamentos do intra-empreendedor (*intrapreneur*), conforme citados no livro *Intrapreneuring in Action* (Berrett – Koehler Publishers – 1999), de G. Pinchot e R. Pellman, são estes:

1. Lembrar sempre que é mais fácil pedir desculpas do que obter permissão.
2. Executar qualquer tarefa necessária para que o seu projeto funcione, independentemente da sua descrição de função.
3. Vir todo dia para o trabalho não descartando ou até desejando ser despedido.
4. Constituir uma excelente equipe.
5. Solicitar conselhos antes de obter recursos.
6. Esquecer o orgulho da autoria e dividir os créditos pela realização entre todos.
7. Quando quebrar ou flexibilizar as regras empresariais, manter sempre na mente os melhores interesses da empresa e dos seus clientes.
8. Subestimar as promessas e superestimar os feitos.
9. Honrar os seus patrocinadores.
10. Estar amarrado às metas, mas realista quanto às formas de atingi-las.

Em especial, quando a tarefa dos intra-empresários for alcançar um desempenho inovador, o recomendável é formar equipes de intra-empreendimentos empreendedoras para que possam fornecer serviços internos diferenciados e encantadores.

Uma idéia não totalmente assimilada em muitas empresas é que se deve tratar os funcionários de linha de uma empresa que utilizam serviços internos como **clientes vitais**, dando-lhes inclusive a opção de escolher dentre os fornecedores internos alternativas de um certo serviço, o que gera uma competição saudável.

Cada equipe que dirige um intra-empreendimento deve entender que ele vai funcionar como um centro de lucro, com a intenção de fazer o serviço de forma melhor e mais barata que alguém de fora da empresa.

Entretanto, passar um funcionário para o papel de intra-empresário não é um tarefa simples, ao contrário, é um desafio e tanto.

Mas na maior parte das empresas (principalmente as médias e grandes) e nos órgãos governamentais existem muitas pessoas que possuem um forte espírito empreendedor.

Na realidade a empresa precisa proporcionar um treinamento completo para que as equipes possam tocar de forma adequada os seus intra-empreendimentos.

Ademais, deve-se destacar que em muitas empresas já existe um clima propício e os funcionários de linha acolhem bem a oportunidade de utilizar fornecedores internos de serviços (intra-empreendimentos) que de fato os enxergam como clientes.

Com isto, eles também podem reduzir os seus custos, pois não precisam empregar ou usar os préstimos de alguma firma externa, quando isto pode ser feito por uma equipe de intra-empreendimento que freqüentemente conheça melhor a tarefa (ou o problema) a ser executada (sanado) que alguém de fora.

Esta receita de inovação – o estímulo aos intra-empreendimentos nas empresas – deveria ser cada vez mais usada pois ela pode diminuir a burocracia, aumentar a produtividade e ter uma receptividade maior do cliente interno.

Na realidade o que se busca ao implementar um projeto de intra-empreendimento é o seguinte:

- ▶ Convidar todos na empresa a participar do projeto de criar novos produtos, abrir novos negócios, melhorar os processos existentes na empresa, etc.

- O novo plano de negócios – ou uma nova visão para o produto/ cliente – pode ser apresentado por qualquer empregado ou equipe de funcionários, e será analisado por um painel de respeitados gestores da empresa que possuem conhecimento sobre produtos ou a abertura de novos negócios.
- Para os planos aprovados pela comissão examinadora são assinados contratos não formais de concordância entre a empresa e a equipe *intrapreneur*.

Esse "contrato"cobre as necessidades financeiras iniciais para se dar o *start-up* (início) nos projeto dos intra-empreendedores, bem como inclui cláusulas sobre eventual participação ou compensação decorrente do sucesso do novo negócio ou do produto/serviço.

- O time *intrapreneur* pode solicitar recursos adicionais ou auxílio à empresa, porém isto deve receber a concordância da alta direção da empresa.
- Após o desenvolvimento protótipo do produto/serviço, a empresa encoraja a equipe *intrapeneur* a colocar na prática ou em uso o que foi elaborado por ela.
- Em seguida a essa experimentação o resultado é avaliado pelo painel de especialistas e eles podem dar o seu aval para o prosseguimento do projeto do time *intrapreneur*, ou então decidir pela sua paralisação por considerá-lo uma aventura e um risco para a empresa.

A **terceira maneira** é a de introduzir um sistema de desempenho do intra-empreendimento (SDI), com o que realmente se pode estimular intensamente o espírito de empresário entre os funcionários da organização, e isto pode ser iniciado "praticamente amanhã" se assim desejar a alta administração da companhia.

Para de fato incutir nos empregados o espírito empreendedor, gerenciar as conseqüências é mais importante do que gerenciar propriamente as pessoas.

Para implementar o SDI na empresa devem-se seguir os seguintes princípios:

1. As conseqüências determinam o comportamento.

Cada empregado precisa ter uma resposta para a pergunta: "O que há de importante nisso para mim? "

Conseqüências positivas e negativas são o que mais influencia o comportamento das pessoas.

A chave para ter sucesso na implementação do SDI é que cada funcionário entenda bem as conseqüências.

2. Cada empregado tem um negócio para tocar.

Cada funcionário tem um negócio dentro da empresa para operar.

Todos os empregados têm produtos ou serviços para oferecer e clientes ou usuários (internos ou externos) para atender.

Como empreendedores, o teste final do seu desempenho está baseado em como os seus produtos/serviços satisfazem seus clientes.

3. Os clientes dão as conseqüências, os chefes fornecem *feedback* (realimentação).

As conseqüências importantes para a empresa interna ou externamente sempre vem dos seus clientes.

Cabe ao chefe a tarefa de dar aos seus subordinados um *feedback* no que se refere às conseqüências positivas ou negativas do seu desempenho e ter certeza que alguma providência ou que algo ocorra depois disso.

4. A empresa e os seus funcionários têm que compartilhar o mesmo destino.

As conseqüências é que os trabalhadores e a empresa precisam estar em sintonia, isto é, todos entenderem que o que é bom para a empresa deveria ser bom para os funcionários e **vice-versa**. Em sincronismo, é fundamental que os empregados estejam sempre auto-inspirados pelo bom exemplo que vem da própria empresa...

Concluindo, para se estabelecer uma cultura voltada para o empreendedorismo dentro de uma empresa devem existir na mesma as seguintes condições ou atitudes:

1. Haver um comprometimento efetivo com o intro-empreendimento por parte do CEO e da gerência sênior.

2. Promover a eliminação da velha hierarquia, quer dizer, uma estrutura organizacional por funções. Deve-se substituí-la por unidades de negócio orientadas para o cliente/produto.

3. Reforçar a nova estrutura com um enfoque organizacional mais folgado.

Nesse sentido, deve-se maximizar a descentralização para se estar o mais perto possível dos clientes, buscando também maximizar a consistência da identidade empresarial e a sua cultura.

4. Aprender a comunicar e a implementar através de "redes flexíveis de empregados" em vez de ficar limitado pela burocracia imposta pela hierarquia de gestão de vários níveis.

5. Acabar com a cultura de orçamentos fixos e rígidos e substituir a mesma pela cultura do progresso.

Ao se falar em progresso é necessário comparar a sua empresa com o seu mais importante concorrente, e aí a introdução de ações inovadoras, administradas e acompanhadas ao longo de um trimestre ou semestre são muito úteis para notar o progresso de curto prazo.

6. Instituir um sistema de incentivo recompensando o desempenho excelente do empregado.

Por mais rudimentar que seja um programa de incentivo, ele é muito melhor do que estar trabalhando sem que os funcionários sintam algum tipo de conseqüência quando praticam ações inovadoras.

7. É imprescindível que na empresa os seus funcionários se sintam "donos" do que fazem.

Qualquer que seja o esquema que incuta o sentimento de propriedade em cada empregado, é muito melhor do que não haver nenhum.

8. Fornecer continuamente a comunicação e o treinamento adequados sobre o porquê da alta administração da empresa desejar que a organização seja a mais empreendedora possível, o que vem a ser o comportamento empreendedor e como os funcionários devem se valer do empreendedorismo no seu dia-a-dia.

9. Fornecer programas de captação para melhorar o desempenho em atividades específicas de alto impacto, em particular para melhorar o produto e aperfeiçoar o atendimento do cliente.

1.6 - A ECONOMIA EMPREENDEDORA DO SÉCULO XXI

Hoje em dia, na Malásia existe o Ministério do Desenvolvimento do Empreendedorismo, e o seu ministro Mustapa Mohamed há alguns anos disse: "A minha função principal é a de promover o empreendedorismo em toda a nossa nação, e não faz muito tempo, nem eu e tampouco o meu *staff* sabíamos exatamente o que vem a ser empreendedorismo..."

Pois é, isto ocorreu e ainda está acontecendo em muitos países, porém é indiscutível que todos devem se voltar para o desenvolvimento do empreendedorismo.

Talvez um dos mais representativos exemplos seja aquele do ex-ministro dos Negócios Econômicos de Taiwan, K.T.Li, considerado por todos o "pai" do milagre econômico de Taiwan, pois realmente foi o brilhante arquiteto do seu desenvolvimento.

K.T.Li afirmou: " A tarefa mais importante do governo é fazer com que todos os seus cidadãos sejam ricos.

Eu, como ministro dos Negócios Econômicos tive uma grande vantagem, **nunca** fiz um curso de economia.

Naturalmente um ministro das finanças deve ter muitos assessores que entendam de economia e o ajudem.

Procurei adaptar as idéias que muitos economistas me deram, mas no final das contas para dirigir o Ministério de Negócios Econômicos o que precisei foi de muito bom senso.

Acredito até hoje que a melhor política é a de manter as pessoas inteligentes e criativas fora do governo para que elas contribuam com o seu empreendedorismo no setor privado."

Entre as muitas coisas que K.T.Li impôs em Taiwan, uma foi que a nação nunca deveria imprimir dinheiro que não tivesse, lutando assim contra a inflação.

Estabeleceu também um **controle da natalidade**, pois a nação só pode crescer se as pessoas tiverem emprego, e com isto colocou-se contra a filosofia chinesa, porquanto segundo Confúcio, se você não tiver descendentes **você é um fracasso!?!?**

Procurou difundir entre os taiwaneses que quem tivesse três ou mais filhos teria seguramente dificuldades para educá-los e alimentá-los adequadamente.

Porém, talvez a sua ação mais importante tenha sido a crença que tinha no empreendedorismo como o cerne para o desenvolvimento da economia do país, e que o governo deveria se empenhar ao máximo para dar-lhe todo o apoio possível.

Realmente, enquanto foi ministro até 1988 ele elaborou muitas políticas que ofereceram um grande suporte ao salto que deu o empreendedorismo em Taiwan.

K.T.Li acreditava que todo milagre econômico só acontece quando as pessoas têm empregos, e na sua cabeça ele tinha um número: todo empreendedor que o governo ajuda a se instalar pode criar em média até 50 novos empregos!!!

Quem costuma ler revistas como a *The Economist*, nelas comumente encontra uma classificação dos países no que se refere à competitividade global.

As nações que comumente ocupam as primeiras colocações são pequenas (em população) e nas quais se deu forte estímulo ao empreendedorismo, como Cingapura, Taiwan, Noruega, Malásia, Holanda, Luxemburgo, Irlanda, Suíça, Canadá (com os seus 31 milhões de habitantes é considerado um país de tamanho médio, apesar de seu vasto território), etc.

É evidente que toda regra tem exceção, e os EUA aparecem sempre numa boa colocação no *ranking* da competitividade, no entanto não se deve esquecer que essa poderosa nação estimula ao máximo a criatividade, a independência, a autonomia, a democracia, etc., e com isso tem um empreendedorismo pujante.

A revista *Exame*, na sua edição 721 (23/8/2000) destacava como nos EUA se dá uma especial ênfase à questão do espírito empreendedor com as seguintes ações-chave:

a) 1.100 faculdades norte-americanas ofereciam em 2000 cursos de empreendedorismo;

b) em 30 Estados dos EUA, vêm sendo efetuados cursos de empreendedorismo para crianças e adolescentes;

c) em oito Estados aprovou-se legislação requerendo que escolas de ensino primário e secundário incluam essa matéria em seu currículo;

d) em Harvard, por exemplo, o curso de Administração Geral foi reformado, ou melhor, substituído pela disciplina *O Administrador Empresarial*;

e) a Faculdade de Babson, nas proximidades de Boston, transformou-se em referência, tornando-se a "jóia da coroa", pois tem os melhores cursos de empreendedorismo nos EUA.

A revista *Veja*, em 15/11/2000, publicou um artigo no qual foi classificado o empreendedorismo presidencial nos EUA de 1789 a 2000, o que produziu uma lista de 41 presidentes.

Para elaborar esse *ranking*, levou-se em conta que uma pessoa com substancial poder empreendedor, com certeza, deverá dispor das seguintes competências: poder de persuasão, capacidade de liderança nas crises, capacidade de uma boa gestão econômica, autoridade moral, ser capaz de se relacionar bem, ter boa capacidade administrativa, capacidade de distinguir prioridades e preocupar-se com o bem-estar social e a qualidade de vida na sua área de influência.

Os cinco primeiros classificados foram Abraham Lincoln, que exerceu a presidência de 1861 a 1865, Franklin D. Roosevelt (1933-1945), George Washington (1789-1797), Theodore Roosevelt (1901-1909) e Harry Truman (1945-1953), que obtiveram respectivamente a seguinte pontuação: 900, 876, 842, 810 e 753.

O último classificado foi James Buchanan, que foi presidente de 1857 a 1861, com 259 pontos.

É interessante notar que as notas atribuídas apresentam uma relação de pontuação de aproximadamente 3:1 medidas entre o mais denso – Abraham Lincoln – e o menos expressivo pelo seu empreendedorismo, James Buchanan.

É claro que todos os presidentes devem ter-se situado acima de uma escala já muito densa de empreendedorismo, evidenciando-se que, mesmo assim, esse atributo estratégico pode ser muito expandido. Pelo menos duplicado, se considerarmos unicamente o patamar inferior de 400 pontos onde se situou Ulysses S. Grant (1869-1877), por exemplo, e sobre o qual não podem pairar dúvidas quanto à sua ação empreendedora, porque após a terrível guerra civil soube unir a nação que viria mais tarde a se tornar o país mais poderoso do mundo.

É curioso que os dois últimos presidentes, George Bush (1989-1993) e Bill Clinton (1993-2000), estão no meio desse *ranking* respectivamente com 548 e 539 pontos, apesar do período de mandato de Bill Clinton ter sido um dos de maior prosperidade de toda a história dos EUA.

Esperamos agora que George Walker Bush não se transforme em um "empreendedor bélico", embora indiscutivelmente esteja enfrentando um dos maiores desafios da história dos EUA, após o terrível atentado terrorista de 11 de setembro de 2001, em Nova York e Washington e agora após a vitória no Iraque com a eliminação do regime de Sadam Hussein.

E no Brasil, se fosse feita uma classificação como esta, qual seria o presidente que levaria o título de presidente empreendedor?

Para muitos parece que seria Juscelino Kubitschek, apesar de ter sido notável o trabalho do presidente Fernando Henrique Cardoso (1995-2002).

Tente, caro (a) leitor (a), fazer a sua lista qualitativa dos cinco primeiros colocados, incluindo já o presidente Luiz Inácio Lula da Silva, após apenas um ano de mandato...

Você acha difícil?

Não é, não!

Como se percebe facilmente, todas essas nações, através dos seus governos, criaram um **senso de missão** nacional buscando desenvolver estratégias competitivas para terem sucesso na economia global do século XXI; estabeleceram políticas que permitem a produção de bens de qualidade superior e vendidos a preços menores que os dos países concorrentes; difundiram e conscientizaram em caráter nacional todos os cidadãos sobre a necessidade de inovar, de explorar novas fronteiras, e principalmente que toda pessoa deveria fazer sempre algo que redundasse numa melhoria ou no aumento de prosperidade nacional; procuraram motivar os seus cidadãos para que se inspirassem nos bons exemplos dos compatriotas que estivessem obtendo êxito nos negócios que abriram, e lhes deram uma educação empreendedora.

O especialista em empreendedorismo Larry C. Farrell esteve no Brasil algumas vezes lecionando cursos sobre o tema, e no seu livro *The Entrepreneurial Age* diz: "O Brasil, principalmente nos oito anos de governo do presidente Fernando Henrique Cardoso, demonstrou que está estabelecendo as políticas corretas e abrindo caminho para atingir a prosperidade.

Além disso, no meu modo de pensar tem os seguintes importantes indicadores que aumentam a minha crença que estará em breve no clube dos países desenvolvidos:

- Não possui inimigos políticos ou militares.
- O País tem vastas quantidades de recursos naturais esperando para serem comercializados de maneira correta para o resto do mundo.
- A nação tem condições de alimentar por conta própria todos os seus cidadãos. Aliás, ocupa a 7ª posição no que se refere à produção agrícola e a 10ª no tocante à exportação de produtos agrícolas.
- O País figura em primeiro lugar em auto-suficiência, importando somente 6% do seu produto interno bruto (PIB).
- O Brasil ocupa no mundo a 8ª posição no que se refere ao PIB; é a nação-líder da América do Sul e é, no meu modo de ver, um sério candidato para entrar no clube dos mais ricos e poderosos, as nações que compõem o G-7 (EUA, Canadá, Japão, França, Inglaterra, Alemanha e Itália).
- O Brasil finalmente aprendeu como deve lidar com a inflação que está já há alguns anos abaixo de 10% ao ano, e que variou no passado entre 1.000% a 2.000% por ano.

A verdade é que no Brasil existem hoje duas economias.

Uma parte do País tem uma economia semelhante à dos países europeus, e outra parte vive na pobreza com pouca esperança de melhoria.

Até agora o Brasil não resolveu o problema de como eliminar, ou ao menos minimizar o estado caótico em que vive uma significativa parcela da sua população, e acredito que a saída está no desatrelar, no deslanchar, no liberar totalmente o poder empreendedor dos brasileiros, estimulando o surgimento de milhões de novos microempreendedores que assim resolveriam o problema do desemprego e, como conseqüência, da pobreza da população."

Numa matéria publicada no *The New York Times* em 1998, a colunista Flora Lewis dizia que a solução para desemprego crônico é o desenvolvimento na nação do empreendedorismo, e ela na realidade dava esta receita para os problemas dos desempregados nos países europeus que oscilavam entre 10% e 20% da população economicamente ativa.

Porém, para que uma nação consiga isto é essencial atender pelo menos às três seguintes exigências:

- a existência de um microcrédito, porque é impossível abrir um negócio quando as taxas de juros estão nos céus e o governo ou os bancos particulares não oferecem linhas de financiamento com as quais possam arcar os empreendedores, sem ir à falência em poucos meses por não poderem pagar o que emprestaram;
- setores ou instituições que aconselhem e ensinem como abrir um novo negócio;
- a reforma ou mudanças que permitam flexibilizar as normas ambientais vigentes que não autorizam o funcionamento de muitos tipos de pequenos negócios.

Naturalmente deve-se pensar e planejar para se ter um mundo sustentável, mas ao mesmo tempo não se pode deixar morrer de fome ou passar por sérias privações muitos milhões de indivíduos em todas as partes do mundo.

Claro que uma boa parte da energia para criar novas empresas deve surgir das instituições de ensino superior (IESs).

Acreditamos nesse sentido que a Fundação Armando Álvares Penteado (FAAP) está fazendo a sua parte, pois forma profissionais em diversas áreas (administração, comunicação, *design*, computação, engenharia, direito, etc.) aptos a abrir novos negócios.

Isto é estimulado pela existência da disciplina de Criatividade, obrigatória em todos os cursos de graduação e de pós-graduação, em cursos de Empreendedorismo, e agora inclusive com a implantação de um Centro de Criatividade de Empreendedorismo no qual se orientam os estudantes como abrir o seu negócio.

A educação voltada para o empreendedorismo é uma atividade imprescindível que o governo de uma nação deve privilegiar, e os bons resultados dessa política podem-se notar na Ásia, em países como Malásia e Cingapura; na Europa, na Estônia e Irlanda do Norte; na América do Sul, no Uruguai e no Brasil; na África do Sul, etc.

Talvez um dos melhores exemplos para os prefeitos das cidades e os governadores dos Estados brasileiros é espelhar-se em Cingapura, uma nação-Estado que deve todo o seu veloz desenvolvimento ao fato de ter tido um governo efetivamente empreendedor.

Certamente não devem também deixar de ler e aprender com os relatos anuais que aparecem nas melhores revistas do mundo como *Forbes*, *Fortune*, *Você S. A., Exame*, etc., sobre os melhores lugares do mundo para se abrirem novos negócios.

Naturalmente em algumas situações isto significa recursos, tecnologia, logística, mão-de-obra adequada, etc., porém a variável mais importante é o **estímulo** que dá o governo (municipal, estadual ou federal) para o empreendedor no que se refere ao estabelecimento do negócio (taxas, restrições ambientais, horário de funcionamento, etc.).

A renomada revista *Inc*, que publica todo ano a lista das cidades dos EUA onde se abrem mais novos negócios, destacou recentemente na sua classificação das 25 cidades mais promissoras para novos negócios que quase 70% delas são cidades pequenas ou médias, e mais de 85% estão no Oeste, como Las Vegas, Boulder, Albuquerque, Portland, Salem, Anaheim, Seattle, Eugene, etc.

Apesar dessas indicações serem importantes, uma vez que são explicadas por fatores políticos, legais e culturais que influenciam o nível de empreendedorismo num país, num Estado, numa cidade ou numa comunidade, não se deve nunca esquecer que é possível ser empreendedor em qualquer lugar, mesmo naquele em que se nasceu e do qual não se deseja mudar.

Não é então preciso imigrar, o que é necessário é achar o negócio que possa florescer no lugar em que se deseja viver!!!

1.7 - PEQUENOS NEGÓCIOS E SEU DESENVOLVIMENTO NO BRASIL

Os empreendimentos de pequeno porte são responsáveis pela geração de uma significativa quantidade de postos de trabalho em todas as economias do planeta.

Na América Latina, o segmento é responsável por mais da metade das ocupações remuneradas, e no Brasil estima-se que mais de 36 milhões de pessoas estejam ocupadas em setores internacionais da economia e em micros e pequenas empresas (MPEs).

Todavia, o segmento no Brasil não tem merecido um tratamento compatível com a sua importância.

Mas é exatamente nos pequenos negócios que uma enorme parcela da população encontrará as alternativas de sobrevivência e força para resistir à tentação do dinheiro obtido pela violência, pela esmola e pela corrupção.

Neles reside a saída para a melhoria da qualidade de vida da população, com redução da desigualdade e geração de riquezas.

Existe um consenso atualmente na sociedade brasileira de que o maior desafio do Brasil é a redução da pobreza; basta lembrar que o programa prioritário inicial do governo do presidente Luiz Inácio Lula da Silva é o *Fome Zero*.

Para que isto possa acontecer na velocidade e intensidade necessárias, não basta apenas distribuir um pouco de dinheiro para que as pessoas necessitadas comprem alimentos.

É preciso não apenas crescer bem mais do que fomos capazes de fazê-lo no passado recente, mas também trilhar de maneira decidida e sustentável um caminho inédito em nossa história: **o da diminuição da desigualdade**.

A criação de um ambiente favorável aos micros e pequenos negócios (MPNs) é um elemento essencial numa estratégia como esta.

O segmento das MPEs representa hoje quase 30% do PIB brasileiro, dos quais 23% são constituídos por empresas formais (3,7 milhões) e 7% por empresas informais (1,2 milhão).

As MPE ocupam 45% da força de trabalho formal e 13,5 milhões de empreendedores e trabalhadores do setor informal do País.

Isto revela que o brasileiro é de fato um dos povos mais empreendedores do mundo, e um em cada quatro indivíduos economicamente produtivos é dono de uma empresa.

No entanto, lamentavelmente, apenas três de cada dez novos empreendimentos chegam ao quinto ano após a criação.

Contudo é indiscutível que este é um segmento forte e um imprescindível ator para a construção de um modelo de desenvolvimento sustentável do País, uma vez que mobiliza diretamente quase 65 milhões de brasileiros gerando quase um terço da nossa riqueza.

É necessário destacar ainda que as MPEs formam o alicerce principal da estrutura de absorção de mão-de-obra do País, com grande flexibilidade e democratização de oportunidades.

Pela sua capilaridade, uma vez que se encontram em todo o território nacional, criam postos de trabalho nas mais distantes localidades e oferecem oportunidades de ocupação nas faixas mais frágeis da estrutura de trabalho – o primeiro emprego para o jovem e para pessoas com mais de 45 anos.

De 1995 a 2002, as empresas com até 100 empregados criaram 96% dos novos postos de trabalho no Brasil.

O segmento das MPEs é o grande estuário do talento e da criatividade do nosso povo e se confunde com o próprio princípio da liberdade econômica.

Os pequenos empreendimentos são elos fundamentais para o funcionamento de cadeias produtivas de importantes setores econômicos, criando estreitas relações de negócio com as grandes empresas.

O segmento das MPEs é o que necessita de menores investimentos para a geração de postos de trabalho se comparado a qualquer outro.

É o que ocorre, por exemplo, em relação ao artesanato, cuja cadeia produtiva absorve cerca de 9 milhões de pessoas.

De acordo com a Organização Mundial de Turismo, enquanto a indústria automobilística brasileira precisa de quase R$ 200 mil para gerar um emprego, com apenas R$70 é possível garantir matéria-prima e trabalho para um artesão!?!?

A agilidade de resposta das MPEs às mudanças de mercado as tornam o agente econômico-social mais flexível e versátil, com grande capacidade de adaptação e de sobrevivência, proporcionando também possibilidades de ascensão social às pessoas.

As MPEs levam o desenvolvimento ao interior do País e, paralelamente, preservam a cultura nacional e geram processos de inovação e modernização que não agridem a forma de ser do povo brasileiro.

As MPES foram em 2001 responsáveis por quase 13% do total das exportações de forma direta, de acordo com a FUNCEX.

Na realidade, essa participação deve ser bem maior considerando-se o valor agregado de sua produção incorporado às exportações das médias e grandes empresas, também não registrado nos dados estatísticos oficiais.

Entretanto pode-se aumentar em muito esse percentual desde que se incremente a produtividade média do segmento das MPEs, que ainda corresponde apenas a 25% da produtividade média das grandes empresas.

Não obstante, é necessário salientar o alto potencial, ainda pouco explorado, de absorção e criação de novas tecnologias por parte das MPEs.

Deve-se destacar que o número de incubadoras saltou no Brasil de **sete** em 1990 para 151 em 2001, com mais de mil empresas consolidadas e em desenvolvimento em seus ambientes.

A grande interação social existente entre o segmento dos pequenos negócios e a população em geral torna as MPEs um termômetro das relações sociais, humanizando e personalizando relações de trabalho, resgatando vários aspectos da cidadania nos extratos sociais mais baixos, minimizando desigualdades e combatendo a violência de forma preventiva e ampla.

Portanto, as MPEs reúnem potencial necessário para responder aos desafios do desenvolvimento e para atenuar as desigualdades sociais e regionais.

Se um país criar um ambiente favorável aos MPNs, certamente buscará reorientar-se no sentido de agir de uma forma mais descentralizada e em parceria com a sociedade civil e com a própria iniciativa privada, visando naturalmente a aprimorar os mecanismos de funcionamento dos mercados em lugar de ignorá-los.

É inequívoco então que um esforço nessa direção é prioritário na definição de uma agenda de futuro para o Brasil, pelo menos devido aos seguintes motivos principais:

- ▶ **Competitividade** – o mundo globalizado, ao qual o Brasil está inexoravelmente ligado apesar de todos os protestos que possam ser feitos, como aquele que foi realizado anualmente em Porto Alegre, a indústria organizada em redes de MPEs tem-se mostrado muito mais competitiva que aquela apoiada em grandes plantas industriais.

  Isso está acontecendo tanto em setores tradicionais, e um bom exemplo é o da Itália depois da 2ª Guerra Mundial, quanto em tecnologia de ponta, como ocorreu no pólo de informática do Vale do Silício, na Califórnia, nos EUA.

- ▶ **Emprego** – No mundo todo, já há mais de uma década, os novos postos de trabalho têm se concentrado em MPEs.

- ▶ **Qualidade de vida** – A melhoria da qualidade de vida nas grandes cidades, onde se concentra cada vez mais a população brasileira, depende crucialmente da qualidade de prestação de serviços, realizados predominantemente pelos MPEs.

O mesmo ocorre no espaço rural, onde a agricultura familiar e os pequenos agronegócios criam espaços produtivos, evitando a migração para os grandes centros urbanos.

▸ **Desigualdade e pobreza** – Quanto maior a importância dos MPEs na produção total, menor será o grau de oligopólio e, portanto, menos acentuada será a concentração de renda e menores serão a pobreza e a miséria.

Deve-se destacar também que esse é um fator de ampliação do mercado interno, que se fortalece com uma melhor distribuição dos ativos produtivos.

1.8 - A IMPORTANTE PARTICIPAÇÃO DO SEBRAE PARA O DESENVOLVI-MENTO DO EMPREENDEDORISMO NO BRASIL

Antes de prosseguirmos é essencial contar um pouco da história do SEBRAE, pois nenhum órgão no Brasil fez tanto pelo empreendedorismo como esta instituição.

Esta história está apresentada de maneira completa no livro *SEBRAE – SP, 10 anos,* elaborado por Carlos Guilherme Mota e Elizabeth Azevedo.

O SEBRAE de São Paulo deu seu primeiro passo há mais de 12 anos, mas na história tem raízes plantadas há mais de quatro décadas.

Em 1960, para dar apoio às pequenas indústrias na busca da melhoria da produtividade e fortalecimento de sua estrutura econômico-financeira, foi constituído o Grupo Executivo de Assistência à Média e Pequena Empresa (GEAMPE), órgão ligado ao Conselho de Desenvolvimento do governo federal.

Porém só em 1972, durante o 2º Congresso das Classes Produtoras é que foi proposta a criação de um órgão federal de assistência à pequena empresa.

Essa proposta serviu de base à criação, no Rio de Janeiro, do Centro Brasileiro de Apoio Gerencial à Pequena e Média Empresa (CEBRAE).

Os recursos iniciais, provenientes do orçamento do Ministério do Planejamento, eram entregues aos órgãos executores praticamente a fundo perdido.

O escopo de atuação da entidade compreendia: assistência técnica e gerencial; treinamento de pessoal; assistência aos pequenos empresários na captação de recursos junto a organismos de crédito e na aplicação dos recursos obtidos; e pesquisa na qual se procurava traçar quadros setoriais e regionais da economia brasileira para melhor orientação às pequenas empresas.

No âmbito estadual, o CEBRAE estava representado pelos Centros de Assistência Gerencial (CEAGs).

Os primeiros CEAGs foram instalados na Bahia, Espírito Santo, Minas Gerais, Rio de Janeiro e Santa Catarina.

Já em 1973, eram 16 os Estados atendidos, dentre eles, São Paulo.

Em São Paulo, de forma pioneira, foram contratados profissionais vindos da iniciativa privada, com experiência principalmente em comércio exterior, área de maior demanda em função da política econômica colocada em prática pelo governo militar.

Esses técnicos elaboraram projetos dirigidos aos pequenos empresários paulistas, entre eles a formação de consórcios de exportação.

Como as áreas de atuação das pequenas empresas consultadas eram muito diversificadas, foi oferecido inicialmente um trabalho mais voltado para estudos de mercado e legislação relativa ao comércio internacional.

Esse trabalho despertou o interesse do CEBRAE nacional que, reconhecendo a pertinência e o sucesso da iniciativa paulista, transferiu-a para os demais CEAGs de todo o País.

Até então, o CEAG/SP trabalhava basicamente com empresas pequenas e algumas médias, e aí a sua direção notou que precisava apoiar o segmento de microempresas.

Não se sabia sequer a dimensão do que isso representava em termos de oferta de empregos e de produção em toda a economia brasileira.

Eram milhões de pequenos empreendedores, a maioria trabalhando na informalidade, que careciam de conhecimentos básicos de gestão e precisavam de todo tipo de assistência técnica.

Um novo horizonte se abriu diante da entidade ao aceitar a tarefa de atender a nova clientela.

Mantendo-se a sigla original, o CEAG adotou um novo nome para contemplar essa categoria de clientes: Centro de Assistência Gerencial à Micro e Pequena Empresa. Surgiu na mesma época a Bolsa de Negócios, que cadastrava produtos e serviços das micros e pequenas empresas, favorecendo a interligação de negócios entre elas e destas com as médias e grandes empresas.

Em 1990, quando só contava com 190 funcionários em todo o País, o CEBRAE nacional passou por uma reviravolta completa na sua estrutura.

Deixou de se vincular ao governo federal para tornar-se um instrumento autônomo com *status* de entidade civil sem fins lucrativos.

Seus recursos passaram a vir de uma parcela da contribuição compulsória de 0,3% do total sobre a folha de pagamento das empresas.

Comparativamente a 1989, esta alteração representou um aumento de US$ 4milhões para US$ 210 milhões no orçamento por ano.

Assim surgiu o SEBRAE – Serviço Brasileiro de Apoio à Micro e Pequena Empresa –, o primeiro organismo a se enquadrar no Programa Nacional de Desestatização, implementado pelo governo brasileiro seguindo a política de afastar progressivamente do Estado as atividades que, acreditava-se, poderiam ser melhor conduzidas por uma ONG.

O SEBRAE/SP instalou-se em 1991.

Os tempos não eram fáceis.

A década de 80 ficará conhecida no Brasil como "a década perdida".

Os anos 90 iniciavam-se sob o impacto de um plano de enxugamento de ativos nunca visto – o Plano Collor.

As estatísticas sobre o público-alvo da entidade não eram nada animadoras.

A taxa média de mortalidade de micros e pequenas empresas após um ano de operação era de 80%.

Para reverter essa situação, a ação do SEBRAE/SP foi direcionada para projetos de aprimoramento da qualidade, produtividade e modernização administrativa por meio de quatro programas: Modernização da Gestão Empresarial; Difusão de Informações; Desenvolvimento Tecnológico e Incremento à Competitividade Empresarial.

É preciso ressaltar que desde o início a estratégia adotada para levar adiante esses programas foi estabelecer parcerias.

O SEBRAE/SP colocaria ao alcance de seus clientes os mais avançados centros tecnológicos do País, os especialistas mais gabaritados e as informações mais atualizadas.

Para atender às empresas que tinham dificuldades de ir até suas agências, o SEBRAE/SP criou em 1993 o Balcão Itinerante e o Balcão Avançado.

O Balcão Itinerante, um *trailer* equipado com instrumentos de atendimento e consultores de negócios, buscava orientar, *in loco*, micros e pequenos empresários.

Dentro do Programa de Difusão de Informações expandiu-se o Balcão de Atendimento, e foi estabelecido um serviço *on-line* que permitiu acesso à biblioteca especializada e ao banco de dados, o maior da América Latina, contendo informações sobre mercado, tecnologia, crédito, legislação, meio ambiente, eventos no Brasil e no exterior e perfis de oportunidades de investimento.

Nos anos que se seguiram, um enorme esforço foi feito para disseminar por todo o Estado de São Paulo um programa de capacitação de empreendedores – o Empretec – e os bons resultados obtidos pelo SEBRAE/SP colocaram o Brasil em primeiro lugar no *ranking* dos países que reúnem o maior número de "empretecos".

Na área de desenvolvimento tecnológico a parceria com universidades e institutos de pesquisa oferecia três projetos básicos: Sebraetec (no qual se aproximavam as micros e pequenas empresas dos centro geradores de conhecimento); Desverticalização/Terceirização e Pólos de Modernização.

O objetivo era otimizar a produtividade, qualidade e competitividade, buscando conscientizar o micro e o pequeno empresário quanto à necessidade de atualização tecnológica e de integração de seus negócios a uma rede conveniada que oferecia informações e serviços.

O SEBRAE/SP, entendendo que não bastava apenas capacitar o novo empreendedor, mas também era preciso criar um ambiente próprio ao desenvolvimento dos pequenos negócios, atuou firmemente na construção de políticas públicas adequadas.

No plano nacional, a entidade encabeçou a luta por um tratamento diferenciado para as micros e pequenas empresas desde outubro de 1993, quando lançou a campanha *Pequena Empresa – Valorize Essa Idéia*, que repercutiu em outros países e nos órgãos internacionais.

Dessa maneira, em 1994 o Banco Interamericano de Desenvolvimento (BID) escolheu a pequena empresa como prioridade.

Foi graças em grande parte à ação do SEBRAE que se consegui mobilizar a sociedade civil e a classe política, o que levou em 1991 à aprovação do Estatuto da Micro e Pequena Empresa.

A partir de 1995, o SEBRAE/SP passou por um forte processo de transformação.

Nesse ano existia cerca de um milhão de empreendimentos no Estado, geradores de 60% dos empregos e responsáveis por 20% do PIB estadual. Na área de informática, a entidade investiu na formação da infra-estrutura e na capacitação de pessoal, instalando uma rede de dados que integrou todos os funcionários num total de 780 estações de trabalho.

Uma rede Intranet, instalada em 1997, agilizou as consultas a cadastros, fornecedores, eventos, soluções técnicas e tecnológicas, pesquisas e análises econômicas, entre outros benefícios.

Esse núcleo conta hoje com uma base de dados constantemente alimentada com listas de fornecedores, entidades e associações de classe, informações sobre matérias-primas, produtos industrializados, serviços, empreendimentos e tipos de negócios, cursos técnicos específicos, legislação, publicações, estudos de potencial e consumo.

O sucesso do trabalho desse núcleo foi tanto que ele passou a ser modelo de atuação para os demais SEBRAEs do Brasil.

O SEBRAE/SP também abriu uma página própria na Internet – www.sebrae.com.br – oferecendo artigos sobre gerenciamento da pequena empresa, agenda de eventos e divulgação de programas.

Outra forma de acesso às informações vitais para a geração e a condução de negócios são os Centros de Documentação e Informação, presentes em todas as agências do SEBRAE/SP, composto por bibliotecas que reúnem mais de 15 mil títulos.

Após a estabilização econômica, a necessidade de capital continuou a ser o grande, se não o maior problema para as MPEs.

Pesquisas do SEBRAE/SP mostravam que 47% dos empreendimentos paulistas de pequeno porte nunca haviam conseguido empréstimos em virtude do excesso de burocracia, das garantias exigidas e, naturalmente, dos juros altos.

Diante disso, em 1996 o SEBRAE/SP ampliou as parcerias que havia feito em 1993.

Assinou convênio com o Banco Bandeirantes (atual HSBC).

Do mesmo ano é o convênio com a Secretaria de Emprego e Relações do Trabalho, do governo federal, para acesso às linhas de crédito do Programa de Geração de Empregos e Rendas (PROGER).

Igualmente inovadores e pioneiros foram o apoio e a divulgação dadas pelo SEBRAE/SP a uma idéia vitoriosa em muitos outros países em estágio de desenvolvimento semelhante ao do Brasil: o Banco do Povo, um sistema de microcrédito popular para pequenos negócios.

As unidades do Banco do Povo foram instaladas inicialmente em cinco pontos estratégicos do Estado: Presidente Prudente, Jacareí, Porto Ferreira, Santo André e Registro.

Hoje são 84 unidades.

O SEBRAE/SP passou a atuar fortemente no setor rural, dando aos micros e pequenos produtores condições de crescimento sustentado.

A área de agronegócios do SEBRAE/SP foi criada em 1997.

Mais do que assistência técnica rural, que já se fazia através do Programa Volta ao Campo, foi planejado um novo atendimento que respondesse à totalidade das necessidades do pequeno produtor, como o curso de Capacitação Rural e o Sistema Agroindustrial Integrado (SAI).

O fato é que a união de forças estimulada pelo SEBRAE é benéfica tanto para os empreendedores urbanos quanto para os rurais, por ser a melhor estratégia de desenvolvimento de produtos e de conquista de novos mercados.

Para responder a essa necessidade, O SEBRAE/SP lançou as bases de apoio para estimular o associativismo no Estado focado nas MPEs.

Como resultado, entre 1995 e 1997 o número de redes de negócios setoriais triplicou.

O segmento pioneiro no setor industrial foi o moveleiro, com a união de 21 indústrias da região de Votuporanga, que pouco tempo depois já estavam exportando para o Mercosul e para a Europa.

No comércio, quarenta farmácias se uniram e, três anos depois, já eram 72.

A Bolsa de Negócios, serviço pioneiro da entidade, foi reformulada e agora uma das suas novidades são as Rodas de Negócios, ou seja, encontros entre empresários, agendados previamente e que acontecem durante as feiras de negócios.

Para oferecer um atendimento de qualidade em 1999, o SEBRAE/SP mudou-se para o edifício Casa do Empreendedor Paulista, um moderno prédio de 21 andares no bairro do Paraíso, com capacidade de atendimento diário de mais de 900 pessoas.

Mas só ter um espaço mais amplo não era o suficiente.

Desse modo, procurando aperfeiçoar ainda mais o atendimento aos empreendedores, o SEBRAE/SP passou a atuar em cinco áreas: Atendimento; Educação e Treinamento; Negócios; Tecnologia e Desenvolvimento Setorial; e Associativismo.

A partir do 2º semestre de 1999, o SEBRAE nacional iniciou também o seu grande processo de transformação na forma de pensar e atuar no sistema, traçando novas metas, estando entre elas aumentar radicalmente o número de atendimentos – de milhares para milhões –, incluindo os empreendedores informais; ampliando a cultura da "união faz a força", estimulando o associativismo e a cooperação entre esses empreendedores.

Em 1999 procurou adotar fórmulas de atendimento ao maior número possível de micros e pequenas empresas, que são mais de 1,3 milhão no Estado.

Então a divisão de Educação e Treinamento começou a desenvolver instrumentos de capacitação dos empreendedores por meio da Internet.

Essa mesma divisão gerencia e continua a desenvolver os programas de Qualidade Total, Sistema de Gestão Empresarial, Jovens Empreendedores, Empretec e Ideal, todos focados na modernização da gestão empresarial.

Ciente de que a criação de novos negócios, inclusive entre os jovens, auxilia no combate ao desemprego, o SEBRAE/SP passou a ter como uma das suas prioridades o apoio àqueles que querem ter seu próprio negócio.

Como conseqüência, em 2000 foi implantado um programa dirigido a crianças de sete a catorze anos, que ao lado do Jovens Empreendedores, voltado para moços e moças que cursam o 2º grau, dissemina a cultura empreendedora.

Um dos maiores desafios do ano 2000 foi a organização e estruturação do SEBRAE para atender a clientela do programa *Brasil Empreendedor*.

O objetivo era o de capacitar milhares de empreendedores para que pudessem ter acesso mais fácil ao crédito oferecido por bancos oficiais.

A meta inicial de capacitação, de 314 mil, foi superada e foram treinados mais de 630 mil pessoas em gestão de negócios.

Outro projeto inédito e inovador, implantado em 2000, é o Programa Empreendedor Cultural, que está ajudando os profissionais do mercado cultural na formação de uma cultura empreendedora, cooperativista e empresarial.

Finalmente, deve-se salientar que o SEBRAE/SP tem atuado de forma intensa pelo fim da excessiva burocracia que afeta os pequenos empreendedores.

Criou assim o FÁCIL – Sistema Integrado de Protocolo –, que facilitou a expedição de documentos de empresas já existentes e reduziu o tempo gasto para a abertura de novos negócios.

Outro grande avanço foi a reforma do SIMPLES paulista, que diminui, ou até mesmo isenta as pequenas e microempresas do pagamento do ICMS.

O SEBRAE/SP, nestes 12 anos sempre esteve atento às necessidades do seu público-alvo, procurando oferecer as melhores soluções para o cotidiano do empreendedor.

O projeto do SEBRAE/SP é continuar nesse caminho.

Competência, disponibilização de informação, produtos de qualidade são instrumentos com os quais viabiliza a capacitação dos empreendedores paulistas para os novos tempos, na busca de uma sociedade produtiva, com pleno emprego e justiça social.

Fantástico o trabalho realizado pelo SEBRAE em prol de um Brasil melhor, não é?

1.9 - A CRIAÇÃO DO AMBIENTE PROPÍCIO AO EMPREENDEDORISMO NO BRASIL

A Associação Brasileira dos SEBRAEs estaduais (ABRASE), o Movimento Nacional das Micros e Pequenas Empresas (MONAMPE) e o Instituto de Estudos do Trabalho e Sociedade (IETS), com o patrocínio do SEBRAE nacional prepararam no 2º semestre de 2002 um interessante documento denominado *Pequenos Negócios e Desenvolvimento,* no qual apresentaram os vários elementos para a criação de um ambiente favorável ao florescimento dos MPNs (micros e pequenos negócios), tais como acesso ao crédito, políticas transversais de fomento a bens públicos, foco das políticas públicas de apoio aos MPNs, etc.

O que se sabe hoje é que o Brasil não é um País pobre, mas é um País com muitos pobres, porque tem uma desigualdade de renda excessiva.

De acordo com recentes estudos do Instituto de Pesquisa Econômica Aplicada (IPEA), para os padrões internacionais, dada a sua renda *per capita*, o nosso País deveria ter 60% de pobres a menos, e a nossa proporção de pobres é compatível com uma renda *per capita* (corrigida pela paridade de poder de compra) mais de três vezes inferior à nossa!?!?!

O combate à pobreza no Brasil não pode limitar-se ao crescimento econômico.

Se incentivarmos a atual distribuição de renda, o PIB *per capita* terá que crescer 75% para que sejamos capazes de reduzir a proporção de pobres à metade.

Esse mesmo resultado pode ser alcançado com um crescimento de apenas 17% do PIB *per capita* se formos capazes de reduzir a desigualdade em 11%.

Ou seja, formaríamos um País com os mesmos indicadores econômicos e sociais que o México tinha em 2002.

A redução da desigualdade, em outras palavras, tem que ser alcançada como um poderoso atalho para as diminuição da pobreza que a sociedade brasileira, neste início do governo do presidente Luiz Inácio Lula da Silva, encara **finalmente como a sua grande prioridade.**

Entrtetanto, eliminar, ou ao menos minimizar a desigualdade é algo que até aqui o Brasil não conseguiu fazer.

Nossa desigualdade de renda é essencialmente estável desde que nos tornamos capazes de medi-la, passando pelos mais diversos ciclos institucionais, políticos e econômicos da historia recente do País.

Estudos do IPEA de 2000 revelam que as pessoas que se encontram entre os 10% mais ricos da população apropriam-se de cerca de 50% do total de renda de todas as famílias, enquanto, no outro extremo, os 50% mais pobres detêm pouco mais de 10% da renda, uma fatia menor do que aquela abocanhada pelo 1% mais rico, que chega a 11%.

O pior é que uma desigualdade como a brasileira não é fruto do acaso!

Lutar contra a mesma significa de início que se deve entender o processo histórico que a gerou, o qual está sendo reproduzido lamentavelmente até hoje.

Na realidade, ele tem origem na forma em que fomos colonizados, na escravidão e em sua abolição tardia e passiva, e nos últimos tempos na aliança entre a tecnoburocracia estrutural e a grande empresa forjada em torno de um projeto de desenvolvimento centrado na industrialização substitutiva de importações.

Já não é de hoje que o planejamento centralizado e tecnocrático deixa de ser eficaz como política pública de desenvolvimento, e isto não apenas no Brasil.

Nem a grande indústria, nem os grandes projetos de infra-estrutura são hoje capazes de assegurar um horizonte para o desenvolvimento, que conduz à melhoria da qualidade de vida para o conjunto da sociedade.

Em contrapartida, as estratégias de desenvolvimento local afirmam-se cada vez mais nos quatro cantos do mundo, como alternativa viável para a regeneração dos vínculos produtivos entre agentes, comunidades e instituições do governo.

Os vínculos sociais, a confiança nas instituições locais, a constituição de um ambiente favorável à inovação e ao empreendedorismo, e uma melhor qualidade de vida para todos passam a ocupar, finalmente, um lugar prioritário nas agendas políticas, antes estruturadas com base em orientações estritamente econômicas e setoriais.

O desenvolvimento local é, pois, vital para a qualidade de inserção competitiva e sustentável das regiões numa economia globalizada.

Sem ele, resta-nos o papel de mercado das corporações internacionais, abrir as veias de nossa cultura para o sopro homogeneizante da globalização e abdicar de uma vez por todas do desejo de construir um país territorialmente íntegro, cujas forças de coesão dependam de um esforço de articulação dos diversos espaços e atores regionais, próprios de uma nação de dimensões continentais como a nossa.

Nesse sentido, as políticas públicas orientadas para o desenvolvimento dos arranjos produtivos locais (APLs), tal como o SEBRAE nacional vem buscando implementar, podem ser consideradas ações exemplares, porque identificam as aglomerações territoriais de agentes econômicos, políticos e sociais que desenvolvem um conjunto de atividades econômicas e que apresentam fortes vínculos e interdependências produtivas, para serem estimuladas e apoiadas institucionalmente na sua capacidade de estabelecer relações de cooperação e competição em prol de uma maior competitividade da comunidade local.

Os elementos necessários para a criação de um ambiente favorável ao desenvolvimento de MPNs no Brasil são os seguintes:

1. Da firma ao setor, do setor ao território.

Em decorrência do próprio modelo de desenvolvimento adotado no passado no Brasil, que sempre priorizou a acumulação do capital nas mãos de grandes grupos industriais (nacionais ou internacionais), os serviços de desenvolvimento empresarial na nossa nação foram direcionados primordialmente para as empresas individuais.

Essa lógica prevaleceu mesmo quando se buscou beneficiar os MPNs através de entidades como o SEBRAE.

Ao longo do tempo, tal lógica evoluiu aos poucos para um horizonte setorial, centrado nas cadeias produtivas que têm forte influência até hoje, orientando a oferta de soluções de capacitação e serviços operacionais.

As vantagens de uma **perspectiva territorial** para além dos enfoques setoriais e/ou das cadeias produtivas derivam justamente da sua capacidade de recolocar a questão do desenvolvimento sob a óptica das atitudes locais e regionais para o **crescimento**, e da criação de um ambiente favorável à proliferação de micros e pequenos empreendimentos.

O território apresenta-se como o âmbito que dispõe dos recursos econômicos, sociais e institucionais necessários para a constituição de redes de cooperação entre micros, pequenas e médias empresas.

Além do mais, como ocorre, por exemplo, nos distritos industriais italianos e nos sistemas produtivos locais franceses, é o território, na sua dimensão social, o elemento que favorece a aprendizagem coletiva, a difusão das inovações tecnológicas e a construção das relações de confiança entre os empreendedores, a sociedade local e as instituições públicas.

2. Políticas transversais de fomento e bens públicos territoriais.

A difusão dos arranjos produtivos nos territórios torna-os cada vez mais indistintos das redes locais em que estão inseridos.

74 *Pessoas, empresas e países empreendedores*

Para conseguir desenvolver vantagens competitivas, os MPNs devem ter acesso aos recursos econômicos, sociais e institucionais, sem os quais não seriam viáveis as estratégias de cooperação.

Sozinhos, os micros e pequenos não têm possibilidade de sobrevivência!

Não somente pela sua diminuta escala de produção, mas também devido à assimetria com que acessam os mercados.

Isso significa que as políticas públicas focalizadas no território devem obrigatoriamente ser viabilizadas como políticas transversais, capazes de alcançar ao mesmo tempo as empresas e o conjunto das redes de suporte de que estas últimas fazem parte.

Tais políticas transversais, em outras palavras, precisam ser concebidas como políticas de criação e desenvolvimento de bens públicos territoriais de fácil acesso, alcance universal e princípio democrático.

Para se desenvolverem competitivamente, as redes de micros e pequenas empresas também precisam de um conjunto de ativos territoriais específicos.

Cada ambiente produtivo caracteriza-se pela sua capacidade de criar e inovar em determinados segmentos industriais.

Por exemplo, em Franca, no Estado de São Paulo, produzem-se primordialmente calçados e não móveis, como acontece em São Bernardo do Campo, também em São Paulo.

Já em Nova Friburgo, no Estado do Rio de Janeiro, produz-se roupa íntima feminina, e não vinho como em Bento Gonçalves, no Estado do Rio Grande do Sul, e assim sucessivamente.

Cada arranjo possui recursos que lhe permitem ser mais eficiente em tais segmentos.

Além dos bens públicos territoriais de caráter universal, é preciso ter em conta a importância dos ativos externos que potencializam essa específica capacidade de produzir, tanto em termos tecnológicos quanto institucionais.

3. Serviços de desenvolvimento empresarial.

A criação de um ambiente propício aos MPNs passa pela democratização do acesso aos serviços de desenvolvimento empresarial.

Essa, por sua vez, depende da eficiência e da eficácia de uma política pública que incentive o surgimento de uma indústria moderna e competitiva desses serviços, sem desconsiderar as falhas de mercado que produzem iniqüidades no acesso aos mesmos.

O Brasil é um País **com a população mais empreendedora do mundo**, e isto não é um ufanismo patriótico.

A grande maioria das pessoas empreendedoras, entretanto, sobrevive na informabilidade e à margem da subsistência por não ter acesso a serviços essenciais para melhorar a qualidade de seus negócios. Além de faltar crédito, tem que se oferecer educação básica, captação profissional, certificação, assistência técnica, infra-estrutura, consultoria e análise sistemática do mercado, apoio à comercialização, entre outros serviços de apoio.

A FAAP já há algumas décadas tem formado uma elite de profissionais, muitos dos quais se tornaram empreendedores de sucesso como se pode comprovar nos relatos do Capítulo 8.

A oferta de uma gama diferenciada de serviços não é uma tarefa que o Estado brasileiro seja capaz de desempenhar sozinho.

Isto requer arranjos entre os diferentes níveis de governo, a iniciativa privada e a sociedade civil organizada (por exemplo, a ação das ONGs), que sejam também regionalmente diferenciados.

Segundo o documento do SEBRAE nacional, *Pequenos Negócios e Desenvolvimento*, o governo deve estimular a criação e a distribuição de "vales-curso" para nanos, micros e pequenos empreendedores de determinados públicos-alvo, como arranjos produtivos locais e comunidades de baixa renda.

Os empreendedores que quisessem se aperfeiçoar poderiam assim escolher os cursos credenciados por entidades executoras, que poderiam ser universidades, escolas técnicas, entidades do sistema S (SEBRAE, SENAI, SENAC, etc.) ou ONGs, desde que fosse garantido um padrão de qualidade.

Junto aos "vales-curso" seria disponibilizado um vasto leque de informações sobre os cursos pelos quais esses vales poderiam ser trocados.

A eficácia e eficiência dos políticos públicos de apoio aos MPNs dependem, em grande medida, de sua capacidade de focalizar corretamente o público-alvo e da integração entre eles.

Por um lado, se a intenção é na realidade combater a desigualdade e a pobreza, é necessário que os empresários das camadas mais pobres sejam capazes de acessar os serviços de desenvolvimento empresarial.

Por outro, se tais serviços chegarem a esse público de forma inorgânica e fragmentada, o impacto deles tenderá a ser reduzido.

A construção de um ambiente propício aos MPNs se insere no longo prazo e pressupõe uma série de etapas sucessivas a serem realizadas por atores diferentes, cada qual explorando suas vantagens comparativas na disponibilização de bens públicos para o território contemplado.

Um bom exemplo é o Programa de Apoio ao Trabalhador Autônomo (ATA), no Rio de Janeiro.

Criado na segunda metade da década de 90, seu escopo inicial era o de ser uma ação complementar às ações de combate à pobreza que já vinham sendo empreendidas no seio do Programa Favela-Bairro, da Prefeitura do Rio de Janeiro.

Até ali, o programa Favela-Bairro ainda era fundamentalmente setorial, com o qual se pretendia integrar as favelas ao espaço formal da cidade a partir de uma abordagem essencialmente urbanística.

Foi somente num segundo momento, quando muitas obras já tinham sido concluídas, que se avançou para uma concepção de integração que passasse também pelos domínios do econômico e do social.

Nesse contexto é que o ATA foi elaborado.

O programa consistia inicialmente em cadastrar trabalhadores autônomos na construção civil, das comunidades beneficiadas pelo Favela-Bairro, que tivessem bons antecedentes e um mínimo de capacitação profissional para apoiar a comercialização de seus serviços por intermédio de uma central de atendimento via telefone e Internet.

4. Financiamento.

A relação crédito/PIB é particularmente baixa no Brasil (aproximadamente 28%), o que pode ser explicado, ao menos parcialmente, pelo nosso passado inflacionário.

Além de escasso, o **acesso ao crédito** é caro e mal distribuído: os MPNs estão praticamente excluídos desse mercado, embora tenham sido registrados progressos nos últimos anos no campo de microcrédito.

Dado que o crédito pode ser visto como um fator de produção, esta demanda reprimida, por um lado, implica uma subutilização da capacidade instalada e, por outro, prejudica a formação de capital da economia como um todo.

O principal obstáculo ao acesso dos MPNs ao crédito é a assimetria de informações.

Obter informações confiáveis sobre potenciais tomadores de crédito no segmento de varejo onde se concentram os MPNs é uma atividade extremamente onerosa para as entidades financeiras.

Isso se traduz em custos administrativos altos, que por sua vez repercutem em taxas de juros elevadas e, portanto, em um forte desincentivo a essa atividade, pelo simples temor dos potenciais credores aos naturais mecanismos de solução adversa que costumam imperar nessas condições.

Existem hoje no Brasil, conforme as melhores estimativas, cerca de 19 milhões de nanoempresários (trabalhadores autônomos ou empregadores com até cinco empregados).

A maioria deles opera na informalidade, à margem da legislação, e tem pouco ou nenhum acesso ao sistema bancário, e no atual estágio de evolução deste segmento do mercado financeiro é estratégico fortalecer as iniciativas de fomento à criação de novos protagonistas – como as Sociedades de Crédito ao Microempreendedor – que operam na área.

5. Construção social e política dos mercados.

Uma política orientada para um melhor financiamento dos mercados, ao contrário do que muitos imaginam, é antípoda do neoliberalismo.

Não se deve partir nunca da hipótese de que os mercados funcionam naturalmente, mas se procura, de várias e diferentes formas, fazer com que eles funcionem do melhor modo possível.

Por mercados entendem-se aqui aqueles dos bens e serviços que são produzidos e comercializados pelas empresas, e também (talvez principalmente) os de serviços de desenvolvimento empresarial.

A construção desses mercados não é obra **apenas** para os governos.

A experiência internacional evidencia que, em alguns casos, ela se deu apesar deles.

São processos necessariamente demorados, que exigem uma ampla costura de interesses públicos e privados na produção e disponibilização desses serviços; costura essa que – mesmo em países de tamanho pequeno em relação ao Brasil, como a Itália – só é possível no âmbito de territórios subnacionais, visto que tanto as vocações econômicas quanto a natureza e a profundidade das falhas de mercado e os meios disponíveis para enfrentá-las variam intensamente de uma região para outra.

Os protagonistas do desenvolvimento local são múltiplos simplesmente porque, em qualquer latitude, não existe um **único** ator econômico, político e/ou social que seja capaz de monopolizar a oferta de serviços de desenvolvimento empresarial na amplitude e na diversidade necessárias.

Isso significa, entre outras coisas, que se um governante desejar promover o desenvolvimento local do território que governa ele terá, antes de qualquer outra coisa, que compartilhar os espaços do diagnóstico, da formulação, da implantação e da avaliação de políticos públicos com outras esferas do governo, do setor privado e da sociedade civil organizada.

Como se depreende com certa facilidade, **a criação de um ambiente propício** aos MPNs passa em primeiro lugar por uma ampla e profunda revisão das formas em que o Estado (sobretudo o nacional) se relaciona com a sociedade, visto que:

a) em lugar de intervir nos mercados, ele tem que trabalhar para que eles funcionem;

b) em vez de comandar sozinho o processo, deve criar incentivos necessários para que outros níveis de governo, o setor privado, a sociedade civil através das ONGs se tornem seus co-autores na reformulação de um espaço público que fortaleça o jogo democrático e facilite a construção social do mercado;

c) em lugar de privilegiar a acumulação de capital físico ele deve dirigir suas ações para o incremento humano e social;

d) em vez de tutelar as entidades de classe, ele deve fomentar o associativismo (as várias formas de cooperação e o estímulo ao fortalecimento do capital social) e permitir que os interesses coletivos se estruturem de forma mais livre, legítima e sólida;

e) em lugar de eleger uns poucos vencedores, trabalhar no sentido de democratizar o acesso às diferentes formas de riqueza;

f) em vez de estabelecer políticas universais que tratem igualmente os desiguais, buscar reconhecer e estabelecer focalizações específicas em questões como o acesso ao crédito, à tributação e à desburocratização.

O fato concreto é que as várias questões levantadas no documento *Pequenos Negócios e Desenvolvimento*, elaborado por iniciativa do SEBRAE nacional, já fazem parte do cardápio de ações do governo federal, incluindo-se aí a participação do próprio SEBRAE (que não é propriamente um órgão governamental), a Caixa Econômica Federal, o Banco do Brasil, o Banco do Nordeste, o BNDES, os Ministérios do Desenvolvimento, Indústria e Comércio, da Integração Regional e do Trabalho e Emprego, a FINEP, a Secretaria Nacional de Assistência Social e o Comunidade Solidária, que têm os seus próprios programas de apoio aos MPNs e desenvolvimento local.

Entretanto falta coordenação e uma diretriz geral mais clara para o conjunto de ações a serem implementadas, como foi feito por exemplo em Taiwan, já citado nesse capítulo.

Salta aos olhos que, de forma isolada, nem Estado, nem setor privado, nem sociedade civil têm a capacidade de criar um ambiente propício aos MPNs.

Deve-se, pois, instituir um conjunto de arranjos institucionais que sejam capazes de combinar as potencialidades e os esforços dos diferentes atores públicos e privados em torno de objetivos comuns. Seria um espaço no qual a governança teria que ser compartilhada, tanto para garantir a transparência quanto para evitar descontinuidades.

Mas infelizmente o Estado, o setor privado e o terceiro setor atuam, na maioria das vezes, de maneira esparsa e isolada.

No setor público, apesar da descentralização das políticas públicas em algumas áreas, os diferentes níveis de governo têm dificuldades de se articular entre si.

No setor privado prevalecem iniciativas isoladas. Na sociedade civil as parcerias não são raras, mas tendem a se dar de forma fragmentada, fundamentadas em alianças tácitas, que por vezes encobrem lealdades que pouco têm a ver com o interesse coletivo ou com a eficácia das ações que são empreendidas.

Alianças e parcerias intra e entre esses três universos tendem a se produzir de forma casuística e pontual, com o que predomina, em geral, a **desconfiança recíproca**.

Porém um fato é incontestável: a criação de um ambiente propício aos MPNs é um elemento decisivo na definição de uma agenda de desenvolvimento que tenha como finalidade intensificar o processo em curso de democratização da sociedade brasileira, possibilitando um maior crescimento econômico da nação e mais eqüidade para os brasileiros.

Justiça social, inclusão, combate à probreza e desigualdades são, por certo, partes integrantes de uma estratégia de construção do desenvolvimento sustentável e da competitividade de nossa economia.

Quanto mais pobres e desiguais formos, quanto mais incompetentes de construir espaços regionais integrados, localidades prósperas e articuladas com as economias regionais e global, menos preparados estaremos para enfrentar os desafios atuais e os futuros.

Não se trata, no entanto, de uma tarefa fácil porque, no Brasil de hoje, implica inverter a maneira em que se pensou na questão do desenvolvimento até o momento, rompendo as barreiras entre o econômico, o social e o político e apontando, nessas três direções simultaneamente, para uma radicalização das políticas democráticas e participativas.

Contudo essa é uma das poucas boas alternativas que temos à disposição para promover de maneira digna a inserção do Brasil no mundo globalizado, apostando na gente brasileira, na nossa cultura, na nossa capacidade de viver numa sociedade mais justa e normal, na qual o bem-estar não seja um privilégio ameaçado, mas um **direito assegurado.**

Temos no Brasil, hoje em dia, vários aspectos **facilitadores e dificultadores** do desenvolvimento das MPEs.

O reconhecimento do papel e da importância das microempresas e das empresas de pequeno porte para o desenvolvimento brasileiro está explicitado na própria Constituição Federal, que determina, nos artigos 170 e 179, tratamento diferenciado para esse segmento empresarial e orienta a sua simplificação administrativa, tributária, previdenciária e creditícia.

Não obstante essa determinação constitucional, as MPEs convivem em um ambiente que ainda não lhes é completamente favorável, pois persistem muitas dificuldades no País para tratar desigualmente os desiguais como:

- falta regulamentar o art. 179 da Constitituição Federal;
- existe uma excessiva burocracia para abertura, manutenção e mesmo fechamento de empresas que vivem às voltas com intermináveis guias, livros, carimbos, repartições públicas, e fiscais punitivos em vez de orientadores;
- as insuficientes políticas públicas para os pequenos negócios, que inibem o fortalecimento dos negócios existentes e induzem inúmeros empreendedores a trabalhar à margem da economia formal, existindo atualmente mais de 10 milhões de empreendedores informais no Brasil;
- a dificuldade de acesso a capitais de risco e a linhas de crédito;
- as extorsivas taxas de juros praticadas, que inibem o acesso das empresas ao crédito;
- a ainda baixa competitividade das MPEs num mundo globalizado, pois o investimento e o acesso às tecnologias e à capacitação são insuficientes diante de suas necessidades;
- a excessiva regulamentação das atividades empresariais e das relações de trabalho às quais somam-se tantos outros fatores do chamado "custo Brasil", que comprometem ainda mais os resultados das inciativas empresariais desse segmento;
- a perda de tempo e de recursos nos quais incorrem os empreendedores contornando obstáculos, cumprindo burocracias e compensando deficiências existentes na gestão da coisa pública;
- a inadequação de legislação trabalhista às necessidades e características das MPEs;
- a falta de mecanismos de incentivo e qualificação para empresas iniciantes;
- a falta de assento das entidades representativas das MPEs em vários colegiados regionais das entidades de apoio;
- a insuficiência de mecanismos para maior capacitação tecnológica e gerencial;
- o uso deficiente da informação;
- a inadequada qualificação da mão-de-obra;

- a cultura exportadora frágil;
- a falta de adesão a entidades associativas representativas e de organização política;
- a incompreensão de seu papel na sociedade;
- o distanciamento das entidades de ensino e de pesquisa.

Entre os fatores que atualmente impulsionam e fortalecem as MPEs merecem ser citados:

- o Estatuto da Microempresa e da Empresa de Pequeno Porte, que define o tratamento jurídico diferenciado, simplificado e favorecido às MPEs;
- o SIMPLES, que possibilita a formalização de cerca de 3,8 milhões de empregos;
- a Central Fácil, que orienta a abertura e o registro de novos empreendimentos;
- o Programa Brasil Empreendedor, pelo qual quase 2,1 milhões de pessoas receberam orientação sobre gerenciamento, e aproximadamente 150 mil tiveram acesso a linhas de crédito específicas para o segmento, de acordo com os dados de 2002, do SEBRAE;
- a criação do microcrédito e a lei das OSCIP (Organização Social Civil de Interesse Público);
- a instalação do Fórum Permanente da Microempresa e Empresa de Pequeno Porte, instância privilegiada de discussão e formulação de propostas entre a iniciativa privada e o governo federal;
- a existência de serviços de apoio e de representação empresarial organizados e em constante articulação, que possibilitam atualmente ao País dispor de canais de interlocução e de suporte de orientação ao setor.

No documento *Pequenos Negócios e Desenvolvimento* do SEBRAE nacional, resultado de um profícuo trabalho dos presidentes dos SEBRAEs estaduais, de muitos especialistas em empreendedorismo e técnicos em gerenciamento de MPEs, estão várias propostas, os quais emergiram apoiando-se nos pressupostos de que é vital a contribuição das MPEs para que o brasileiro tenha um trabalho decente, que ocorra o desenvolvimento da sua qualidade de vida e que num ambiente saudável ele possa mostrar toda a sua cidadania.

As propostas são no sentido de:

I. Ocorrer a simplificação de vários procedimentos, tais como:

a) regulamentar o artigo 179 da Constitituição Federal, a fim de criar um ambiente que permita, dentre outros, maior simplificação dos procedimentos para a abertura, manutenção e fechamento de MPEs, incluindo-se aí a redução de taxas e de alíquotas e o surgimento de mecanismos específicos de incentivo e crédito;

b) emendar o artigo 179 da Constitituição Federal, ampliando a abrangência para a área trabalhista;

c) ampliar o número de Centrais Fácil e implementar o seu acesso via Internet, com chave pública, para que as mesmas e as Juntas Comerciais possa transmitir os dados para a Receita Federal;

d) proceder à harmonização do conceito de microempresa e de pequena empresa em todos os institutos legais e instituições oficiais;

e) criar atrativos para os Estados e municípios instituírem legislação específica de tributação simplificada e diferenciada para microempresas e empresas de pequeno porte;

f) incluir o setor de serviços nos benefícios do tratamento diferenciado das MPEs em todos os institutos legais;

g) articular a unificação do SIMPLES nas três esferas do governo;

h) estabelecer uma política específica para tratamento preferencial de compras governamentais por meio das MPEs, inclusive para os regimes de subcontratação;

i) criar novos mecanismos de parcelamento de débitos tributários em condições favorecidas para os MPEs.

II. Facilitar o crédito e apoiar a capitalização através do(a):

a) definição e implementação de uma política ampla de crédito especializado às MPEs, com oferta adequada de recursos;

b) instituição de fundos de garantia e "securatização" dos empréstimos;

c) fortalecimento e ampliação da rede de agentes de microcrédito;

d) aperfeiçoamento do sistema de informações bancárias sobre as MPEs, com base em finanças de proximidade;

e) fomento, no sistema financeiro, nos bancos de arranjos produtivos;

f) democratização do acesso ao mercado de capitais.

III. Promover o desenvolvimento da tecnologia adequada através da(o):

a) disseminação de centros de tecnologia e de redes de informação tecnológica no território nacional;

b) fortalecimento das atuais incubadoras de empresas e fomento à criação de novas;

c) aumento da oferta de mecanismos de capacitação tecnológica e de acesso a inovações tecnológicas;

d) intensificação das relações de cooperação entre governo, empresa, terceiro setor e as instituições de ensino superior;

e) melhoria do *design* dos produtos das MPEs, e estímulo à criação de mecanismos adequados;

f) aplicação eficaz dos recursos dos fundos setoriais no segmento das MPEs.

IV. Estimular uma maior participação nas exportações, devendo-se para isto:

a) simplificar procedimentos e desonerar a tributação das exportações das MPEs;

b) estimular o comércio em áreas de fronteira, criando mecanismos adequados;

c) facilitar o acesso das MPEs aos serviços da rede diplomática no exterior;

d) apoiar com ênfase ações de cooperação das MPEs para fins de exportação.

V. Difundir mais a cultura empresarial e o empreendedorismo com medidas como:

a) articular a implementação de programas de empreendedorismo no ensino médio e superior;

b) estimular o desenvolvimento de programas que incentivem o protagonismo juvenil;

c) apoiar o desenvolvimento de programas voltados para a capacitação empresarial e a iniciação empresarial.

VI. Instituir a cooperação e estimular a articulação entre o governo, as MPEs e a sociedade civil, buscando:

a) incentivar o aperfeiçoamento e o fortalecimento das estruturas governamentais e não-governamentais de apoio e de representação das MPEs como condição indispensável para o sucesso das ações e das políticas de desenvolvimento;

b) praticar a permanente interlocução com a sociedade civil organizada sobre as questões relacionadas ao desenvolvimento do País e das MPEs e incentivar que o mesmo ocorra nas demais esferas do governo;

c) apoiar e incentivar a criação e o fortalecimento de arranjos produtivos locais;

d) prover de infra-estrutura adequada os territórios ou arranjos produtivos locais em que reconhecidamente haja a predominância de MPEs;

e) incentivar a subcontratação de MPEs para a execução de atividades públicas intensivas em trabalho.

Como se pode concluir, o Brasil está finalmente caminhando para tornar eficazes todos os instrumentos e requisitos necessários a fim de criar milhares de novas MPEs que permaneçam ativas durante muito tempo, e com isto possam **atenuar em muito** o problema do desemprego e da probreza da população.

Logo, a melhor opção para o Brasil chegar ao Primeiro Mundo mais rapidamente é **através de um intenso progresso do empreendedorismo!!!**

Tudo faz crer que isto efetivamente vai ocorrer em breve se nos basearmos na vontade das principais figuras dos SEBRAEs.

O presidente do Conselho Deliberativo Nacional do SEBRAE, o deputado Armando Monteiro Neto, ao assumir o cargo em janeiro de 2003 disse: "O Brasil passou por um descontrole inflacionário e grande desequilíbrio macroeconômico nos últimos anos.

Porém, paradoxalmente, a economia revelou grande dinamismo, e nas últimas cinco décadas cresceu 5% ao ano em média, um excelente índice se comparado com os de outros países.

E a explicação é a seguinte: a economia é feita na microeconomia.

O desenvolvimento de uma sociedade depende dos pequenos agentes econômicos, dos negócios que se constituem e percorrem uma trajetória.

Só que em muitos momentos o ambiente macroeconômico é inóspito à atividade produtiva.

É o que se pode chamar de ambiente hostil para os empreendedores com taxas de juros elevadas, falta de linhas de crédito adequadas e muita burocracia ainda.

O novo governo, dentro da sua intenção de retomar o crescimento do País, deve e vai criar um ambiente mais propício ao desenvolvimento de novos negócios, com a reorientação do crédito para que o mesmo se dê na intensidade e no ritmo desejados."

O diretor-presidente do SEBRAE nacional, Silvano Gianni, empossado em janeiro de 2003, enfatizou: "As prioridades do órgão são a articulação de redes de apoio às MPEs, a difusão de experiências bem-sucedidas e a universalização do crédito e da capacitação.

A nossa atuação será bastante afinada com as diretrizes do governo, especialmente nas questões relativas a emprego, e o SEBRAE terá um representante no Conselho de Desenvolvimento Econômico e Social cuja missão será pactuar ações entre governo, trabalhadores e empresários.

Vamos estimular o mais que pudermos o empreendedorismo, fator vital para o desenvolvimento do País, e para tanto temos no orçamento para 2003 um bilhão e quatrocentos milhões de reais que obviamente serão partilhados com os SEBRAEs estaduais."

"Atrás de todo empreendedor bem-sucedido estão muitos clientes felizes."

Os desafios do empreendedorismo

2.1 - TENDÊNCIA NO BRASIL

Nos últimos anos, alguns milhões de profissionais brasileiros perderam seus empregos, sucumbindo aos efeitos colaterais de globalização da economia.

Os processos de reengenharia e *downsizing* (enxugamento), a chegada de novas tecnologias e o aumento da produtividade transcenderam o chão das fábricas e alcançaram as áreas gerenciais e de direção das empresas.

Por outro lado, a escassez de empregos não permite que muitos dos recém-formados encontrem um lugar adequado para trabalhar.

Criou-se então, no Brasil, um significativo contingente de pessoas – jovens terminando cursos de graduação ou técnicos e profissionais despedidos – com grande potencial criativo e empreendedor, entretanto sem emprego.

Assim, não é por acaso que o Brasil é considerado um País com elevado nível de empreendedorismo porque, entre outras coisas, é impelido pela necessidade.

Uma pesquisa do Datafolha, efetuada em novembro de 2001, revelou que 77% das pessoas têm vontade de ter um negócio próprio.

Todavia, ao mesmo tempo, os últimos estudos feitos pelo SEBRAE (Serviço de Apoio às Micros e Pequenas Empresas) de São Paulo indicam que 71% das empresas abertas no País não duram mais do que cinco anos.

Em outras palavras: sobra interesse, mas falta preparo adequado para concretizar o sonho.

Dessa maneira, mesmo que se tenha uma idéia brilhante, isto não é suficiente para manter um negócio lucrativo por bastante tempo, vale dizer, tornar-se um empreendedor de sucesso.

2.2 - CONCEITUANDO O EMPREENDEDOR

O empreendedor é aquele indivíduo que consegue fazer as coisas acontecerem, e além de ser capaz de identificar oportunidades de mercado, possui uma primorosa sensibilidade para negócios e tino financeiro para transformar uma idéia em um fato econômico em seu benefício.

O empreendedor está, pois, sempre voltado para realizações, gosta de assumir a responsabilidade por suas decisões e não lhe agrada o trabalho repetitivo e rotineiro.

O empreendedor é uma pessoa criativa que possui um alto nível de energia e demonstra sempre um elevado grau de perseverança e imaginação. Isto, combinado com a sua disposição para correr riscos moderados e calculados, capacita-o a transformar o que comumente se inicia com uma idéia muito simples e mal estruturada em algo concreto e vitorioso no mercado.

O empreendedor é aquele indivíduo que consegue gerar um entusiasmo contagiante em toda a empresa, transmitindo com muita vivacidade o seu senso de propósito e determinação.

Talvez uma das melhores definições sobre o que vem a ser o espírito empreendedor é a de Joseph Schumpeter, que diz: "O empreendedor é aquela pessoa que destrói a ordem econômica existente pela introdução no mercado de novos produtos e/ou serviços, pela criação de novas formas de gestão ou pela exploração de novos recursos materiais e tecnologias."

Comumente o espírito empreendedor surge pela necessidade de enfrentar uma crise iminente, como a que o Brasil passa agora, quando é necessário criar milhões de postos de trabalho, e o novo padrão de desempenho da economia força a cortar custos e despesas para se poder sobreviver à concorrência internacional da globalização econômica.

O empreendedor mais conhecido é aquele que cria novos negócios, no entanto ele pode inovar dentro de negócios já existentes.

Aliás, a palavra empreendedor (*entrepreneur*) tem origem francesa e significa "aquele que assume riscos e começa algo novo".

O empreendedor sabe como convencer os outros sobre as suas idéias, e o que quer que isto seja – capacidade de sedução, habilidade política ou carisma – outorga-lhe o dom de liderar uma organização, dando-lhe o impulso necessário.

E o que é mais importante, são os empreendedores que constituem a força motriz de uma economia de qualquer país, e eles representam a riqueza de uma nação e o seu potencial para gerar empregos.

Um exemplo internacional de um empreendedor bem-sucedido há algumas décadas é o de Richard Branson (já citado no Capítulo 1), o presidente do Virgin Group, um império que engloba viagens aéreas, comunicações (livros, estações de televisão, rádio, discos, *videogames* e jogos para computadores), varejo, transportes e hotéis.

O estilo de liderança de Richard Branson é uma combinação singular de energia, originalidade e astúcia.

Ele é a maior força propulsora da empresa, um mestre da motivação que sabe como conseguir o melhor dos seus funcionários.

Para alguns, Branson é um empreendedor *hippie* pelo estilo de operação que implantou na sua organização desde o início nos anos 60, com a informalidade e a igualdade sendo os valores essenciais – o que era bem raro no mundo dos negócios daquela época.

Quando a Virgin começou, todos recebiam o mesmo salário baixo, não havia hierarquia (Richard era e é ainda o "Richard" para todos), e o traje pessoal era informal a ponto de parecer estranho alguém vestido de terno e gravata.

Mesmo depois da grande expansão da empresa, esse estilo continuou em evidência e Branson e o seu pessoal raramente são vistos em roupas convencionais de negócios, optando por suéteres e calças *jeans* mesmo em ocasiões formais.

Os escritórios da empresa por anos estiveram em um conjunto de prédios bem modestos.

Durante muito tempo, o escritório e a casa de Branson localizaram-se num barco onde ele trabalhava tendo o apoio de apenas duas secretárias.

Sua filosofia de evolução é a de ficar à frente dos novos empreendimentos até compreender todas as questões do negócio, e então poder passá-lo para um bom diretor administrativo e um *controller*, que ganham participação no negócio e têm como objetivo fazê-lo "decolar".

Com esse procedimento Branson acredita que confere às pessoas um senso de envolvimento e lealdade, especialmente quando lhes dá autoridade plena e oferece participação nos lucros das subsidiárias.

Ele se orgulha realmente pelo fato de a Virgin ter criado um significativo número de milionários.

Richard Branson elucida: "Não quero que as minhas melhores pessoas deixem a empresa para começar novos negócios por conta própria.

Prefiro que elas se tornem milionárias trabalhando aqui.

Inspirei-me sobremaneira no sistema japonês de *keiretsu* (pequenas companhias interligadas em uma rede de colaborações), e foi assim que surgiram algumas das centenas de nossas pequenas empresas pelo mundo, todas agindo de forma quase que totalmente independente."

Richard Branson é hoje uma grande estrela empresarial no Reino Unido, uma celebridade internacional e um modelo que precisa ser analisado e eventualmente seguido por jovens (e adultos) que queiram uma carreira de negócios bem-sucedida e que não comprometa a ética profissional.

Atualmente Richard Branson é um dos homens mais ricos do mundo.

Contudo, no Brasil também temos muitos empreendedores ousados, até porque ousadia e arrojo não são modismos, mas características do brasileiro.

E ninguém pode esquecer que a **ousadia** é a **irmã da adversidade**, assim como a necessidade é a **mãe da criatividade**.

E é verdade que os brasileiros só não são mais ousados porque existem ainda no País alguns fatores que **inibem** a ousadia dos nossos empreendedores, tais como:

1. Um grande *gap* (brecha ou lacuna) quando o assunto é inovação e transferência tecnológica.

2. Falta de capacidade empreendedora de qualidade.
3. Ausência de uma estrutura tributária e trabalhista para pequenos e novos negócios.
4. Necessidade permanente de mais opções de financiamento e capitalização, como o capital de risco.
5. Influência da família, que ainda mantém uma ilusão de segurança em relação à vida de trabalhador assalariado.
6. Um sistema tradicional de ensino que não educa os indivíduos para se tornarem empreendedores, porém sim empregados.
7. Falta do capital social, no qual a carência de um preparo adequado, isto é, de educação, inibe a criação de negócios ou de mais associações como o SEBRAE ou a Sociedade Brasileira para Exportações de *Software* (SOFTEX), ou ainda o programa REUNE da Confederação Nacional das Indústrias para a difusão do empreendedorismo nas escolas superiores do País. O movimento do empreendedorismo só começou a tomar forma no Brasil na década de 1990.
Até então os ambientes político e econômico do País não eram propícios e o empreendedor praticamente não encontrava informações para ajudá-lo na sua atividade empreendedora.

Hoje já dispomos de muitas publicações, e o SEBRAE está fortemente empenhado em dar consultorias para resolver pequenos problemas pontuais; muitas instituições de ensino de 2º e 3º graus estão desenvolvendo cursos e treinamentos para formar (o que não é fácil) os empreendedores, e já temos até algumas revistas totalmente dedicadas ao assunto, como é o caso da *Empreendedor, Pequenas Empresas & Grandes Negócios (PEGN), etc.*

No seu número de julho de 2002 (nº 93), a revista *Empreendedor* destacava no artigo *O Brilho da Ousadia,* assinado por Lúcio Lambranho, diversos casos de sucesso, como aqueles de empresas como Embraer, Natura, Tigre, Microsiga, Gol, TAM, Grupo Ultra, etc.

Assim, por exemplo, uma trajetória de extraordinário empreendedorismo foi percorrida por João Hansen Júnior, quando na sua empresa – Tigre – localizada em Joinville, Estado de Santa Catarina, resolveu optar pelo PVC em tubos e conexões para sistemas hidráulicos, uma atitude considerada "coisa de maluco" no final da década de 50 do século XX.

Este é um caso muito eloqüente de ousadia, e Hansen precisou vencer uma forte resistência, porquanto os munícipes, quando se iniciava um intenso processo de urbanização no Brasil, não acreditavam (nem aceitavam) que o PVC pudesse substituir o ferro usado nas tubulações.

Foi aí que o empreendedor resolveu participar de uma Feira do Plástico na cidade alemã de Hannover, onde adquiriu por um valor bem alto para a época os equipamentos que deram credibilidade ao seu produto.

Depois desse ato de coragem, a Tigre foi a responsável pelo saneamento básico – principalmente nas residências – em 90% dos municípios brasileiros.

Já um caso recente de muito ímpeto empresarial é o da Gol Transportes Aéreos, que num ato de extrema ousadia, porém pensando num mercado que não existia, resolveu eliminar o bilhete e o serviço de bordo (idéia já aplicada com sucesso em alguns países...).

Desse modo nasceu a primeira empresa aérea brasileira a operar no conceito *low cost, low fare* (baixo custo, tarifa baixa).

No seu primeiro aniversário, a empresa chegou à marca de 2.250.000 passageiros transportados, com uma média de 90 passageiros por vôo – uma excelente ocupação para o tipo de aeronave que utiliza a empresa.

A companhia conquistou mais de 8% do mercado doméstico, e já é a sexta maior do Brasil, batendo alguns recordes na história da aviação brasileira.

Não existe nenhuma companhia que tenha alcançado estas marcas em tão pouco tempo.

A Gol fechou o balanço do seu primeiro ano com 24 mil operações de pouso e decolagem e quase 26 mil horas voadas, tendo quase 14 horas de vôo por avião a cada dia, nos 130 trechos diários.

Possui um quadro de 930 funcionários, ou seja, 93 por aeronave, e mesmo assim acumulou altos índices de pontualidade e regularidade ao longo dos 12 últimos meses.

De acordo com uma pesquisa feita por Matar & Associados, 99% dos passageiros transportados pela Gol expressaram que voltariam a voar pela companhia.

Dessa maneira, "no peito e na raça", como revela a atual história empresarial brasileira, nossos empreendedores têm assumido muitos riscos para criar novos negócios em um País ainda sem capital social, mas com uma enorme vontade de vencer.

Entretanto, no mundo de hoje é necessário muito mais do que a força dos pioneiros para transpor todas as dificuldades, e o brilho da ousadia e da fé no sucesso do brasileiro precisa sempre ser exaltado!

Está, pois, evidente que o empreendedor é aquele indivíduo que detecta uma oportunidade (ou as oportunidades) e cria em torno dela um negócio para capitalizar, assumindo riscos calculados.

Por conseguinte, em qualquer definição de empreendedorismo devem estar incluídos os seguintes aspectos referentes ao empreendedor:

- **ter iniciativa** para criar um novo negócio e paixão pelo que faz;
- **utilizar** os recursos disponíveis de forma criativa, transformando significativamente o ambiente social e econômico onde vive;
- **aceitar assumir** os riscos e a possibilidade de fracasso do seu projeto.

As estatísticas não negam que o brasileiro é realmente arrojado: 14,2% da população adulta está envolvida em alguma atividade empreendedora, segundo o relatório Global Entrepreneurship Monitor (GEM) 2001, do Kauffman Center, o que coloca o Brasil em quinto lugar no *ranking* mundial.

No evento que ocorreu em São Paulo promovido pelo Grupo HSM – ExpoManagement 2002 – em novembro de 2002, o guru da administração mundial Tom Peters, falando sobre o perfil de um empreendedor, ressaltou: "Nada como o caos na economia para formar bons gestores e surgirem muitos empreendedores.

Vivemos numa época em que não há mais lugar para o conservadorismo.

É o momento certo para quem tem prazer em novos desafios e gosta de lidar com mudanças rápidas.

Quanto a isso, digo com segurança que é mais fácil encontrar uma pessoa com perfil empreendedor no Brasil do que nos EUA, em vista de tantas crises que já aconteceram aqui e que foram criativamente contornadas no passado.

Um brasileiro sabe muito mais como lidar com **situações adversas** do que um norte-americano, e é disto que um empreendedor necessita.

É essa característica que diferencia o empreendedor brasileiro.

Acredito que os empreendedores brasileiros adoram esse caos, pois isso os ajuda a criar novas habilidades para sair dessa situação.

Aliás, não posso deixar de salientar no tocante ao empreendedorismo o papel das mulheres. Para mim elas são melhores nesse setor que os homens, pois têm idéias melhores!!!

Não estou querendo dizer que os empreendedores do sexo masculino sejam mais tolos, porém o que quero enfatizar é que o empreendedorismo não pode menosprezar o enorme potencial feminino."

2.3 - O PROCESSO EMPREENDEDOR

A criação de uma nova oportunidade de negócio não ocorre de forma repentina, da noite para o dia.

O processo empreendedor abrange todas as funções, atividades e ações associadas com a criação de uma nova empresa.

Inicialmente, o empreendedorismo envolve o processo de criação de algo novo, de valor.

Em segundo lugar, o empreendedorismo exige devoção, o comprometimento de tempo e esforço para que o novo negócio possa crescer.

Em terceiro lugar, o empreendedorismo, como já foi citado, requer muita ousadia, que se assumam riscos calculados, que se tomem decisões críticas e que não se desanime nem se desmotive diante de tropeços, erros e insucessos.

Um empreendedor revolucionário é aquele que cria novos mercados, quer dizer, a pessoa que cria algo único, como foi o caso de Bill Gates, fundador da Microsoft, ao lançar no mundo o sistema Windows (hoje com várias atualizações).

Mas, a maioria dos empreendedores cria negócios em mercados já existentes, não deixando de ser bem-sucedidos apesar de atuarem em segmentos já estabelecidos.

Qualquer que seja o tipo de empreendedor (revolucionário ou conservador), qualquer que seja a nova organização que surge, qualquer que seja o caminho adotado para sobreviver no mercado, o estudo da capacidade empreendedora é o **estudo do processo** através do qual ocorre:

- a **identificação** e o **desenvolvimento** de uma oportunidade na forma de uma visão;
- a **validação** e a **criação** de um conceito de negócio e estratégia que ajudem a alcançar esta visão (por exemplo: criação, aquisição, franquia, etc.);
- a **captação dos recursos** necessários para implementar o conceito;
- a **implementação** do conceito empresarial ou do empreendimento;
- a **captura plena da oportunidade** por meio do crescimento do negócio;
- a **extensão do crescimento do negócio** por intermédio da atividade empreendedora.

Todas essas atividades levam tempo e não existem regras quanto à duração de cada estágio.

Além disso, os empreendedores freqüentemente precisam "voltar atrás" à medida que entram no processo.

Por exemplo, eles podem descobrir que o seu conceito de negócio necessita ser refinado à luz do que querem os fornecedores potenciais de insumos.

Uma idéia pode ficar em gestação, às vezes em processo de invenção por muitos meses (ou até anos), ou pode surgir repentinamente.

Um executivo empreendedor, proprietário de um negócio, pode ter a percepção crescente das vantagens de aquisição de um outro negócio, todavia pode estar inseguro sobre como os seus empregados reagirão à provável futura fusão.

O empreendedor em gestação pode sempre estar tendo um desejo latente, mas vai entrar em ação apenas no momento em que acreditar que é oportuno!?!?

E aí, um certo conjunto de comportamentos acompanha a identificação e a exploração dessas oportunidades.

Os empreendedores não costumam ter os recursos, poder ou "autoridade" de que necessitam para simplesmente implementar um empreendimento.

Comumente eles precisam atrair outras pessoas para as suas idéias.

Devem alavancar recursos que não controlam ao usar o "dinheiro dos outros", em linguagem popular.

Necessitam, de saída, mostrar um significativo crescimento do negócio, mesmo que não seja muito eficiente.

José Carlos Assis Dornelas, no seu livro *Empreendedorismo,* enfatiza que as pessoas que fazem acontecer possuem o talento empreendedor que é uma combinação de percepção, direção, dedicação e muito trabalho.

Dornelas comenta: "Onde existe este talento, há a oportunidade de crescer, diversificar e desenvolver novos negócios.

Porém, o talento sem idéias é como semente sem água.

Quando o talento é somado à tecnologia e as pessoas têm boas idéias viáveis, o processo empreendedor está na iminência de ocorrer.

Mas existe ainda a necessidade de um combustível essencial para que finalmente o negócio saia do papel: **o capital**.

O componente final é o *know-how,* ou seja, o conhecimento e a habilidade de conseguir convergir em um mesmo ambiente o talento, a tecnologia e o capital que fazem a empresa crescer."

2.4 - ENXERGANDO UMA BOA OPORTUNIDADE DE NEGÓCIO

Pesquisar muito e saber vislumbrar onde estão as oportunidades são efetivamente os primeiros passos para identificar um bom negócio, e isto é um trabalho de muita peregrinação.

Como o custo de uma pesquisa exclusiva geralmente é inviável para a grande maioria dos microempresários, existem dois pontos de partida para quem busca uma oportunidade: iniciar um negócio que já se tem em mente e descobrir onde ele é viável, ou procurar nichos de mercado e a partir daí desenhar um plano de negócios.

Na primeira opção devem-se identificar algumas variáveis críticas; assim, digamos, se a idéia é montar uma escola do esporte preferido numa certa região, qual é o número de potenciais clientes, facilidades de transporte para chegar à escola, etc.

Na segunda opção, é vital verificar as vocações do local, os incentivos governamentais oferecidos, conhecer as necessidades e as expectativas do público-alvo do negócio, etc.

Na realidade, não é tão difícil enxergar a oportunidade caso o empreendedor conheça o ramo e saiba como fornecer um produto ou serviço diferenciado do que já existe no mercado.

Há inúmeras sugestões de negócios indicadas por especialistas em todo o Brasil, como:

1. Plantio e comercialização de frutas regionais.
2. Produção de remédios fitoterápicos.
3. Empreendimentos para o turismo segmentado (pesca contemplativa, aventura e observação da fauna, ecoturismo, etc.).
4. Cultivo de flores para exportação.
5. Fabricação de corantes utilizando açafrão.
6. Produção e comércio de carnes exóticas e seus subprodutos.
7. Organização e apoio a eventos e festas.
8. Consultoria e treinamento para certificação ambiental.
9. Pousadas e fazendas para o turismo rural.
10. Agricultura diferenciada (hidropônica, orgânica, etc.).
11. Oficinas mecânicas com atendimento especializado para o público feminino.
12. Clínica de estética com orientação nutricional.
13. Serviços de *personal trainer* (instrutor pessoal).
14. Consultoria de moda e etiqueta.
15. Beneficiamento de produtos agropecuários (soja, algodão, guaraná, pequi, couro, etc.).
16. Casa de *videogame*.
17. Loja de multiserviços com Internet, *fax*, *xerox* e caixa eletrônico.
18. Aproveitamento de resíduos industriais.
19. Conserto e manutenção de computadores e telefones celulares.
20. Fabricação de conservas e embutidos.
21. Fabricação de embalagens e utensílios domésticos.
22. Criação de peixes e camarão.
23. Confecção de uniformes.
24. Fabricação de doces.
25. Informatização de processos produtivos.

É claro que aí estão apenas 25 idéias e existem muitas outras informações na Internet, nos livros, bem como em associações, federações, órgãos públicos e sindicatos, a respeito de negócios que podem ser abertos, naturalmente sem nenhuma garantia de sucesso no empreendimento.

O fato é que nem sempre o que dá certo em um determinado local funciona também em outro.

Desse modo, sucessos absolutos de público em uma capital podem significar falência em uma cidade do interior.

Mesmo franquias consolidadas em outros países correm o risco de não encontrarem mercado cativo no Brasil.

Foi o que aconteceu, por exemplo, com redes de alimentação internacionais como Arby's, Subway, KFC e Pizza Hut, apesar de todas possuírem tecnologia e um diferencial.

Por outro lado, muitos empreendimentos conseguem estabelecer diferenciais que revolucionam o mercado sem que um desenvolvimento técnico específico esteja envolvido, como foi o caso dos restaurantes a quilo.

O que o empreendedor nunca pode esquecer é que uma "grande idéia" pode ser mais brilhante do que realmente é.

Na verdade, se o empreendedor identifica um nicho de mercado no qual ninguém atua, deve redobrar a sua atenção e fazer uma análise cuidadosa.

Talvez não haja competidores à vista porque também não existem clientes potenciais!!!

Uma estratégia de caráter geral que pode minimizar a probabilidade de insucesso de um empreendimento é investir naqueles que têm forte diferencial competitivo, oferecem serviços pioneiros e necessitam de um mínimo de capital.

Seguramente um bom "conselho" para quem quer abrir um pequeno negócio em um cenário econômico instável como é o brasileiro é o do ex-diretor-presidente do SEBRAE nacional, Sergio Moreira.

Ele considera: "Não importa o cenário. Com estabilidade ou turbulência, o que se exige do empreendedor é ter foco no mercado e possuir capacidade gerencial.

Em primeiro lugar, ele precisa saber **o que** e **para quem** vender.

Antes de montar o próprio negócio, é vital mapear e ter o perfil do comprador, enxergar a clientela.

Em segundo lugar, **saber administrar**.

Não adianta ter um bom produto/serviço se não existe controle de custos.

Montar uma logística e fazer um mínimo de *marketing* são ações essenciais.

Em terceiro lugar, **ousar**.

Sem credibilidade, sem coragem para inovar, a empresa não vai para a frente.

Finalmente, **atuar em rede**, cooperar, associar-se para adquirir mais competitividade.

O pequeno negócio, hoje, não sobrevive isoladamente.

O empreendedor brasileiro precisa sempre colocar em prática a máxima do mestre da competitividade Michael Porter: '**É vital competir e cooperar, cooperar e competir**.'

O fato é que vivemos num mundo globalizado no qual estão ocorrendo mudanças com velocidade nunca vista antes.

Nesse sentido, surge a vantagem de se abrir (ou ter) um pequeno negócio em relação ao grande, o qual funciona com um número reduzido de pessoas que têm de se adaptar às mudanças.

Naturalmente isto não é uma certeza, pois pode-se ter um grupo menor de pessoas, no entanto elas não são flexíveis e aí as mudanças não acontecem.

Então, o empreendedor deve formar um negócio com empregados flexíveis.

Além disso, o empreendedorismo é um **exercício de otimismo**.

Quem não for otimista não pode ser empreendedor.

É evidente que ele tem um objetivo, sabe o que quer, tem um foco, e passo a passo vai atrás do mesmo.

Mas para dar a partida ele precisa ter muito otimismo, imaginação, paixão e coragem.

Mesmo com tudo de negativo sobre o mundo que se lê diariamente nos jornais ou se ouve e vê nos canais de televisão, hoje existem no Brasil inúmeras possibilidades de se abrir bons negócios que antes não existiam.

E para uma mente empreendedora essas oportunidades precisam e devem ser atendidas!!!

Vamos em frente, empreendedores, para colocar em breve o Brasil em primeiro lugar no *ranking* da GEM!!"

2.5 - PROMOVENDO A TRANSIÇÃO DE SUCESSO: DE EMPREGADO A EMPRESÁRIO

Vamos começar tentando responder à seguinte pergunta: **Quais são os motivos que levam uma pessoa a montar o seu próprio negócio?**

Comumente as duas razões principais são as seguintes:

1. Após a **demissão**, abrir o próprio negócio às vezes se torna não apenas uma opção viável, mas freqüentemente a única exeqüível, devido às dificuldades de recolocação do profissional no mercado de trabalho.
2. A **realização de um anseio antigo** – uma soma de vontade de ser livre, independente e ter autonomia – para de modo honesto alcançar a sonhada prosperidade financeira.

Por certo não se pode esquecer aqueles que se tornam empresários na condição de herdeiros (e alguns não querem ser donos de negócios já estabelecidos...).

Por sinal, essa situação representa um grande desafio para esses empresários que atuam em ramos que não foram as suas opções, tendo geralmente como sócios pessoas que também não escolheram.

Comumente, o empresário bem-sucedido conserva consigo a quase certeza de que o maior inimigo a **temer é ele mesmo**!!!

É por isso que a sua atitude perante riscos potenciais não é de alguém passivo ou de uma mera vítima ante um destino incontrolável.

Ao contrário, ele reconhece que os fatores externos, como a economia, a política e a crescente concorrência de preços e qualidade representam tanto ameaças como oportunidades, dependendo da menor ou maior competência que existe na sua empresa.

Esse empreendedor tem plena consciência de que a sua organização é uma extensão de si mesmo, da sua personalidade e de seus gostos pessoais, do seu estilo de vida, de suas ambições, de suas restrições, de seus relacionamentos e conhecimentos.

Esse indivíduo tem grande imaginação e usa e abusa da criatividade.

Por trás de todas essas "características" e formas parece até que ser empreendedor é um conceito elitista e exclusivista, pressupondo que podem ser poucos os que poderão satisfazer o mesmo.

Graças a Deus, abrir um negócio próprio não é uma atividade restrita aos privilegiados pelo destino.

O sucesso, na realidade, depende de uma criteriosa auto-análise, de um plano de negócios, do conhecimento sobre o segmento do mercado em que se pretende atuar, da disposição e do comportamento diante de atividades empreendedoras.

Contudo a palavra-chave para ser um empreendedor bem-sucedido é o **aprendizado**, principalmente em uma boa faculdade de Administração, de Economia ou de Engenharia, como é o caso das que existem na FAAP.

Uma outra característica evidente nos empreendedores de sucesso é o **autoconhecimento.**

Antes de tudo, esses empresários são íntimos de si próprios, sabem exatamente o que querem e do que gostam.

Rejeitam também rapidamente o que detestam e o que lhes provoca contrariedade.

Mas o autoconhecimento, bem como as outras competências são resultado do aprendizado e de exercícios de análise.

A rigor pode-se afirmar que você começa a abrir seu próprio negócio no instante em que pratica bastante os exercícios de autoconhecimento e de auto-relacionamento.

Portanto, ao decidir que vai abrir o seu próprio negócio, o primeiro assunto em sua agenda não é o seu empreendimento, **mas você**!

Michael Gerber, no seu livro *O Mito do Empreendedor,* convida o futuro empreendedor de sucesso a participar do seguinte exercício: "No centro da sala, numa grande mesa encontra-se um caixão bem enfeitado, dentro do qual está você!

Mortinho da Silva!

Aí você ouve uma voz.

É uma gravação da sua voz.

Está se dirigindo aos que compareceram ao seu velório contando-lhes a sua vida.

O que é que você gostaria de estar dizendo?

Além disso, no seu velório mais quatro oradores vão falar sobre você: uma pessoa da sua família, um amigo, alguém do seu ambiente profissional e uma pessoa representando a sua igreja ou alguma organização comunitária da qual participa.

Imagine o que cada um deles falará e o que você gostaria que falasse."

Bem, esse exercício pode ser chamado de "a alegoria do velório", que no fundo representa a visão do empreendedor.

Essa atividade pode até parecer desagradável à primeira vista, porém quem a realizar perceberá que é bem produtivo vislumbrar a sua vida no momento derradeiro.

Stephen Covey dá muito destaque a essa identificação da visão do futuro, que denomina de começar com o **objetivo na mente**, ou melhor, significa trabalhar com a imagem ou quadro final da vida como referência e critério a partir dos quais todo o resto é planejado.

Conservando a visão do futuro na mente, você se assegura se qualquer atitude ou decisão adotadas infringiram algum critério definido como prioritário.

Você também se torna capaz de avaliar se cada dia vivido contribuiu eficazmente para a consecução do seu futuro.

A sua visão de futuro não é, sem dúvida, algo estanque, até porque se trata de um exercício permanente.

É necessário revisar continuamente aspectos da sua visão, adequando-os em relação a novos conceitos de vida adquiridos com o tempo.

Com o estabelecimento da sua visão de futuro, ao torná-la o seu norte, você saberá para onde seguir, de forma a entender onde está agora e que passos deve dar para caminhar na direção correta.

Você passará a compreender que a grande utilidade do presente é a de **viabilizar o seu futuro**.

Esteja, pois, sempre consciente (caso queira ser um empreendedor bem-sucedido) de que o seu negócio será uma extensão de você e da sua personalidade.

O candidato a empreendedor deve dedicar muito do seu tempo para fazer contínuas introspecções em torno das suas habilidades que poderão ser potencializadas no negócio, e dos seus pontos fracos que precisam ser administrados para não se tornarem ameaças.

É claro que o autoconhecimento abre espaço para o processo de idealização da visão do futuro, em que o empreendedor colocará seu próprio negócio a serviço deste futuro, para materializá-lo.

A decisão de abrir o próprio negócio deve ser uma conseqüência e não a causa.

Não é a decisão que vem em primeiro lugar, para depois ajustar toda a vida ao negócio escolhido.

Pelo contrário, o seu negócio precisa ser uma decisão decorrente de algo maior e que conterá esta e outras decisões que você deverá tomar.

Este algo maior é o seu plano de vida, sua visão de futuro, seu objetivo básico, sua missão nesta existência.

De olho nesse futuro idealizado, o seu negócio será um dos instrumentos mais importantes para a sua viabilização.

2.6 - OS 6 CS ESSENCIAIS PARA SE MONTAR UM NEGÓCIO

Inicialmente deve-se dizer que empreender, isto é, abrir um novo negócio não é sinônimo de identificar oportunidades.

As oportunidades existem por todos os cantos e naturalmente estão esperando para ser identificadas e exploradas.

Entretanto nem todas as oportunidades de negócios podem ser entendidas como tais por um empreendedor.

Não adianta farejar oportunidades de negócios sem que elas tenham compatibilidade com você e com alguma circunstância particular da sua vida.

É por esse motivo que um certo fato ou situação pode constituir uma boa oportunidade para um empreendedor e não ser adequado para você, ou o contrário.

Aí está uma explícita justificativa por que o empreendedor não pode se afastar das conclusões decorrentes do processo de autoconhecimento.

Somente ao considerá-las como um ponto de partida ou parâmetro de referência é que você poderá concluir se está diante de uma real oportunidade de negócio.

Logo, escolher um bom negócio é muito diferente de selecionar **o seu negócio**.

Afinal de contas, o que é bom para um amigo seu ou até para o irmão, não é necessariamente bom para você – e vice-versa.

O negócio que você quer abrir precisa **ter a sua cara!!!**

Durante o processo de escolha do negócio no qual irá investir, você poderá valer-se de variáveis de exclusão, de aspectos que forneçam indicativos dos segmentos nos quais **não é recomendável** a sua entrada como empreendedor.

Entre essas **variáveis de exclusão** devem ser citadas as seguintes:

- formação técnica e acadêmica requerida para operar no negócio;
- capital estimado para o investimento inicial;
- experiência no ramo;
- competências e habilidades particulares e implícitas no negócio;
- tipos de pessoas (clientes, fornecedores, concorrentes e empregados) com os quais deverá lidar no negócio;
- estilo de vida que terá ao ingressar nesse segmento;
- fatores morais, éticos e religiosos associados ao negócio;
- apoio da família à idéia de entrar no negócio.

Como se percebe, a escolha do negócio a ser aberto é muito mais do que uma análise de viabilidade econômica e mercadológica.

Assim, sempre que estiver diante de um fato que sua sensibilidade indique tratar-se de uma oportunidade de negócios, siga em frente, consciente de que o autoconhecimento deve preceder qualquer análise sobre o negócio.

E quando chegar esse momento, submeta o negócio em vista ao crivo das oito variáveis de exclusão há pouco citadas, partindo sempre da premissa de que o negócio próprio será uma extensão da sua pessoa.

Rogério Cher, especialista em empreendedorismo, no seu livro *O Meu Próprio Negócio* destaca mais seis fatores que são vitais para se abrir um negócio no **caso de se ter sócios.**

São eles:

Convergência – É muitas vezes difícil abrir um novo negócio sem sócios.

Os sócios, por sua vez, devem ter unidade de pensamento, identidade de valores e comunhão de objetivos.

Eles não precisam pensar igualmente sobre tudo, mas devem pelo menos ter identidade quanto a valores pessoais e quanto à postura perante a vida e a empresa.

Até os estilos de trabalho podem ser distintos, mas os princípios morais e éticos devem ser convergentes.

Complementaridade – As diferenças entre os sócios proprietários não devem implicar filosofias opostas ou valores antagônicos, mas sim características que se complementem e qualidades que se somem para produzir um efeito sinérgico.

De fato, as diferenças entre os sócios podem ocorrer, desde que tornem o empreendimento forte a partir da soma de características que se complementem.

Companheirismo – A amizade e o companheirismo são coisas bem distintas.

Lamentavelmente a amizade não garante sucesso ao novo negócio, e a ausência de sucesso pode certamente acabar com a amizade.

Na nova empresa deve sempre existir uma nítida fronteira entre amizade e sociedade.

Mais do que amizade, o que deve prevalecer entre os sócios é respeito mútuo e solidariedade nos bons e maus momentos, isto é, companheirismo.

Confiança – É absolutamente vital, e por outro lado é inconcebível uma sociedade em que os sócios não confiem um no outro.

É preferível não constituir uma sociedade com pessoas que inspirem dúvidas sobre seu comportamento ético, no sentido da convergência de valores já citada há pouco.

Ademais, nem todas as decisões na empresa serão consensuais.

Freqüentemente você precisará dar crédito às idéias e propostas dos seus sócios, ainda que na sua opinião elas não sejam as mais indicadas.

Mesmo assim, nessas ocasiões dê a possibilidade para que os sócios possam tentar...

Caso não der certo, entre em ação rapidamente em outra direção e não perca tempo se recriminando ou emitindo comentários do tipo: "Bem que eu sabia que isso não ia dar certo..."

Compreensão – Efetivamente o seu dia-a-dia na nova empresa é difícil e pesado, e não se pode prescindir de entendimento e tolerância que nos habilitem a aprender a ouvir e compreender o pensamento, as intenções e os receios dos nossos interlocutores.

A confiança e a compreensão recíprocas não poderão faltar num novo negócio.

É essencial saber ouvir e compreender não apenas os sócios, mas todos os empregados.

Circunstância – É preciso saber analisar bem as condições de momento para constituir a sociedade.

Por isso, quem deseja abrir seu novo negócio deve sempre estar atento às circunstâncias pessoais, familiares e financeiras pelas quais passa(m) o(s) seu(s) sócio(s).

É vital, pois, estudar meticulosamente a circunstância particular de vida pela qual passa(m) o(s) candidato(s) a sócio(s) no momento em que se discute a possível sociedade.

Considerar todos esses seis fatores não será de forma alguma tempo perdido.

Ao contrário, eles são aplicáveis em quase todas as situações quando se aborda a questão da abertura de um novo negócio, a menos que você ou seu(s) sócio(s) não participem juntos da gestão do negócio e atuem somente como investidores.

Enfim, se você tiver que abrir um novo negócio com sócios, não esqueça que é imprescindível levar em consideração os 6 Cs há pouco abordados.

2.7 - ALGUNS SEGREDOS DO EMPREENDEDOR BEM-SUCEDIDO

Uma das coisas que o empreendedor deseja é **tornar-se rico**.

Cabe lembrar que é possível ser rico sem ser bem-sucedido, assim como é possível ter fama pelo fracasso!?!?

O fato é que o sucesso nem sempre acompanha o poder, bem como o *status* nem sempre garante o sucesso de um novo negócio.

Os empreendedores bem-sucedidos são aqueles que se lançam numa viagem significativa conservando os olhos no horizonte, no entanto fazendo paradas freqüentes para apreciar a beleza das paisagens.

O sucesso está mais na viagem do que na chegada.

E dessa forma, aceitando que o sucesso está em curtir a viagem, é bastante útil meditar sobre as seguintes práticas dos empreendedores bem-sucedidos:

1. Foco e concentração.

Infelizmente uma grande parcela das pessoas acredita que a vida é para **"ir se levando"**, enquanto o empreendedor bem-sucedido sabe que a vida é para valer.

Então ele estabelece uma rota bem clara que o levará ao destino desejado.

Ele progride dia após dia nessa rota – o seu negócio evoluindo.

E a pergunta que ele se faz todo dia é: "O que vou fazer hoje para diminuir a lacuna que existe entre o que estou conseguindo realizar e o meu objetivo final?"

Pensando sempre sempre desse modo é que o empreendedor bem-sucedido sabe como aproveitar da melhor forma possível o seu tempo e o que deve fazer para escolher os melhores companheiros na sua viagem de negócios.

2. Crer para ver.

O empreendedor bem-sucedido confia nos seus sonhos e nas pessoas, como já foi destacado nos 6 Cs.

A confiança não elimina o risco de ser passado para trás, entretanto ainda assim é a melhor forma de pensar.

Claro que algumas decepções surgirão pelo caminho, mas é melhor avançar pensando na **saúde** do que na **doença**. Aí vale a pena seguir o exemplo da fundadora da rede de cosméticos The Body Shop, Anita Roddick, que destaca: "Como imigrante e sem recursos, encontrei no trabalho a única forma de realizar meus sonhos, que foi acreditar no meu projeto. Eu nunca parei de trabalhar e de sonhar."

3. Aprender o tempo todo.

O empreendedor bem-sucedido sabe que o conhecimento técnico é importante, mas ele diferencia-se de outros empreendedores por compreender que o aprendizado diário está em entender cada vez melhor a natureza humana.

Desse modo, os negócios têm tudo a ver com pessoas e mercados que estejam fortemente conectados aos relacionamentos.

Entender de gente é um grande desafio, e o empreendedor bem-sucedido sabe bem disso.

Ele ainda busca aprender com os negócios que quebraram, porquanto as pessoas mais recomendadas para dar orientação de como fazer (e não fazer) são as que faliram!?!?

Isto porque quem faz sucesso está bem e não quer abrir o seu segredo, com receio de ganhar um concorrente.

Todavia, o empreendedor que fracassou, às vezes por uma questão de solidariedade, acaba se revelando e mostrando os caminhos pelos quais não se deve ir, e aí então se aprende **o que não fazer**.

Luiz Alberto Mota Amorim, autor do livro *Por Que as Empresas Quebram?* diz: "Sofri muito porque passei por três falências e isto foi extremamente frustrante.

Se você quiser ser empresário, procure saber o que é a **arte de empresariar** a fim de entrar num mundo desconhecido pela porta da frente.

Para isso é necessário estudar, conversar com pessoas que entendem, informar-se sobre tudo o que seja pertinente.

Existe todo um mundo de obstáculos e oportunidades e o empresário deve descobri-los, pesar e comparar ambos, verificando a sua capacidade de superar as dificuldades e descobrir em que casos não possui essa competência.

O meu livro é um testemunho verdadeiro de uma dor sofrida, de problemas pelos quais passei.

Por isso, se você quer começar um novo negócio e não tem ninguém que lhe ensine a fórmula correta, pois se ela existisse custaria muito caro, ao menos aprenda como não fazer errado.

Observando direitinho os erros que cometi, aumenta a sua possibilidade de ter sucesso, e seguramente não sofrerá com atos falhos que me levaram a três falências."

4. Decisão e compromisso.

É vital ter amor pelo que se faz!

Sem amor, a vida é constituída só de trabalho duro.

Com amor, não há praticamente diferença entre o que é trabalho e o que é divertimento.

Todo trabalho começa com um grande sentimento e a **vontade de servir**.

Este é um dos maiores segredos do empreendedor bem-sucedido.

Aliás, as boas idéias brotam às centenas quando o empreendedor pensa em servir outras pessoas e não a si próprio.

5. Expulsar a mediocridade.

Realmente o empreendedor bem-sucedido é aquele que rejeita qualquer serviço e/ou produto realizado pela sua empresa que não esteja dentro de um padrão de excelência.

E aí não se deve confundir excelência com perfeccionismo.

Excelência significa dar o melhor de si, e estar inteiramente comprometido com tudo o que fizer.

Faz parte da vida do empreendedor bem-sucedido colocar-se no limite, superar-se, sair da zona de conforto, atuar na zona do desconhecido.

Não se trata de competir e de ser superior a outras pessoas; trata-se, isto sim, de ser superior a si mesmo, ou seja, ao que se era no dia anterior.

É certo que com esse procedimento o empreendedor ganha autoconfiança e amplia a sua auto-estima, o que faz com que obtenha mais sucesso ainda.

Vale aí um conselho de Luiz Seabra, fundador da Natura: "Faça o melhor que você for capaz obstinadamente, pois é o que lhe dará convicção e força para vender seu produto."

6. Ética e integridade.

Lamentavelmente a integridade e a ética só estão entrando na moda nestes primeiros anos do século XXI.

A própria palavra "negócio" ainda soa suspeita para muitas pessoas que a associam com algum tipo de artimanha.

Contudo, a integridade e a ética são as moedas mais importantes com que um empreendedor pode contar durante toda a sua vida; são elas que lhe permitem atrair os melhores parceiros: os próprios empregados, sócios, fornecedores, investidores ou clientes.

Sem a ética e a integridade, o empreendedor está sempre refém de alguém, e não há nada pior do que não conseguir viver a vida que se quer.

7. Não esquecer de viver a vida!

Muitos empreendedores envolveram-se tanto com o seu negócio que começaram a trabalhar demais, abrindo mão da própria vida pessoal, alimentando-se inadequadamente, dormindo pouco, desprezando a vida social, tudo em troca do sucesso.

Ninguém pode esquecer o que disse São Mateus: "E o que um homem lucraria se ganhasse o mundo inteiro e perdesse sua própria alma?"

Que sucesso é esse?

O verdadeiro sucesso está em viver a própria vida porque ela é o nosso principal negócio.

É tudo o que temos aqui na Terra.

E não devemos interferir, atrapalhando-a com extrema dedicação ao novo negócio.

Rogério Cher dá os seguintes conselhos para todo aquele que busca abrir o seu negócio:

I. O seu negócio deve ser uma extensão sua.

O empreendedor deve visualizar claramente que a sua empresa é uma extensão de si mesmo, da sua personalidade, de suas ambições, de suas limitações, de sua maior vocação, de suas habilidades, etc.

II. Estar apto a assumir riscos não significa desconsiderar riscos potenciais.

O empresário bem-sucedido, qualquer que seja o tamanho da sua empresa, tem inclinação para assumir riscos, mas depois de ter feito uma análise minuciosa.

Quando toma uma decisão de correr riscos é porque avaliou que sua probabilidade de acertar é bem maior que a de errar.

III. Não são apenas alguns iluminados que podem desenvolver uma atividade empreendedora.

Efetivamente o sucesso empresarial depende principalmente de aprendizado, e todo aquele que se esforçar para obter conhecimentos sobre um determinado segmento de mercado poderá embrenhar-se nele com um novo negócio.

IV. Para iniciar um negócio próprio é essencial o autoconhecimento e ter uma visão do futuro.

Os empresários de sucesso são acima de tudo muito íntimos de si próprios, e além disso sabem criar visões de futuro muito nítidas.

V. O negócio que se abrir deve satisfazer os desejos e vontades do empreendedor.

A pessoa de fato deve abrir um novo negócio desde que possa utilizar suas aptidões numa atividade profissional e como uma forma de atingir o futuro almejado.

VI. Reflita calmamente sobre as razões que o impulsionam a ter o seu negócio.

Ninguém deve se iludir com as aparentes vantagens de ser empresário, visto que ter maior liberdade e independência não são conquistas tão simples, por exemplo: no lugar do patrão surgirão restrições com os fornecedores e os clientes, e jornadas de trabalho que poderão incluir sábados e domingos.

VII. Milite no ramo antes de entrar nele por conta própria.

Os empreendedores de sucesso parecem "ter entrado no ramo" antes de abrirem o seu próprio negócio nesse setor.

Isto quer dizer que antes de investirem as suas economias, envolveram-se (ou trabalharam) no ramo, conhecendo de perto as ameaças e as oportunidades que vão enfrentar por conta própria.

VIII. Submeta o(s) candidatos(s) a sócio(s) ao crivo dos 6 Cs.

É essencial não concordar em ter uma sociedade com alguém que não passe na prova dos 6 Cs (convergência, complementaridade, companheirismo, confiança, compreensão e circunstância).

IX. As oportunidades de negócios precisam ter alguma conexão com o empreendedor.

Realmente, não adianta muito descobrir oportunidades de negócios sem que os mesmos tenham compatibilidade com a sua pessoa, com a sua visão de futuro e com a particular circunstância da sua vida.

X. É preciso ter certeza do que o mercado precisa.

Deve-se ter uma visão clara sobre o que o mercado-alvo necessita, para aí sim fazer a definição do empreendimento.

XI. Concentrar-se inicialmente em um nicho bem definido.

Em lugar de oferecer de tudo a todos, a nova empresa – para ter sucesso e ser competitiva – deve oferecer produtos e/ou serviços em um nicho bem definido.

XII. Consiga o apoio da sua família.

Isto parece óbvio, mas infelizmente em muitos casos o empreendedor não só não tem apoio, como surge até uma oposição por parte dos seus familiares.

Essa oposição frontal é que não pode existir de forma alguma, pois não dá tranqüilidade para empreender.

É vital ter plena compreensão e, se possível, a concordância do cônjuge e dos filhos.

XIII. Saiba concretamente de quanto dinheiro vai precisar.

É indispensável ter uma idéia nítida e precisa sobre o montante necessário para o investimento inicial no novo negócio, bem como do capital de giro.

XIV. Estabeleça um plano de negócios.

Não dá para pensar em abrir um negócio se não se puder controlá-lo.

É de suma importância ter um plano de negócios não só para definir as estratégias que vão impulsioná-lo, como para poder apresentar o projeto a potenciais investidores.

2.8 - OS PECADOS QUE DEVEM SER EVITADOS PELOS EMPREENDEDORES

É difícil fazer as coisas certas na primeira vez.

Talvez até seja impossível.

Mas convém ser o mais proativo possível, tendo um comportamento que leve a uma abordagem detalhada e específica para fazer as coisas certas e simples desde o início, com o que seguramente se estará economizando muito dinheiro dos próprios empreendedores e dos eventuais investimentos.

Após a análise de cada pecado, o leitor candidato a empreendedor freqüentemente encontrará uma série de perguntas que, se respondidas de forma correta, impedirão que caia na armadilha analisada.

É verdade que não existem só essas armadilhas, porém, se você puder evitar as que serão abordadas a seguir com previsão e planejamento, seguramente diminuirá em muito o perigo de ver o seu empreendimento fracassar.

1º Pecado – **Escolher um negócio incompatível.**

O ponto de partida para descobrir um negócio compatível está na execução de uma auto-análise, e isto impõe que se olhe um pouco para o passado no sentido de tomar boas decisões relativas ao futuro, objetivando encontrar o ambiente ideal para que se possa de fato sentir-se bem e realizado com o trabalho que será feito nos anos que vierem pela frente.

Aí convém desenvolver um processo de duas etapas para identificar os eventos de sua carreira que foram gratificantes, reconhecendo os seus valores pessoais mais destacados que o auxiliarão a encontrar um ambiente que lhe possibilitará alcançar seus objetivos.

Se você estiver procurando uma ocupação em período integral como proprietário de um pequeno negócio, provavelmente gastará no começo de 60 a 70 horas por semana na sua empreitada.

O seu trabalho tomará conta de você se a escolha for certa, tornando-se emocionante e gratificante.

Caso contrário, irá arrepender-se (e muito...) de ter aberto esse negócio.

Existem hoje em dia diversos testes de carreira profissional, e é conveniente que você se submeta a um deles desde que seja elaborado por uma organização confiável.

Enquanto isso não ocorre, você vai quase conseguir a mesma coisa ao passar pelas seguintes etapas:

1ª Etapa – Analise minuciosamente a sua carreira até esta data e faça uma lista dos eventos mais importantes que lhe ocorreram.

Eles não precisam ser obrigatoriamente grandes marcos como, por exemplo, o término de um certo projeto, o surgimento de uma idéia brilhante ou a solução de um problema de algum trabalho anterior.

A idéia aqui é identificar quais das suas aptidões você gosta mais de usar, e as habilidades com as quais se sente melhor.

Estude todas essas informações pessoais para obter um padrão de atividade que tenha sido importante por ter sido executado por você.

2ª Etapa – Escolha os valores pessoais que lhe são mais caros, porque você não poderá realizar nada com sucesso que entre em conflito com esses valores.

Aí devem estar valores como: família, amizade, independência, autoridade, aventura, realização, intelecto, especialização, lealdade, liderança, prestígio, segurança, dinheiro, espiritualidade, etc.

3ª Etapa – Analise detalhadamente a lista de valores pessoais obtida na 2ª Etapa para descobrir os elementos essenciais que o tornaram feliz.

Quanto mais realizado estiver, mais perto poderá chegar do seu potencial como ser humano.

4ª Etapa – Meça a sua própria pulsação para ter a certeza de que você tem as características pessoais fundamentais, tais como confiança, determinação e criatividade.

Seguramente a confiança em si próprio e no seu negócio deve ser a característica mais importante que um empreendedor deve ter, uma vez que em muitas ocasiões parecerá que tudo deu errado...

A determinação é que vai motivar o empreendedor para achar a luz no fim do túnel, permitindo-lhe superar os obstáculos ao longo do percurso.

Mas é a **criatividade** que irá diferenciá-lo na competição, como destacaremos nos Capítulos 5,6 e 7.

O empreendimento inovador é o que se executa de forma diferente e um pouco melhor do que a concorrência, e em vista disto ganha-se quando quase todo o resto é igual.

5ª Etapa – Reconheça claramente as suas necessidades e disponibilidades financeiras, isto é, quanto pode ser investido em um empreendimento e quanto este deve render.

É preciso saber analisar as suas limitações e capacidades financeiras para ter uma expectativa realista do negócio a ser aberto.

6ª Etapa – Conclua elaborando uma declaração de metas e objetivos que pode ser parecida com a seguinte:

Meu objetivo é transformar-me em um empreendedor, abrindo um negócio no setor_____.

Aí poderei controlar melhor o meu destino, sendo responsável pelas perdas e lucros deste empreendimento.

Vou esforçar-me para utilizar todo o potencial que possuo.

Meu objetivo é desenvolver uma importante entidade empresarial com condições de construir um patrimônio significativo.

Minha meta imediata é atender às minhas necessidades básicas de renda e assegurar um retorno do que foi investido.

Para cumprir isso, preciso receber mensalmente _____ *reais com grandes possibilidades de aumentar esse valor nos próximos anos.*

Estou apto a investir no empreendimento _____ *reais de meus próprios bens.*

O negócio _____ *(nome) deverá ser no máximo daqui a* _____*meses.*

Escreva essa declaração de objetivos e metas para que possa em todo final de mês lê-la e verificar se as coisas estão ocorrendo como imaginou.

Vai ser também um dos mais lindos documentos elaborados por você na sua vida.

Convém também que você responda às seguintes perguntas, o que o auxiliará muito para descobrir o negócio compatível com a sua personalidade:

- Quais são as suas principais aspirações no trabalho?
- O que mais lhe agrada no tocante às modificações de responsabilidade no trabalho?
- Que destaques você apontaria na sua carreira?
- Quais são as coisas que mais aprecia no seu trabalho?
- Quais foram os pontos fortes na sua carreira?
- O que mais lhe desagrada no seu trabalho atual?
- Em que momento você acredita ser imprescindível receber elogios (e/ou premiação) pelo trabalho desenvolvido?
- Quando se sente mais feliz pelo trabalho executado?
- Se fosse possível, o que eliminaria ou modificaria nas suas atividades de trabalho?
- Você acredita que na empresa que trabalha atualmente a política de promoção e os objetivos da instituição estimulam e motivam os empregados?

2º Pecado – **Estabelecer expectativas não-realistas para o próprio negócio.**

Criar expectativas sem ter experiência faz com que muita gente tome decisões das quais se arrependerá bastante no futuro.

Quem quer abrir um grande negócio próprio busca sem dúvida nenhuma perspectivas melhores para a própria vida.

Acontece que, uma pesquisa recente efetuada pelo SEBRAE comprovou que **77%** da população brasileira tinha como maior aspiração a criação de um negócio próprio visando à sua autonomia financeira e realização pessoal e profissional.

Muitas vezes o cansaço com o trabalho como empregado faz com que a pessoa comece a planejar um mecanismo de fuga.

Entretanto, isso não pode ser feito de forma amadorística, ao contrário, antes ela deveria:

1. Passar algum tempo longe do atual trabalho para meditar melhor sobre o que está errado. Retirar-se da cena trivial por algum tempo (pode ser no decorrer das suas férias anuais...) pode abrir-lhe os olhos para o fato de que você estava cansado e não "queimado" no seu emprego.

2. Analisar o que deveria ser feito para eliminar ou mudar as partes que não lhe agradam no atual trabalho (por exemplo, atendimento excessivo de clientes, viagens constantes, discussões intermináveis com fornecedores, etc.).

3. Discutir minuciosamente com algum amigo empreendedor quais são as armadilhas de ser proprietário.

4. Ler livros (como este...) e participar de seminários e cursos sobre pequenos negócios.
   Sempre deve existir um estágio educacional para qualquer carreira.

5. Passar algum tempo trabalhando (ou ao menos estagiando) em algum negócio semelhante ao que você quer abrir.
   Ninguém deve entrar "totalmente frio" em um negócio.

A melhor maneira de introduzir-se num negócio é implementar um esquema de transição que lhe permita trabalhar no seu emprego antigo, e alguns dias (por exemplo, aos sábados) ou à noite no negócio que você almeja abrir.

Uma vez que já tenha decidido que vai abrir um certo negócio, é imprescindível que você verifique se as suas expectativas quanto ao seu estilo de vida poderão ser cumpridas nesse tipo de trabalho.

As condições são:

a) Analise sua hierarquia pessoal de necessidades. É vital descobrir se a empreitada escolhida pode atender às suas próprias expectativas de necessidades pessoais.

b) Estabeleça ou imagine o número de horas que espera trabalhar no seu empreendimento, incluindo-se aí trabalho em casa (às vezes muito trabalho, que invadirá feriados e domingos...).

c) Verifique se é capaz de fazer esforço físico.

É provável, pelo menos no início, que você tenha que fazer algum trabalho braçal, sendo assim, certifique-se de que é capaz de executá-lo...

d) Estude a necessidade de ter que fazer muitas viagens (visitar clientes, participar de feiras, comprar materiais para a sua empresa, etc.).

e) Prepare-se para participar de forma mais intensa com a comunidade (clubes, associações filantrópicas, câmaras de comércio, etc.).

Para algumas pessoas, esse tipo de trabalho de relações públicas é muito fatigante e até inaceitável.

f) Estime o tipo de trabalho que você acha que fará na maior parte do tempo (vendas, trabalho manual, *marketing*, etc.).

Mostre as suas estimativas a alguém já envolvido com um empreendimento para obter as correções e ouvir a sua experiência.

Responda agora às seguintes perguntas que o ajudarão a estabelecer melhor suas expectativas em relação a possuir seu próprio negócio:

- Quais são as suas exigências mínimas de renda para poder sobreviver no primeiro ano do empreendimento? E depois?
- Qual é a satisfação pessoal que espera conseguir com o seu empreendimento?
- Você espera ampliar sua autoconfiança com esse seu novo empreendimento?
- Em vista dessa decisão, qual é a atividade que espera executar mais durante o dia de trabalho?
- Você está preparado para lidar freqüentemente com o público, quer dizer, com os clientes, os fornecedores, seus empregados, etc.?
- Quantas horas por semana você está preparado para dedicar ao seu negócio?
- Qual é o volume de viagens que deverá fazer mensalmente? Como isto alterará a sua vida familiar?

- Você tem capacidade física e psicológica para lidar com esse desafio – dirigir o seu próprio negócio?
- Você tem capacidade financeira, sem recorrer a empréstimos, para iniciar seu negócio?
- Como você classifica o seu empreendimento em termos de risco? Ele é aceitável para você e os seus funcionários?

3º Pecado – **Confiar em um plano inadequado para o seu negócio.**

Quer seja um plano para um negócio novo ou para a expansão de um empreendimento já existente, é preciso desenvolver um projeto especialmente adaptado a cada situação em particular.

Um bom plano de negócios deve incluir pelo menos os seguintes ingredientes para não ser mais tarde taxado de "feito de forma inadequada":

1. Ter uma declaração dos objetivos e metas.

   Ela pode ser bem simples e não ter mais que cinco parágrafos.

2. Exibir a investigação do mercado.

   É preciso conhecer razoavelmente bem os negócios dos concorrentes.

3. Executar a análise de localização.

   Isto exige uma coleta extensa de informações sobre o zoneamento, o tráfego, o número de pedestres ou motoristas de carro, etc.

4. Fazer a estrutura da organização.

   É necessário resolver antecipadamente se a empresa será uma firma individual, uma sociedade limitada ou uma sociedade anônima.

5. Exibir um plano financeiro.

   Apesar das projeções financeiras serem no começo apenas estimativas, elas vão ficando mais concretas à medida que o empreendedor vai obtendo um maior número de informações.

6. Identificar o mercado-alvo.

   É preciso definir especificamente quem será o cliente ideal, descrevendo com detalhes o perfil da clientela – pessoas físicas ou jurídicas – que o empreendedor acredita que possa ser o seu público.

7. Elaborar o plano de *marketing*.

   É vital descrever como se pode atrair os clientes e estabelecer a filosofia de divulgação e vendas.

8. Fixar a estratégia de preços.

Isto significa que se devem conhecer as despesas gerais da operação, o custo do produto, o lucro desejado e quanto se deve reter do mesmo para uma futura expansão.

9. Elaborar um plano de fluxo de caixa.

Todos os empreendimentos têm ciclos de renda flutuantes em vista de variações sazonais.

Portanto, o empreendedor deve estar preparado para fazer frente a esses ciclos.

10. Ter demonstrativos de receitas e balancetes *pro forma*, ou melhor, os projetados.

Ademais, são esses demonstrativos financeiros que possibilitam evidenciar o lucro projetado e o valor patrimonial da empresa.

11. Estabelecer um plano de inventário.

É imprescindível conhecer o nível de estoques necessários para garantir um fluxo ordenado de materiais e produtos para o seu empreendimento, de forma que as vendas não sejam interrompidas por falta de estoque.

12. Criar um plano de recursos humanos.

Aí é essencial saber as habilidades que precisam ter os empregados da empresa, quanto se pode pagar a eles, que tipo de benefícios se pode oferecer aos mesmos, etc.

13. Ter um plano de seguro.

Esta é uma área geralmente desprezada e acaba trazendo surpresas desagradáveis...

O empreendedor precavido é o que procura um corretor que conheça o seu tipo de atividade e cubra os riscos aos quais está sujeito o seu empreendimento.

O dinheiro investido no seguro compensará, pois assim se garantirá a sobrevivência do empreendimento diante de riscos que podem abalar seriamente o negócio...

Observação importante: Falaremos ainda sobre planos de negócios nos capítulos que estão à frente.

E aí vão algumas perguntas para que você, empreendedor em potencial, responda e assim minimize a sua probabilidade de embarcar num plano de negócios inadequado:

- Quem seriam os seus clientes?
- Por que o seu negócio vai ser lucrativo?
- Por que você acha que terá sucesso nesse empreendimento?
- Qual é a sua experiência nesse tipo de negócio?
- Qual é o seu mercado exatamente? Descreva as características dos vários segmentos (idade, sexo, profissão, renda, etc.).
- Como você vai entrar, atrair e manter esse mercado?
- Quem são os seus cinco principais concorrentes? No que a sua forma de atuação será melhor do que a deles?
- A lei de zoneamento permite seu tipo de negócio? Você pensa em outros locais?
  Por que esta é a localização desejável para o seu empreendimento?
- As pessoas que você precisa contratar para tocar o seu empreendimento estão disponíveis?
- Você já calculou quanto pagará de impostos sobre vendas, taxas de instalação, custos com fretes, etc.?
  Você já fez um seguro para o seu empreendimento?

4º Pecado – Perder o seu mercado-alvo.

Existe uma canção com o nome *Procurando o amor nos lugares errados,* e o que o empreendedor não pode praticar é *Buscar vender nos lugares errados,* parodiando o efeito da canção...

Por isso deve praticar o *marketing* de alvo que diz respeito ao mercado geral de um bem ou serviço no segmento que mais o utiliza.

Principalmente no caso dos pequenos negócios, ele deve ser específico ao máximo.

Ao determinar seu mercado-alvo, o empreendedor deve estabelecer um perfil de quem ele considera ser seu cliente principal.

Esse trabalho deve considerar a idade, a renda, o nível de escolaridade, o sexo, o estado civil, o *hobby* e o estilo de vida.

O empreendedor, depois de identificar seu público, deve ter plena convicção de que o seu produto/serviço preenche os desejos não-satisfeitos.

Realmente, **desejos** é um termo melhor do que **necessidades**, pois na maioria dos casos você vai estimular a motivação.

Necessidades refere-se mais àquilo que é essencial para viver, isto é, uma porcentagem muito pequena das aquisições.

A maioria de nós chama de necessidades os nossos desejos, porquanto este é um meio de racionalizar os gastos.

O objetivo do empreendedor é determinar os desejos dos seus clientes, ou melhor, do seu mercado, e depois atuar dinamicamente para satisfazê-los.

Para delimitar bem o mercado-alvo convém seguir os seguintes passos:

1. Recorrer às fontes da indústria, tais como boletins informativos, revistas e jornais comerciais para identificar o seu cliente principal.
2. Pesquisar a representação desse mercado primário na área escolhida.

   Isto significa executar um estudo demográfico (população) e uma análise psicográfica (estilo de vida).
3. Testar as suas teorias sobre o mercado.
4. Fazer uma descrição do cliente principal.

   Muitas vezes você pode perder alguns clientes por motivos que estão fora do seu controle, porém o bom empreendedor possui sempre um plano alternativo para substituir os negócios perdidos.

Para que você possa criar de forma eficaz a sua abordagem de negócio para o mercado-alvo convém responder às seguintes perguntas, o que implica conhecer dados psicográficos de seus clientes:

- Quais necessidades (desejos) estão sendo atendidas (preenchidos) pelo seu produto ou serviço?
- Qual é o segmento do mercado que tem a maior dessas necessidades (desejos) não-atendidas?
- Como atua esse segmento para gerar essas necessidades?
- Como seus clientes em potencial satisfazem os seus desejos com os produtos e/ou serviços que lhes oferece?
- Os seus clientes têm capacidade financeira para adquirir o que a sua empresa vende?

- Quem são os líderes e criadores de tendência do grupo de seus clientes?
- Quais são os interesses comuns que unem os membros desse segmento de mercado?
- Que tipo de ambiente tem apelo para o senso estético desse mercado?
- Quais são os valores comuns partilhados por esse grupo?
- Quais as tradições comuns partilhadas por esse grupo de seus clientes?

5º Pecado – Fazer propaganda cara e ineficiente, bem como utilizar técnicas inadequadas de vendas.

Um empreendedor precisa aprender a se envolver com a sua propaganda.

É fundamental que o dono do pequeno negócio faça ele mesmo a propaganda.

Na verdade, isto também serve para a maioria das funções de gerenciamento, no entanto é vital no caso da propaganda.

Isso não significa necessariamente que o dono tenha de aparecer nos comerciais de televisão (como está virando moda com os presidentes das grandes montadoras de veículos no Brasil) ou ele próprio redigir o anúncio, mas indica que ele deve participar do planejamento de toda a campanha promocional.

A imagem precisa ser criada através dos olhos e das ações do dono, que vai também decidir qual será a representação.

Ser capaz de comunicar-se efetivamente significa eliminar os **fatores de ruído**.

Por sinal, são estas as "distrações" que impedem o potencial cliente de compreender, ouvir, ler ou escutar uma mensagem comercial.

Em propaganda, esses fatores adquirem a forma de mensagens conflitantes e concorrentes que são passadas para nossos sentidos.

São exemplos típicos de ruído: uma página de jornal lotada de anúncios; excesso de comerciais de rádio ou alguém na TV gritando e pedindo atenção, uma pilha de anúncios em nossa caixa de correspondência; ou o envio de "recados" pela Internet sem a devida permissão, como por exemplo o que faz hoje a loja virtual Amazon, que junto com a compra de um livro sugere para a pessoa que o adquiriu que ela tem o estilo de quem deveria comprar outros produtos (roupas, eletrônicos, perfumes, etc.).

O único meio efetivo de cortar o ruído é uma exposição contínua do anúncio até que, pela repetição, o empreendedor finalmente consiga transmitir a mensagem sobre o seu produto/ serviço.

Tudo faz crer que o melhor meio de propaganda para um pequeno negócio, carente de recursos para fazer um *marketing* pesado, é inundar diretamente seus clientes, utilizando mala direta personalizada, *telemarketing*, apresentações personalizadas em forma de catálogos ou folhetos, ou então criando um atraente *site* na Internet.

Já a filosofia de vendas de um negócio deve adaptar-se à clientela do particular empreendimento.

A venda apropriada deve ter por base a satisfação de necessidades (desejos) específicos do cliente.

O ponto de partida para se chegar a uma filosofia de vendas é determinar claramente quais são as necessidades a que o produto/serviço oferecido tem que atender.

Não se pode esquecer nunca que os clientes, antes de comprar, passam por uma processo de quatro etapas:

1. Eles notam que têm uma necessidade (desejo). Essa vontade cria uma tensão interior.
2. Resolvem aí aliviar a tensão, procurando atender à necessidade.
3. Decidem qual produto ou serviço e qual fabricante ou prestador de serviço terão a maior probabilidade de satisfazê-los ou solucionar os seus problemas.
4. Influenciados pela apresentação eficiente de seu produto ou serviço, eles resolvem comprar **de você**!

Qualquer que seja a abordagem de vendas, ela deve prender a atenção, estimular o interesse e fornecer uma transição para uma apresentação efetiva.

Esse enfoque pode ser por meio de uma declaração sobre o benefício do produto (serviço), uma demonstração do produto (serviço) ou uma indagação visando a descobrir ou revelar uma necessidade ou um problema que possa ser resolvido com a aquisição.

O empreendedor precisa ele próprio assumir o encargo de treinar o seu pessoal de vendas, certificando-se de que os funcionários conhecem o que estão vendendo, e principalmente se obedecem às seguintes etapas básicas de vendas:

1. Investigação, ou seja, sabem localizar e qualificar os *prospects* (clientes potenciais).
2. Pré-abordagem, melhor dizendo, estão motivados a obter entrevistas de apresentação e sabem prepará-las corretamente.
3. Na abordagem do *prospect*, fazem uma apresentação correta de venda.
4. Na apresentação, não se esquecem jamais de destacar os pontos fortes e os diferenciais do seu produto/serviço.
5. Para conseguir fechar o negócio, pedem sempre sugestões aos clientes no decorrer da apresentação.
6. Descobrem também as objeções ocultas que o cliente pode ter contra o produto/serviço.
7. Atendem, sempre que possível, a todas as objeções claras que o cliente tem contra o produto/serviço.
8. Tentam novamente fechar o negócio, solicitando outra vez a opinião do cliente se todas as objeções foram atendidas.
9. Havendo o fechamento da venda, acenam para o cliente sobre a possibilidade de um novo negócio em condições talvez até mais vantajosas para ele.
10. Mantêm o acompanhamento, prestando assistência ao cliente após a venda.

6º Pecado – **Obter financiamentos inadequados para o empreendimento.**

É comum o empreendedor superestimar a sua capacidade e solicitar empréstimos a curto e médio prazos sujeitos a taxas de juro altas, que acabam corroendo os seus lucros, podendo até levar o empreendimento à falência.

Antes de pedir qualquer tipo de financiamento é necessário que o empreendedor tenha convicção sobre o fluxo de caixa do seu negócio: que conheça os valores que entram e saem do negócio.

O fluxo de caixa não indica lucro, e se o seu empreendimento for sazonal, digamos, vai bem no Natal, ou então nas férias escolares de inverno em julho, então você poderá ter um bom lucro em sua declaração de renda no final do trimestre de Natal ou em setembro, porém poderá ter grandes problemas em abril ou outubro.

Uma demonstração de fluxo de caixa ao longo do ano irá indicar as entradas de caixa em oposição às vendas, e aquilo que será realmente pago em determinada época em oposição ao que foi faturado.

Só quando você elaborou um plano *pro forma* (projetado) para no mínimo dois anos, executou um balanço e fez as projeções de fluxo de caixa, poderá eventualmente pensar em encontrar a melhor fonte de assistência financeira.

Se estiver apenas iniciando, terá uma grande desilusão se imaginar que os bancos estarão ansiosamente esperando a sua chegada.

Com certeza leva-se tempo para construir um relacionamento sólido com uma instituição financeira.

Os banqueiros e os empresários aspirantes geralmente não constituem uma boa combinação.

Quem assume todos os riscos quando pede um financiamento é o empreendedor, nunca o banco.

O banco ou a instituição de financiamento quer uma segurança total de que o pagamento será feito, em particular quando se trata de empreendimento novo, e aí exige garantias maiores ainda.

E a garantia tem de ser algo facilmente liquidável como, por exemplo, ações, títulos, imóveis ou bens como automóveis, barcos, aviões, etc.

Estoques, contas a receber e alguns outros bens pessoais geralmente não são considerados liquidáveis.

Caso você tenha todas essas garantias – as que um banco considera liquidáveis ou não –, o melhor a fazer é obter tanto o dinheiro inicial como um financiamento – e já com a sua empresa funcionando – de parentes, de amigos, de investidores, ou por meio de crédito pessoal.

Pode crer: **sai geralmente mais barato, ou melhor, menos asfixiante.**

Para que você possa ter as informações adequadas se deve recorrer a um financiamento e de que tipo ele deve ser, tenha antes, pelo menos, as respostas objetivas para as seguintes perguntas:

- Você elaborou corretamente o seu fluxo de caixa?
- O seu empreendimento é sazonal?

- É fácil obter um bom financiamento em bancos brasileiros para um pequeno negócio?
- Você acha que se vender um certo montante com prazo de pagamento de um mês, receberá tudo em 30 dias?
- Você tem fontes externas de investimento?
- Na sua opinião, banqueiro e empreendedor constituem uma boa dupla?
- Você já recorreu a alguma entidade empresarial representativa do seu setor para obter "conselhos" sobre como conseguir bons financiamentos?
- Você conhece as linhas de financiamento do Banco do Brasil através da intervenção do SEBRAE?
- Onde é possível obter auxílio para financiar a compra de equipamentos?
- As taxas de juros cobradas, pelo empréstimo que fez, são muito superiores àquelas que recebe pelo dinheiro que aplica?

7º Pecado – **Gerenciar de forma caótica e inadequada.**

Um pequeno negócio é um ambiente muito pessoal, é quase uma família.

Todos estão envolvidos com o objetivo final de atingir lucros por meio de um empreendimento melhor, sem a burocracia de um grande negócio.

Os empregados trabalham lado a lado com o proprietário num processo de construção.

Isto tem um forte apelo para muitas pessoas, sendo uma oportunidade para o reconhecimento individual de seus esforços.

Se o dono for sincero em sua oferta de que se o negócio for bem todos se beneficiarão, haverá uma motivação ainda maior para alcançar a excelência e a perfeição.

Ao mesmo tempo, um ambiente de lealdade e camaradagem costuma surgir.

Esse companheirismo e integração promovem o entusiasmo e a honestidade, forçando inclusive aqueles que não se enquadrarem nesse espírito a sair.

Se vier a emergir algum tipo de desonestidade, ela será levada imediatamente até o empreendedor proprietário, visto que representa uma ameaça para o grupo e, dessa maneira, para os lucros individuais.

Assim o dono do pequeno negócio poderá de fato constituir uma equipe que tenha quase sempre um **desempenho 100%!!!**

Para conseguir isto ele deve observar as seguintes ações:

1. Contratar pessoas com as quais simpatize.

Sem dúvida, o empreendedor deverá procurar também outros aspectos nos seus empregados, mas se ele admitir pessoas das quais não goste, isto atrapalhará muito a comunicação e criará dificuldades na transmissão de todos os detalhes e de sua visão do negócio.

2. Praticar um gerenciamento flexível.

O empreendedor deve fornecer o máximo de condições especiais para seus empregados liberando-os em algumas ocasiões, como no caso de algum deles precisar comparecer a um casamento ou participar de algum evento particular (estar numa reunião de pais e mestres da escola dos filhos), construindo assim uma atmosfera familiar flexível.

Uma vez que você não pode pagar o que praticam as grandes empresas, é vital oferecer aos seus empregados o que as organizações maiores não conseguem.

3. Informar os seus empregados sobre a real situação da empresa.

O empreendedor precisa ser aberto e transparente sobre as condições do negócio com os seus funcionários, evidentemente que dentro dos limites da prudência.

O gerenciamento de um pequeno empreendimento é uma experiência muito pessoal.

Como você está trabalhando com um grupo restrito de empregados em bases regulares, eles terão uma boa idéia das condições gerais do negócio só ao observá-lo.

4. Oferecer incentivos.

O empreendedor precisa criar um ambiente de trabalho agradável e competitivo ao mesmo tempo, oferecendo prêmios ou dinheiro pelo desempenho extraordinário.

Existe uma importante diferença entre salário e bônus.

Geralmente os salários são pagos pelo desempenho no trabalho no final de um período (um mês).

Já os bônus são oferecidos por algum desempenho excepcional.

Com freqüência, os prêmios são mais apreciados do que o dinheiro propriamente dito, pois este pode ser empregado para pagamento de contas ou aquisição de bens, enquanto um prêmio é algo que tem a possibilidade de ser mantido e desfrutado por muito tempo, e que talvez a pessoa não pensasse em adquirir...

5. Tornar-se um chefe participante.

Um bom chefe empreendedor é participante.

Pelo fato de você ter de atuar como líder e motivador do grupo, deverá sempre dar o exemplo.

Se não se abaixar para pegar um pedaço de papel (ou uma ferramenta) jogado no chão, não espere que seus empregados o façam quando você não estiver por perto.

As pessoas num pequeno empreendimento não trabalham para você, **elas trabalham com você**.

Liderar pela participação significa trabalhar lado a lado, juntos, para alcançar objetivos comuns do empreendimento.

6. Afastar-se do gerenciamento caótico.

O empreendedor que não conseguir ajustar-se às facetas ou ações vitais do mundo empresarial moderno, irá cair no marasmo de um gerenciamento caótico.

O fato é que os princípios básicos do gerenciamento eficaz são válidos para todos os negócios, independentemente de seu tamanho.

Um bom gerente empreendedor planeja, organiza, dirige, monta a equipe e controla o negócio.

Planejar significa preparar-se para o futuro.

Para serem efetivos, a venda, a compra, o financiamento, a propaganda, o treinamento da equipe de trabalho devem sempre ser planejados.

E o bom gerente empreendedor é aquele que encontra tempo todos os dias para pensar no direcionamento e nos objetivos futuros do empreendimento, afora a introdução de inovações no negócio.

130 *Os desafios do empreendedorismo*

Isto é gestão criativa!

A **organização** exige atribuição de tarefas, e este processo de delegação deve ser bem pensado.

Um bom instrumento para resolver a quem atribuir as tarefas é a elaboração de um quadro com os pontos fortes e fracos dos seus funcionários.

Isto também é gestão criativa!!

Dirigir significa supervisionar diariamente as operações, isto é, garantir que as instruções e as normas sejam seguidas e os procedimentos realmente adotados.

Em um pequeno empreendimento, isto se traduz em ter convicção plena de que toda a equipe está trabalhando com eficácia na direção do objetivo do negócio.

Para tanto, o gestor empreendedor criativo (EC), além de ser flexível precisa ter paciência, tolerância e boa vontade antes de entrar em ação para as devidas correções.

Nessa circunstância, precisa ser um líder educador: aquele que ensina como fazer o trabalho corretamente e não aquele que pune e reprime todo indivíduo que falhar, instituindo desta maneira a gestão do medo.

Formar uma equipe coesa e competente significa ter aptidão para constituir um grupo capaz de fazer o seu trabalho de forma eficaz.

O EC precisa saber fazer entrevistas profundamente diferentes para escolher as pessoas mais adequadas ao seu empreendimento.

O controle é o instrumento que deve ser usado para verificar se o desempenho está dentro dos padrões.

Nas grandes empresas quase sempre utilizam-se formulários de avaliação formal.

Contudo numa pequena companhia não existe a necessidade de ser tão formal, entretanto é preciso comunicar aos funcionários como o seu trabalho vai se desenvolvendo em relação aos padrões.

É conveniente que os empregados tenham *feedback* (realimentação) da avaliação de seu desempenho.

Isso pode ser feito informalmente pelo empreendedor durante um cafezinho ou no intervalo de um lanche, mas sempre de forma isolada.

O gerente empreendedor não necessita ser austero, mas deve agir de tal modo que o empregado não esqueça jamais as críticas que recebeu.

Todavia, o empregado deve se convencer de que a eventual revelação de suas deficiências deverá conduzi-lo a um desempenho melhor, o que aumentará a sua auto-estima.

No final de tudo, a chave do gerenciamento criativo bem-sucedido de um pequeno negócio reside na simplicidade e na honestidade.

Não se deve esquecer que a maior parte das criações que se transformam em inovações são aquelas que conseguem resolver as necessidades óbvias...

O empreendedor que deseja praticar a gestão criativa, ficando bem distante do **7º Pecado**, deve "caprichar" nas entrevistas com os candidatos ao emprego, procurando contratar pessoas que tenham potencial criativo.

Nesse sentido, algumas das perguntas que deveria fazer aos entrevistados são do seguinte tipo:

- Quais são as suas aspirações?
- Alguma vez você já esteve numa posição que sentiu estar em conflito com seus valores pessoais?
- O que é para você uma pessoa criativa?
- O que o diverte mais no trabalho? E fora da empresa?
- Que tipos de piada o fazem rir?
- Qual é o seu filme ou livro preferido?
- Você tem algum *hobby* (passatempo)?
- Se tivesse um problema pessoal, com quem buscaria ajuda?
- No que você se considera competente?
  Qual foi o seu maior prêmio ou reconhecimento?
- Como você mede o seu sucesso?

8º Pecado – **Deixar que o contador administre seus negócios.**

Um empreendedor não pode tomar decisões financeiras sem ter o conhecimento das finanças do empreendimento.

Existe uma idéia errada de que, para ser entendida, a contabilidade exige uma formação em matemática.

Isto é verdade às vezes, e certos demonstrativos financeiros e ajustes de impostos ficam melhor nas mãos de um contador, porém a contabilidade diária deve ficar nas mãos do empreendedor.

Passar todas as tarefas contábeis para uma fonte externa é perigoso...

A tarefa diária de contabilidade de um pequeno negócio deve tornar-se uma rotina para o empreendedor.

Ela exige que ele faça um caixa diário das vendas, um caixa dos pagamentos e um livro razão (principal registro de todos os ativos e obrigações de seu negócio).

O empreendedor pode hoje ter tudo isso no seu microcomputador, e com um *software* adequado manipular facilmente a folha de pagamento dos seus funcionários, ter todos os demonstrativos financeiros, as contas a pagar e a receber, além do controle de estoque e das vendas.

Bem, aí vai um *check-list* (lista de verificação) do sistema contábil cujos registros devem estar no computador do empreendedor e ele deve ser o responsável pela sua atualização.

1. Recibos de caixa – usados para registrar toda a renda recebida.
2. Desembolsos de caixa – usados para registrar todas as despesas pagas.
3. Notas de compras – usadas para registrar todas as compras e para manter estoques.
4. Folha de pagamento – um registro para cada empregado e um resumo de todas as despesas em folha de pagamento.
5. Declaração de renda e balancete – fornece a situação mês a mês de como o empreendimento está progredindo.
6. Conta bancária – fornece uma declaração mensal bancária.
7. Cronograma de depreciação – mostra um cálculo mensal da depreciação.
8. Contas a receber e contas a pagar – fornece uma lista de contas e um registro de todas as transações.
9. Controle de estoque – um registro atualizado todo dia.
10. Cronogramas de apoio – folhas de livro razão geral para registrar pagadores inadimplentes, solicitações ao seguro, promissórias a pagar e aquisição de equipamentos e instalações.

9º Pecado – **Expandir o seu negócio por motivos errados.**

O empreendedor precisa evitar a armadilha de se expandir repentinamente além de suas possibilidades.

Expandir o próprio negócio é algo emocionante.

Tão emocionante que pode turvar a visão do empreendedor daquilo que é lógico.

É claro que muitas vezes é necessário expandir o negócio para acompanhar o mercado, mas isto deve ser feito levando-se em consideração a oportunidade, o débito da empresa e a demanda, e **não apenas os desejos pessoais**.

A expansão adequada deve ser feita seguindo os mesmos procedimentos para a abertura de um negócio, sendo vital coletar informações sobre o mercado e a seguir fomentar um novo plano de negócios.

Como sempre, o ponto de partida é o demonstrativo de lucros e perdas, o que define se é o momento em que para ter lucros maiores é necessário expandir-se.

Quando fica explícito que os lucros não podem mais subir além de um determinado nível sem uma ampliação de espaço, de linha de produtos ou de estabelecimentos adicionais, então é o **momento certo** para ir em frente com a expansão.

A isto se costuma chamar de **janela estratégica,** referindo-se àquele período em que todos os indicadores para a expansão são favoráveis: os lucros são bons; a concorrência está enfraquecida; a economia está forte e a demanda futura parece promissora.

A decisão de expandir um negócio não significa normalmente promover grandes mudanças.

A expansão pode ser tão simples como introduzir uma nova linha de produtos, por exemplo, para uma loja de varejo.

Isto pode ser executado através do acréscimo de algumas prateleiras ou de certos equipamentos e acessórios no seu estabelecimento.

Em geral, a meta da expansão pode ser alcançada por meio de um melhor uso do ativo disponível, em lugar de um desembolso de capital a fim de promover uma mudança radical ou reforma completa. **Isto é gestão criativa!**

Vejamos o caso da conversão do espaço de um depósito em um espaço de venda ou de produção: trata-se de expansão sem gastos.

Portanto, antes de planejar uma expansão o empreendedor deve fazer o seguinte teste de sua proposta de expansão e estar preparado para explicar quaisquer respostas negativas:

- As rendas do negócio (ou lucros líquidos) aumentaram em cada um dos três últimos anos?
- As vendas e a porcentagem de aumento de lucro do ano passado baixaram levemente em relação aos dois anos anteriores? Isto se pode creditar à limitação de espaço da empresa?
- Você já tentou todos os métodos internos de expansão que não exijam grandes aplicações de capital?
- Já redigiu um plano de negócios para a sua expansão?
- Pesquisou seu mercado para determinar se ele está em um ciclo de crescimento?
- Averiguou como está se saindo a sua concorrência?
- Tem um plano que leva em consideração a contratação de pessoal necessário para a atividade adicional?
- Examinou seu plano com todos os financiadores ou investidores que participam de seus negócios?
- Seus fornecedores podem vender-lhe todos os equipamentos e supri-lo com o estoque necessário para garantir seu sucesso?
- Você está física e psicologicamente preparado para lidar com as responsabilidades e os deveres extras exigidos pela expansão?

10º Pecado – **Acreditar que você vai trabalhar para sempre.**

O empreendedor não pode pensar que vai trabalhar para sempre, e assim não deve descuidar da sua aposentadoria.

Um grande erro que os donos de pequenos empreendimentos cometem é não planejar o término bem-sucedido de seus negócios e uma aposentadoria sólida.

Quando alguém trabalha em uma média ou grande empresa, geralmente participa de algum tipo de programa de aposentadoria ou de pensão que elas oferecem.

Os donos de pequenos negócios ficam tão absorvidos com as operações do dia-a-dia que não pensam no plano de sua aposentadoria, a não ser a contribuição para o INSS, e quando acordam quase sempre é tarde demais...

Muitos acreditam que bastará vender o negócio quando chegar a hora de se aposentar.

Essa lógica pode levar a resultados extremamente perigosos, pois o empreendedor poderá ficar totalmente dependente de condições de mercado que ele não pode prever.

Nas projeções de lucro de um negócio, deve haver por parte do empreendedor um esquema para lhe garantir uma aposentadoria estável.

Um plano de negócios ideal é aquele que prevê a aposentadoria do empreendedor desde o início, incluindo um método para recuperar o investimento feito na empresa.

A isso se denomina retorno do investimento.

O objetivo do dono é o de recuperar o dinheiro inicial colocado no negócio, além do seu salário, por um período de 5 a 15 anos (ou pelo resto da sua vida...)

Esse montante deve funcionar como dinheiro suficiente para a aposentadoria.

Vender um negócio para outras pessoas torna-se, pois, uma decisão pessoal.

Existem épocas em que são feitas ofertas pelo negócio, e o empreendedor deve pensar se está ou não planejando se aposentar.

A idéia é vender bem, e não necessariamente quando o empreendedor estiver pronto para se aposentar.

Mas ele não deve deixar que seus sentimentos e ligações com o empreendimento atrapalhem uma decisão comercial bem pensada.

O empreendedor, por conseguinte, deve estar sempre aberto às ofertas a qualquer tempo.

O segredo está em saber dar o uso adequado ao dinheiro na época.

Isso pode significar vender e começar outro negócio com parte dos lucros, mantendo ao mesmo tempo o suficiente para recompensar seus esforços.

É vital também que o empreendedor tenha algum tipo de seguro de vida para si próprio.

Aliás, esse tipo de seguro pode fornecer um respaldo financeiro para a família e os empregados se o empresário eventualmente falecer.

Ainda são importantes o seguro de vida da empresa, a proteção de empregados-chave contra perdas financeiras e a reposição de funcionários no caso de morte de alguns deles.

O seguro de vida de uma empresa deve ser feito, e assim indicará que o empreendedor foi proativo e antecipou as respostas para as seguintes perguntas:

- Você sabe quais são as vantagens de um seguro da empresa?
- O gerenciamento do empreendimento pode se deteriorar se for exercido pelos herdeiros?
- Os herdeiros terão o dinheiro suficiente para fazer frente aos gastos da empresa após o falecimento do acionista principal?
- Os acionistas sobreviventes têm condições financeiras para comprar a parte dos herdeiros?
- Os herdeiros obterão renda adequada caso fiquem com as ações?
- Pode ser encontrado um comprador para as ações?
- O crédito da empresa resistirá a tal pressão?
- Por quanto tempo o assunto permanecerá uma controvérsia?
- A venda da empresa pode ficar suspensa?
- Os empregados poderão tornar-se resistentes a trabalhar com um novo dono?

"O empreendedor precisa conhecer a si mesmo. Precisa saber bem quais são realmente as suas competências que podem conduzi-lo ao sucesso. Deve ser honesto consigo mesmo, reavaliando constantemente quais são os seus pontos fortes e fracos ante as novas demandas do trabalho."

Abrindo o seu negócio com sucesso

3.1 - OS PRIMEIROS CUIDADOS COM A IDÉIA DE ABRIR O SEU NEGÓCIO

Se existe uma regra sem exceções é a de que **há poucas idéias claras**.

As histórias de sucesso de pequenas empresas incluem pessoas que se conservaram num campo que conhecem, bem como aquelas que partiram para algo novo.

Naturalmente, caso você não saiba muito sobre uma linha específica de negócios, vale a pena descobrir o máximo que puder, fazendo um estudo de mercado. É impressionante a freqüência com que o "óbvio" de quem está "por dentro" torna-se quase impensável para um novato na área.

O exército tem uma expressão muito sábia: "O tempo gasto no reconhecimento raramente é perdido."

Seja o que for que o empreendedor queira iniciar, deverá tomar muito cuidado com o esquema "Vou enriquecer bem depressa".

É vital fazer o levantamento do território antes de lançar-se a vagar por ele.

Tudo isto pode parecer elementar, no entanto muitas são as histórias de fracassos dos empreendedores que tomaram decisões precipitadamente.

A questão que não se pode esquecer é que a investigação e pesquisa são essenciais em qualquer circunstância, principalmente quando não se conhece bem o mercado.

Com certeza, neste sentido um dos maiores inimigos que todo empreendedor encontrará pela frente é o otimismo exagerado do ser humano.

Uma outra influência vital na abertura de um negócio é o empreendedor ter uma idéia inequívoca de quanto dinheiro terá ou poderá levantar.

Não há limites para o número de abordagens possíveis e, realmente, bom senso e criatividade serão muito úteis para que o empreendedor possa entrar com o pé direito no mundo dos negócios, deixando até mesmo as vultosas somas e riscos maiores para mais tarde, quando as suas propostas e experiência tiverem, respectivamente, satisfeito ao banco e lhe dado uma maior segurança e convicção para se arriscar.

O empreendedor deve sempre ter em mente que ainda que a sua idéia lhe pareça inovadora, quem vence é a fórmula-padrão e o que é simples, a despeito de uma abordagem completamente nova.

É possível ficar tão confuso diante da incrível variedade de ofertas, que o homem de negócios menos ambicioso passe a acreditar que assumir uma franquia *(franchising)* seja a solução ideal.

Se ele começar a fazer perguntas, sem dúvida ouvirá muitas histórias de sucesso que poderão até ser verdadeiras, mas que talvez não revelem tudo o que precisa saber.

A primeira coisa que ele deve considerar é que a pessoa que cede a *franchising* pode querer tirar mais proveito do negócio do que ele conseguirá ganhar ou pagar.

Se você pretender entrar numa franquia, será conveniente fazer muitas perguntas para entender perfeitamente os benefícios que pode esperar de um conceituado franqueador em troca de seu dinheiro, tais como:

- redução do risco de colocar uma idéia nova à prova;
- propaganda bem montada e apoio de relações públicas;
- *marketing* predeterminado, pacote de administração e produção claramente definidos;

▸ apoio contínuo e ajuda com eventuais problemas; etc.

Um fato é indiscutível: o empreendedor precisa muito ter instinto e critério para examinar e julgar os fatos, e as fantasias devem ser analisadas com um certo ceticismo para, desta forma, o resultado corresponder a uma decisão sábia, sensata, produtiva e lucrativa.

3.2 - ESTUDO DE MERCADO

A pesquisa de mercado é atualmente reconhecida como sendo um instrumento indispensável às empresas que enfrentam um universo econômico tão complexo com o provocado pela globalização.

Esta complexidade obriga as empresas a estabeleceram um programa de adaptação, elaborado a partir de dados objetivos do mercado e de uma análise seletiva das motivações do cliente.

O mercado, indubitavelmente, está se tornando cada vez mais turbulento e diferente.

Os bancos, por exemplo, transformaram-se em grandes corporações e passaram a oferecer todo tipo de serviços financeiros usando a Internet; os jornais reconhecem que estão mais no ramo das comunicações do que no ramo editorial.

As indústrias que ampliaram seu campo de ação apresentaram um crescimento maior do que as que se apegaram a uma definição histórica, como ocorre com a indústria do aço.

Ao especificar a missão e o objetivo da sua empresa, o empreendedor deve ter pesquisado a demanda para o seu negócio e ter respondido a perguntas do tipo:

- Por que a empresa deve ser fundada?
- A que nicho específico de mercado a empresa vai atender?
- Por que este nicho não foi ainda ocupado por outras empresas?

  Caso a empresa já exista, o empreendedor deve se perguntar:
- Por que abri e continuo com esta empresa?
- Qual o nicho de mercado que ela está atendendo hoje?
- Quais são meus competidores atualmente e por que essa concorrência existe?

Tanto para uma empresa que já existe quanto para a que vai se iniciar, o empreendedor deve preparar uma pesquisa de mercado.

Nessa pesquisa, que ele pode elaborar sozinho ou contratando uma consultoria especializada, será necessário levantar dados econômicos, geográficos, demográficos, e outras informações relevantes.

O esquema de uma pesquisa de mercado é constituído de quatro etapas:

1. A definição do problema (ou da oportunidade para melhorar).

O problema pode estar relacionado com vendas mal distribuídas geograficamente em relação às possibilidades do território; com a diminuição da rentabilidade; com clientes refratários à publicidade utilizada; com a deterioração da marca; etc. Neste caso, a MPE deverá rapidamente encontrar por si própria a explicação para o problema a partir da pesquisa das fontes existentes.

2. O estudo das fontes existentes.

Por certo, as MPEs precisam dedicar uma atenção especial às seguintes fontes:

- ▶ internas;
- ▶ externas;
- ▶ estudos documentais.

No Brasil, uma importante fonte de informação é o Instituto Brasileiro de Geografia e Estatística (IBGE), que produz uma série de documentos com grande variedade de dados estatísticos apresentados de forma simplificada e reduzida.

Oferece também a indicação de fontes de informação que o empreendedor poderá utilizar numa pesquisa mais ampla.

Para informações específicas de negócios, o Banco Nacional de Desenvolvimento Econômico e Social (BNDES) publica periodicamente a *Análise Setorial*, documento que traça um perfil dos principais setores de negócios do País, como também o fazem jornais como G*azeta Mercantil, Valor Econômico,* etc.

O empreendedor também pode utilizar essas informações históricas para determinar tendências de longo prazo do ramo de negócios no qual está interessado.

Outro recurso é o de analisar os resultados dos censos populacionais apresentados em geral no início de cada década.

Para diversos tipos de negócio, os dados demográficos (população, faixas etárias, níveis de renda, etc.) são muito importantes.

Câmaras de comércio locais e departamentos de dados econômicos, como o da FIESP ou dos grandes bancos, constituem outra excelente fonte de informações.

Na lista de fontes governamentais, incluem-se os *sites* de ministérios e departamentos federais, nos quais se encontra muita informação útil para um negócio.

Para os empreendedores que estiverem interessados em dados econômicos como PIB, índices de preços ao consumidor e taxas de juros, o *site* do Banco Central do Brasil apresenta todas as informações necessárias.

O SEBRAE é uma outra grande fonte de informações, já que publica diversos livros com preço acessível, tratando dos principais aspectos de interesse para empreendedores.

Antigamente, o que acontecia em países longínquos – como o Iraque ou então o Vietnã – não tinha grande impacto sobre a economia do Brasil.

Hoje, entretanto, decisões internacionais como a redução de produção e a distribuição do petróleo (no caso do conflito com o Iraque), ou a maior oferta de café no mercado com menor preço (no caso do Vietnã) podem afetar significativamente um negócio.

É óbvio que o empreendedor não tem condições de recolher e analisar todas as informações de que vai necessitar. Mas o empresário bem informado deve saber **o que** e **como** deve ler um relatório para perceber as informações pertinentes ao seu negócio.

Este é um aspecto importante da gestão de uma empresa e seguramente vários negócios começam em conseqüência de alguma coisa que o empreendedor leu (viu ou ouviu).

O fato é que o empreendedor deve estar sempre atento em como está o mercado, seguindo o conselho de Mark Twain: "Outubro, este é um dos meses particularmente perigosos para as vendas de uma empresa. Os outros são julho, janeiro, setembro, abril, novembro, maio, março, junho, dezembro, agosto e fevereiro."

3. Execução da pesquisa propriamente dita.

As pesquisas de mercado podem ser quantitativas e/ou qualitativas.

A pesquisa quantitativa de mercado reúne, registra e analisa tudo o que se refere às atitudes e comportamentos do cliente.

Esta pesquisa deverá responder às seguintes questões fundamentais:

Quem – Descrição do cliente em função de diferentes critérios como idade, sexo, profissão ou função na empresa, *habitat*, rendimento, etc.

Qual – Mostra quais produtos ou serviços atendem às necessidades deste cliente.

Onde – Em qual circuito de distribuição, ponto de venda ou intermediário este cliente faz suas compras?

Quando – O cliente quer satisfazer uma necessidade sazonal ou intermediária? Existem dias ou horários mais rentáveis que outros?

Quanto – Qual é a quantidade adquirida? Que formatos ou embalagens mais agradam aos clientes?

Como – Que utilização faz o cliente do produto ou serviço?

A pesquisa de mercado qualitativa aborda sob um ângulo realista as motivações do cliente, sendo um valioso recurso para publicitários e comerciantes.

As pesquisas qualitativas geralmente são fundamentadas em dois tipos de entrevista:

I. A **discussão em grupo,** que consiste em reunir um grupo restrito de clientes (4 a 10 pessoas) que, estimulados por um psicólogo facilitador falam livremente sobre o assunto da pesquisa durante uma ou mais sessões. No Brasil não necessariamente psicólogos fazem esta atividade, que pode ser também desenvolvida por um *expert* com bastante experiência em pesquisa de mercado. A discussão em grupo possibilita descobrir palavras, expressões, associações utilizadas concretamente pelo cliente.

II. Encontro com uma discussão profunda entre um **psicólogo** e um **cliente**, no qual este último faz uma auto-análise de seus sentimentos ou de seu comportamento quanto ao tema da entrevista.

Em relação à discussão em grupo, a **entrevista individual** permite uma análise mais detalhada das motivações.

É, por outro lado, muito útil fazer uma pesquisa criativa em grupo, que permita descobrir as motivações profundas ou bloqueios complicados que afetam os clientes, investigando ainda o posicionamento ou reposicionamento de um produto e/ou serviço.

Usando as técnicas da criatividade que exploram o campo da imaginação pode-se até mesmo identificar o posicionamento ideal de um produto/serviço, bem como novos conceitos de produtos/serviços e nomes de marca.

E é possível igualmente determinar o comportamento de compra [hábitos de consumo, (in) satisfação com a utilização dos produtos/serviços, etc.].

4. A análise de resultados

Esta etapa é melhor realizada por psicólogos que tenham maior aptidão para fazer uma análise de conteúdo e apresentar ao grupo um resumo consistente fundamentado no roteiro da entrevista ou das discussões.

3.3 – PLANO DE *MARKETING*

O famoso guru Theodore Levitt definia o *marketing* como a ação executada para conquistar e manter os clientes.

A definição que se encontra no dicionário para *marketing* é: "A oferta de mercadorias e serviços de modo a atender às necessidades dos clientes."

Em outras palavras, *marketing* compreende descobrir os desejos do cliente, fazendo com que os produtos/serviços de uma empresa atendam a essas exigências, trazendo lucro para o negócio.

O *marketing* bem-sucedido significa ter o produto/serviço certo disponível no lugar e no momento certos e assegurando que o cliente tenha consciência disso.

Ao contrário de vender, o objetivo do *marketing* é resultar nos "pedidos de amanhã".

Fazer *marketing* significa, portanto, levar em conta:
- as aptidões da empresa;
- as exigências do cliente;
- o ambiente de *marketing*.

As aptidões da empresa podem ser gerenciadas pelo seu setor de *marketing*, que pode controlar os quatro elementos principais da operação do negócio, denominados de "o *mix* de *marketing*", que se referem:

- ao produto vendido **(produto)**;
- à política de preços **(preço)**;
- aos métodos de distribuição **(pontos de venda)**;
- a como o produto é promovido **(promoção)**.

É evidente que a administração de uma pequena empresa compreende muitos pontos importantes, tais como estabelecer objetivos e desenvolver planos, políticas, procedimentos, estratégias e táticas. Além do mais, deve organizar e coordenar, dirigir e controlar, motivar e produzir as comunicações (ver Capítulo 7). Dessa maneira, o planejamento é apenas um dos seus papéis, porém o de maior importância, visto que é daí que sai o **plano de negócios ou de gestão** que orienta a empresa no seu progresso.

O plano de *marketing* é uma parte destacada desse plano global, e por isso o processo de planejamento de *marketing* deve ser conduzido como parte integrante dos processos de planejamento e orçamento da empresa.

A expressão **planejamento de *marketing*** é utilizada para definir os métodos de aplicação dos recursos de *marketing* para alcançar os objetivos da empresa, sendo talvez o maior deles ter **lucro continuamente**.

O processo de planejamento de *marketing* compreende:

- executar pesquisas de mercado dentro e fora da empresa;
- conhecer os pontos fortes e fracos da empresa;
- fazer negociações;
- emitir previsões;
- gerar estratégias de *marketing*;
- definir programas;
- estabelecer orçamentos;
- analisar os resultados e revisar os objetivos, estratégias ou programas.

Enfim, o planejamento de *marketing* irá procurar fazer o melhor uso dos recursos da empresa para identificar as oportunidades de *marketing*, encorajar o espírito de equipe e a identidade da empresa, a fim de ajudá-la na consecução de seus objetivos e metas.

O planejamento de *marketing* é um processo contínuo, de forma que o plano deverá ser revisto e atualizado após a sua implementação.

Comumente a política de *marketing* é articulada sobre dois eixos:

- ▶ o *marketing* estratégico, com o qual se almeja transformar os canais de distribuição, aumentar a distribuição ou rever a segmentação de mercados;
- ▶ o *marketing* operacional, colocando em prática decisões estratégicas para concretizar objetivos definidos, como aumentar o volume de negócios num dado segmento, lançar um novo produto, etc.

Os 4Ps de *marketing* [produto, preço, pontos de venda (praça) e promoção] comumente devem ser ligados com os 3Cs (**concorrência, clientela** e **conjuntura**) do ambiente no qual está instalada a empresa.

E não se deve esquecer da regra de ouro de *marketing-mix*, ou seja, a lei **de rentabilidade mais fraca ou efeito da corrente.**

Assim, como uma corrente se quebra sempre no seu elo mais fraco, no *marketing-mix* as políticas de produto, de distribuição e de preço, se receberem uma verba máxima e para a promoção sobrar uma verba pequena, os resultados do conjunto serão seguramente inferiores aos previstos.

O **produto** ou o serviço (alguns autores adotam a palavra produto para representar mercadorias, serviços, idéias, etc., mas preferimos por produto representar algo tangível, e por serviço, algo intangível) é o pilar básico de uma empresa.

É ele que vai satisfazer as necessidades do cliente através das mais variadas características, graças às quais serão gerados os resultados do negócio, a posição da empresa no seu mercado e os seus lucros.

A MPE geralmente **não** baseia sua estratégia sobre um só produto (serviço), mas sobre um conjunto de produtos, e no interior desse conjunto deve saber distinguir claramente aqueles produtos que são as verdadeiras "locomotivas" dos complementares, cujo giro está essencialmente ligado ao escoamento dos produtos líderes.

Não dá mais, no mundo turbulento do século XXI, ter toda a estratégia orientada sobre um só produto, como foi o caso da Coca-Cola durante muito tempo.

A estratégia voltada para um só produto é perigosa, pois o futuro da PME fica à mercê de uma queda no mercado deste produto.

O segundo P de *marketing* é o **preço**, que estabelece a posição do produto/serviço no mercado e contribui para a imagem da empresa.

É essencial fixá-lo corretamente porque se for elevado as vendas cairão, e se for muito reduzido o lucro será afetado.

O empreendedor também corre o risco de não conseguir ajustar os preços prontamente se descobrir que o seu preço está errado.

Será então necessário que ele confira regularmente o preço de seu produto/serviço, porquanto os custos elevados e a inflação podem corroer os lucros.

Um elemento-chave para se poder trabalhar bem no estabelecimento do(s) preço(s) é entender os custos.

Sem dúvida que quem conhecer seus custos (fixos e variáveis) poderá fazer um cálculo coerente dos preços de seus produtos/serviços.

É vital que o empreendedor proceda rapidamente e faça o certo nos seguintes itens:

- estabelecer preços reais para seus produtos ou serviços;
- certificar-se continuamente de ter incluído todos os custos nos seus cálculos de preço;
- comparar os custos reais de um serviço com o preço de fatura;
- reagir depressa, mas com cautela, à mudança de preços por parte de um concorrente;
- não esquecer de alinhar os preços com a inflação;
- não dar descontos altos com freqüência;
- não pensar que o cliente está preocupado apenas com o preço, isto é, não cobrar pouco só para conseguir o serviço.

Bem, esses "conselhos" todos indicam especialmente que o preço é o elemento determinante:

- do **comportamento de compra** (o que não significa que o preço deva ser sempre baixo...);
- da **margem final** da empresa.

O preço representa, no fundo, o "sacrifício" que o cliente está disposto a fazer ou agüentar para adquirir o produto ou serviço de uma empresa.

O terceiro P de *marketing* é o **ponto de venda,** que se refere à localização e distribuição.

A distribuição é o caminho que o produto percorre do fabricante até chegar ao cliente final, consistindo num vínculo importante no processo de *marketing.*

Se a distribuição for errada e ineficiente, o empreendedor seguramente não conseguirá vender em quantidades adequadas.

A escolha das muitas alternativas de distribuição é um desafio que o empreendedor precisa enfrentar, sendo muito relevante para as empresas que fazem parte do setor de serviços, mas que têm um produto para vender, como é o caso dos programas (*softwares)* de computador.

Não existe infelizmente um canal de distribuição que seja simples e ideal ao mesmo tempo, e cada um tem suas próprias complicações, vantagens e desvantagens.

Conseqüentemente, definir uma política de distribuição consiste em escolher o melhor circuito para atingir um número máximo de clientes no menor custo.

Entre os métodos de distribuição podem-se citar os seguintes:

- vender para varejistas;
- vendas *business-to-business* (vendas entre empresas não-varejistas);
- vender *on-line* usando a Internet;
- vendas diretas;
- vendas por reembolso postal;
- franquia.

Se o seu produto for apropriado para vendas em grande quantidade no varejo, o empreendedor pode tentar atingir diretamente o interesse dos compradores varejistas.

Mas o que procura um bom varejista?

Mais que qualquer coisa, produtos que vendam e que continuem a vender, e de preferência muito depressa.

Isto significa que o seu produto deve ser atraente, possuir um grande mercado potencial, preço convidativo e oferecer algum diferencial em relação aos concorrentes.

Caso alguém produza peças (componentes) ou equipamentos para outras companhias, ou esteja fornecendo matérias-primas ou sistemas completos para empresas não varejistas, terá provavelmente de vender para essas firmas diretamente – *business-to-business* – (B2B).

Algumas pequenas empresas, em contrapartida, se estabelecem para operar sem parceria pela Internet, ou melhor, para vender *on-line* por meio de uma página na *Web*.

Deve-se notar que nem todo produto é adequado para venda *on-line*, e apesar disto o mercado via Internet está crescendo com muita rapidez com os mais variados produtos, incluindo alimentos.

Na área de **vendas diretas**, o fabricante empreendedor oferece a sua mercadoria, ele próprio, ao cliente, num contato humano viabilizado às vezes por pessoal autônomo (lembre-se do famoso sistema da Avon na venda de cosméticos nos domicílios das clientes).

Algumas empresas que trabalham com vendas diretas operam com uma estrutura múltipla de vendas, na qual uma pessoa pode recrutar outras e receber bônus, dependendo do desempenho do pessoal.

Essa modalidade é conhecida como *marketing* de rede, ou ainda como *networking* ou *marketing multinível*.

Na realidade, alguém vende para amigos e seus contatos. Um ou dois deles, por sua vez, podem vender para outros amigos, e assim transformam-se em distribuidores.

Ao recrutar essas pessoas, o indivíduo ganha bônus cujo valor dependerá dos resultados que elas apresentarem.

Se os novos distribuidores recrutarem outros vendedores, ganharão uma parcela dos bônus das vendas deles, e assim sucessivamente, à medida que a rede se expande.

As pessoas que recrutam são chamadas de *uplines* (chefes), e as que foram recrutadas, de *downlines* (subordinados).

Montar uma empresa de vendas diretas significa que é necessário fazer pesquisa de mercado, desenvolver e testar produtos novos, criar procedimentos de vendas e promover o negócio.

Mesmo que as vendas sejam feitas por distribuidores autônomos, a organização do empreendedor precisará de uma equipe para recrutá-los.

Muitas MPEs tiveram os mais variados problemas (má qualidade dos produtos, preços elevados, capital ineficiente, etc.) no decorrer de sua trajetória, mas as que conseguiram contorná-los encontraram na forma de vendas diretas um grande auxílio para a sua sobrevivência.

Embora não exijam muito tempo com preparação e remessa, as **vendas por mala direta** podem ser uma forma relativamente barata de anunciar e distribuir para um público-alvo bem diferente, constituído de pessoas cuidadosamente selecionadas.

O ponto forte (e fraco) de vendas por mala direta está na qualidade da lista de clientes na qual se baseia a remessa.

A mala direta é particularmente útil quando se deseja vender para clientes já existentes, cujos dados (nome, endereço e preferências) já estão cadastrados.

A carta que acompanha o material promocional é basicamente um documento de venda endereçado a um cliente potencial (*prospect)*.

Em alguns casos, esta carta estimula o destinatário a enviar um pedido.

Acredita-se que uma boa campanha de vendas com mala direta consiga atingir uma média de 5% de respostas, que em termos de publicidade é bem alta.

Graças à natureza específica do público-alvo, a mala direta tende a ser bastante eficiente tratando-se de custos de *marketing*.

Existem outras vantagens da mala direta, com resposta "quase instantânea" e quantificável: serve de apoio a outros meios de propaganda e permite utilizar várias maneiras de publicidade para incrementar a resposta obtida.

Finalmente, a **franquia** é mais uma forma eficiente de distribuição de produtos: consiste em autorizar alguém a utilizar uma réplica das instalações de uma empresa mediante acordo conhecido como **licença de franquia**.

Por esse acordo, o empreendedor franqueador concede ao franqueado o uso de sua marca. Também lhe fornece treinamento e apoio contínuo e o auxilia a se estabelecer.

O franqueado passa então a administrar uma firma que é **clone** da original. Para isso, ele terá de pagar ao empreendedor, além de *royalties* (taxas que incidem sobre o valor de venda), uma taxa inicial normalmente bem significativa.

A franquia é de fato um bom processo de aumentar e de expandir rapidamente os negócios por intermédio do capital, da motivação e do comprometimento do franqueado.

O franqueado, por sua vez, só terá lucro devido ao esforço próprio, ficando sempre preso às rigorosas exigências que concordou em obedecer ao assinar o contrato de licença de franquia.

O quarto P tem tudo a ver com a estratégia de comunicação que permite à empresa difundir suas propostas comerciais aos vários segmentos do mercado e a seus formadores de opinião.

Ela se articula em torno de propaganda, relações públicas e promoção de vendas.

A política de **comunicação**, quer dizer, o *mix* de comunicação depende dos diferentes segmentos de mercado visados, pois com ela busca-se chegar ou mexer com os clientes finais, os distribuidores e os formadores de opinião.

Com efeito, é o *mix* de comunicação que posiciona a marca no espírito dos vários segmentos: quanto mais forte for a notoriedade da marca, mais ele será um elemento motor do comportamento de compra.

A propaganda seguramente é o principal componente da estratégia geral de uma empresa. Entretanto, não se pode esquecer que *marketing* é muito mais do que propaganda !!!

Na suposição de que a pesquisa de mercado conclua que existe campo para o produto ou para o serviço que o empreendedor pretende anunciar, têm-se cinco elementos principais a fim de que uma campanha publicitária seja bem-sucedida:

- definir os objetivos da propaganda;
- determinar o momento certo para a campanha;
- escolher a mídia apropriada;
- criar mensagens ou anúncios eficientes;
- monitorar os resultados.

Uma parte vital do processo de *marketing* está em aprender logo sobre o que funciona e o que não presta em propaganda.

Os maus resultados podem ser atribuídos a vários motivos, como insuficiente competência técnica na criação das peças de publicidade, falta de verba para uma campanha adequada ou a escolha equivocada dos veículos de comunicação.

O empreendedor pode ter produtos ou serviços muito atraentes para vender e a um bom preço, mas se seus clientes potenciais (*prospects)* nunca ouvirem falar deles, jamais os adquirirão...

E mesmo que os produtos ou os serviços estejam vendendo bem, o empreendedor terá de continuar a fazer com que os clientes potenciais saibam da existência deles, pois todas as empresas estão sujeitas à rotatividade de clientela por causa do esgotamento natural de interesse do cliente.

Na grande maioria dos casos, fazer com que futuros clientes conheçam o que é feito na empresa do empreendedor requer propaganda ou uma **promoção.**

A primeira vez que um *prospect* toma conhecimento de uma empresa, produto ou serviço, a tendência é que esqueça tudo em pouco tempo, a não ser que o anúncio desperte nele uma reação imediata.

O anúncio que provoca impacto à primeira vista possui o que se pode chamar de **efeito de ressonância**. Quando essa pessoa tiver um contato curto com mais alguma menção à mesma empresa, surgirá na mente dela uma consolidação do nome do produto ou do serviço anunciado.

Cada vez que alguém ouve falar de uma empresa, produto ou serviço, ocorre um processo de consolidação ou de percepção contínua.

Tanto melhor se existir um tema verbal ou visual no anúncio, pois isto facilita a consolidação. A percepção da marca e o uso da logomarca consistente contribuem igualmente para a eficiência do anúncio. O que o empreendedor não pode permitir é que se cometam equívocos comuns em propaganda como:

- ► acreditar que um anúncio bem-sucedido deva ser enorme, chamativo e profundamente colorido;
- ► ter como pressuposto que anunciar significa veicular, de vez em quando, um anúncio isolado em alguma publicação;
- ► confundir propaganda com promoção, esquecendo-se de que propaganda é um processo mais longo e contínuo;
- ► evitar a propaganda por achar que não poderá depois atender a todos os pedidos;

- pensar que propaganda é perda de dinheiro só porque experiências análogas não foram bem-sucedidas.

As opções de escolha da mídia (conjunto de meios de comunicação) são muitas, e para cada tipo de negócio existe um número restrito de veículos de comunicação.

Os melhores veículos de mídia são certamente aqueles cujos leitores ou ouvintes (ou telespectadores) mais se assemelham ao mercado-alvo e os que melhor se adaptam aos hábitos de compra desse mesmo mercado.

Toda empresa precisa de consumidores eficazes como seus clientes, e por isto deve preparar-se bem.

Muitos até hoje confundem *marketing* com propaganda.

Propaganda é uma das colunas mestras da comunicação e vital como ferramenta mercadológica.

A comunicação abrange desde o simples cartão de apresentação do empreendedor até o anúncio de TV, passando naturalmente pela participação em feiras e exposições, oferta de brindes, arrumação das instalações da empresa e pelo bom gosto como estão vestidos os seus funcionários.

Muitas vezes uma empresa pode perder uma concorrência porque descuida da apresentação da proposta, o que significa falha na comunicação.

Entre os principais veículos de comunicação o empreendedor deve usar:
- jornais, revistas e mala direta que permitem uma exposição mais detalhada dos produtos e serviços;
- *outdoors* (grandes painéis), *busdoors* (placas em ônibus) e cartazes que exigem mensagens curtas e muita criatividade no uso do texto e das imagens;
- televisão aberta e fechada, disponível para pequenas empresas em certos horários alternativos;
- o rádio, que continua sendo o veículo de massa, e o Brasil é coberto por milhares de emissoras locais e regionais, mas poucas atuam nacionalmente;
- o cinema, que possibilita que comerciais sejam veiculados antes do início das sessões, permitindo que a mensagem seja adequada ao tipo de filme a ser exibido (comédia, emoção, terror, ação, etc.);

- listas telefônicas e guias especializados, recomendáveis para qualquer tipo de empresa, produto ou serviço, apenas observando-se que o anúncio tem que ter uma vida útil normalmente alta (em geral de um ano);
- a propaganda estática em painéis colocados em estádios de futebol, autódromos, ginásios de basquete, etc., que é bastante eficaz, pois o anúncio fica exposto ao público presente que não tem como não percebê-lo enquanto permanece no local;
- a Internet, um outro poderoso instrumento de comunicação institucional e de comercialização de produtos e serviços. É de fato um meio eficaz para atingir novos públicos e baratear custos, sendo acessível ainda às pequenas empresas.

  Por intermédio de um *site* bem construído, preferencialmente interativo e criativo, a empresa fica disponível no ar 24 horas por dia.

No século XXI, é cada vez mais importante saber usar adequadamente as vantagens desse meio e apostar em seus múltiplos usos.

É imprescindível integrar a Internet a outras ferramentas mercadológicas e às estratégias de *marketing*.

Os *sites* estão se tornando essenciais para empresas de todos os tamanhos.

Para muitos, a página na Internet é apenas uma forma de anunciar a presença do negócio no mercado, com informações sobre produtos e serviços, sendo também mais um recurso de contato, além do telefone e do *fax*.

Algumas empresas vendem pela Internet como mais um meio de distribuição; outras têm o propósito único de vender, já que não possuem outro ponto de venda.

A tecnologia da Internet tem como características a rapidez e a flexibilidade, as quais os usuários devem aproveitar.

Cabe então ao empreendedor certificar-se de que a resposta de sua empresa nos negócios gerados pelo *site* seja rápida e eficiente, e não lenta e decepcionante.

A MPE pode e deve usar a Internet para:
- divulgar publicidade interativa de produtos e serviços;

- fazer propaganda institucional;
- praticar *marketing* de relacionamento com os clientes;
- elaborar pesquisas de mercado;
- realizar atendimento direto da clientela (sugestões, reclamações, tirar dúvidas, etc.);
- encantar novos clientes;
- vender produtos e serviços para pessoas físicas e jurídicas.

Além de todos os veículos de comunicação mencionados, existem outros, tais como os que possibilitam a exposição da sua mensagem publicitária em aeroportos, estações rodoviárias e ferroviárias, portos, aviões, táxis, bancas de jornal, paradas de ônibus, e uma infinidade de objetos, como chaveiros, isqueiros, canetas, relógios eletrônicos, etc.

Sérgio Cezar de Azevedo, no seu livro *Guia Valor Econômico de marketing para pequenas e médias empresas*, inclui mais dois elementos para constituir o *mix* de *marketing*. São eles: **padrão** e **pessoas**.

Toda empresa deve analisar os seis ingredientes fundamentais em conjunto, descobrindo qual é o peso relativo de cada variável do *mix* de *marketing* que conduz ao melhor planejamento e ações da empresa no mercado.

Naturalmente quando se fala em padrão, deve-se estar preocupado com o desenvolvimento de procedimentos e rotinas para todos os processos vitais da empresa, como produção, manuseio, venda, promoção e pós-venda de um produto, procurando a menor variabilidade possível em cada ação mercadológica.

Já as pessoas que trabalham na empresa certamente estão envolvidas direta ou indiretamente nas transações com fornecedores e com clientes.

A empresa precisa treinar e educar os seus funcionários para garantir que seus produtos e serviços respeitem e satisfaçam a sua clientela. Cada empregado do negócio deve, desse modo, tornar-se um eficiente agente de *marketing* do mesmo.

Toda empresa precisa analisar cada uma dessas variáveis (produto, preço, ponto de venda, promoção, padrão e pessoas) para adequar seu *marketing* à realidade do mercado.

Uma ilustração simples para entender um *mix* de *marketing* é analisando o cuidado que se deve ter em três tipos de restaurante: um popular, que cobra por peso a refeição que o cliente coloca em seu prato; um de alguma cadeia de comida *fast-food,* e um sofisticado que serve pratos da culinária francesa.

Obviamente no restaurante a quilo os elementos preço e promoção devem ser os mais visíveis e vitais para o sucesso do negócio.

No caso do *fast-food*, o ponto, ou melhor, a localização (facilidade de estacionar), preço e padrão (sanduíches e pratos preparados segundo procedimentos e normas rígidas de execução, assegurando homogeneidade e uniformidade do cardápio e baixo custo) são essenciais para enfrentar a concorrência.

Finalmente, no sofisticado restaurante francês os atributos produto (apresentação do prato) e pessoas (manobristas, garçons, *maître*, chefe da cozinha, etc.) são os mais importantes, tendo realmente um peso bem maior que os outros Ps pelo seu potencial de atrair os clientes.

É vital que o proprietário empreendedor saiba analisar os elementos do *mix* de *marketing* e avaliar o grau de importância de todos os ingredientes, atribuindo-lhes o correto peso relativo. Para tanto, deve perguntar aos clientes os motivos que os fazem optar pela compra dos seus produtos (aquisição dos seus serviços).

O empreendedor deve da mesma forma consultar os seus funcionários, pois deles pode conseguir informações valiosas, visto que são eles que efetuam as tarefas no cotidiano.

No final das contas, o empreendedor deve ter uma lista dos fatores mais importantes que possam melhorar cada um dos Ps para saber mensurar o desempenho da empresa.

Todo empreendedor que descobrir com precisão que produto (ou serviço), preço, ponto, promoção, padrão e pessoas têm respectivamente os pesos percentuais **t, u, v, x, y, z,** poderá estabelecer uma estratégia que efetivamente permita aperfeiçoar o desempenho de seu negócio.

Por exemplo, se os clientes dos produtos de uma empresa forem sensíveis ao preço, talvez uma boa idéia seja treinar os funcionários para que auxiliem os consumidores a fazer as suas escolhas e entrem em contato com os mesmos quando estiver acontecendo alguma promoção.

3.4 - INSTALAÇÕES

Muitas empresas novas precisam adquirir de imediato seus próprios locais; outras, de início, podem até funcionar em casa, mas depois necessitam mudar.

Algumas outras requerem instalações especiais.

Terrenos e edifícios podem causar problemas legais ou outros; no entanto, como sempre, com um pouco de preparação evitam-se muitas complicações posteriores.

Você pode trabalhar em casa?

Sem dúvida que sim!

Aliás, um número surpreendente de empresas começa desta forma.

A principal precaução que se precisa tomar é respeitar as determinações da autoridade local no sentido de não infringir as leis e não perturbar os vizinhos.

Se ninguém reclamar, freqüentemente a autoridade local até ignorará uma "modesta infração", desde que a firma não provoque ação danosa ou visível como, digamos, gerando lixo, fazendo barulho ou estacionando muitos carros de clientes em frente da empresa, perturbando dessa maneira a tranqüilidade dos vizinhos.

Portanto, o seu negócio em casa pode funcionar satisfatoriamente algum tempo, desde que você não provoque reclamação de ninguém.

Algumas pessoas podem ficar muito aborrecidas com a idéia de uma "indústria" receber permissão ou poder funcionar numa área residencial (e quem pode culpá-las?), e em função disto têm uma enorme propensão para reclamar, buscando impedir que a empresa continue a sua vida próxima ao local em que moram.

Certos indivíduos são daquele tipo ciumento e reclamarão sobre qualquer coisa caso notem alguma interferência na sua zona de conforto.

É por isso que muitas firmas mantêm suas atividades de maneira sigilosa, para não dizer secreta.

Por exemplo, nunca abrem as portas da garagem quando há alguém por perto, e as bicicletas das crianças são mantidas no terraço para evitar que os filhos dos vizinhos saibam o que está acontecendo verdadeiramente dentro da garagem...

O senso comum diz a esses empreendedores caseiros para trabalharem sempre em silêncio, não deixarem muitos visitantes (clientes) na frente da entrada de carros dos vizinhos, irem buscar materiais em vez de pedirem que sejam entregues por enormes caminhões, não armazenarem coisas do lado de fora, não fazerem funcionar motores elétricos ou outros dispositivos que façam ruído, e nem agirem como maus vizinhos.

Acima de tudo, os empreendedores sensatos nunca deixam de se empenhar para estabelecer a sua empresa num contexto que incomode o menos possível quem vive por perto; isto inclui as vozes, até forçando a instalação de revestimento à prova de som no interior da mesma.

Se o empreendedor decidir abrir o negócio na própria casa ou num lugar residencial, nunca deve deixar o alto padrão de comportamento e desempenho que estabeleceu na fundação da empresa.

Há algum tempo que os governos de muitos países, mesmo do Brasil com certas restrições, reconheceram que muitas empresas pequenas (em especial as ponto.com) podem ser administradas em casa sem perturbar ninguém e, nesse sentido, instruíram as autoridades locais a parar de fechar as portas de tais firmas puramente por princípio, e sugeriram inclusive a abertura de corredores comerciais.

Não vamos entrar em maiores detalhes a respeito deste tema, porém a recomendação para o leitor interessado em mais minúcias sobre este assunto é que leia o livro de Peter Hingston, *Como trabalhar em casa no seu próprio negócio*.

Para aqueles empreendedores que não vão trabalhar na sua casa, vale lembrar que quanto mais concorrido for o setor no qual pretendem atuar, e maior for a cidade onde vão instalar o negócio, maior também deverá ser a preocupação com a escolha do ponto. Todavia, ainda que o seu negócio não tenha concorrentes ou que esteja instalado em um bairro distante, a localização nunca é um detalhe sem importância, como já salientamos.

Embora um ponto bom não chegue a determinar sozinho o sucesso de um empreendimento, um ponto ruim pode ser responsável pelo seu fracasso.

Seja qual for o tipo de negócio: um restaurante, uma loja, um posto de serviços, um escritório ou uma fábrica, a escolha de um **bom ponto é fundamental.**

Esta tarefa requer paciência e disposição porque a decisão final depende das condições financeiras do empreendedor, o qual buscará o melhor aproveitamento possível do potencial de mercado pela sua empresa.

Na escolha da localização onde se vai instalar a empresa, o primeiro passo é definir o tipo de negócio que se pretende montar e a disponibilidade de investimento.

Depois, no caso de uma indústria, a escolha deve levar em conta a proximidade dos compradores e dos fornecedores para diminuir os custos com o transporte; ter mão-de-obra disponível perto da empresa; a infra-estrutura de serviços públicos; as leis de zoneamento; as restrições ambientais e, conforme o ramo, até as condições de clima, temperatura e umidade.

Outro fator relevante é a oferta (ou não) de incentivos fiscais para a instalação de fábricas na região.

Claro que para as atividades ligadas ao comércio e serviços, a escolha da localização no negócio envolve muitas outras variáveis.

Se o empreendedor quiser ingressar em um desses setores, deve começar definindo suas linhas de produtos ou serviços e o tipo de público que quer atender.

É fundamental saber quem é o seu cliente-alvo, onde ele está e quais são seus hábitos e costumes.

Com linhas e público definidos, o empreendedor já terá uma boa idéia das regiões onde deve – **e não deve** – instalar o empreendimento.

Se o cliente será atendido dentro ou fora do estabelecimento, e se o processo operacional exigirá ou não área para armazenagem e manipulação de produtos são decisões que vão determinar a necessidade de facilitar o acesso do público-alvo e dos fornecedores e o porte requerido das instalações.

O tamanho do ponto deve ser compatível com a área necessária para a operação e as condições indispensáveis de conforto para os clientes.

Por exemplo, se o empreendedor vai montar uma loja, deverá caprichar na sua decoração, buscando combinar a mesma com o público que quer atingir, pois aí está um dos segredos para ter sucesso no negócio.

Acredite se quiser, mas a estética ajuda a vender.

E ela não se resume às linhas arquitetônicas da fachada, à escolha e disposição dos móveis e à organização das vitrines.

É necessário harmonizar a estratégia de vendas com um projeto funcional, criando um cenário que destaque os produtos e conquiste o cliente.

Seja qual for o segmento de atuação ou o estilo da loja – de vanguarda, sofisticada, tradicional, popular, etc. –, o projeto deve integrar o ambiente com o *mix* de produtos e a comunicação visual, e obviamente oferecer conforto ao cliente.

Isto nem sempre é tão simples quanto parece, tanto é que projetar lojas se tornou um excelente negócio para arquitetos e *designers*.

Na hipótese de o empreendedor não ter recursos para contratar um, não deve prescindir da orientação de fornecedores de materiais e mobiliário e levar em conta a seguinte regra básica: um bom projeto, além de considerar o público-alvo, aproveita bem o espaço interno da loja e utiliza as instalações como armas de vendas.

Ademais, o cliente precisa sentir-se confortável, mas as facilidades e o ambiente agradável não podem nunca impedir o acesso às mercadorias.

É por isso que os balcões, por exemplo, estão em extinção, e vêm sendo substituídos por prateleiras e mesas de apoio, com dimensões adequadas para que o cliente possa abrir e ver os artigos por si mesmo.

Se o empreendedor tiver uma fábrica não são só os equipamentos e a tecnologia que importam. Para abrir uma indústria, qualquer que seja o ramo, é preciso conhecer os processos, o fluxo e as técnicas de organização do espaço físico, das máquinas e dos funcionários.

Sem esse conhecimento, os recursos serão desperdiçados e a produtividade será influenciada negativamente.

Por isso, se um empreendedor estiver montando uma fábrica, não deve deixar de fazer previamente um *layout* (disposição) da área de produção.

Esta tarefa para ser bem-feita requer um estudo de todo o processo, desde a chegada e estocagem das matérias-primas e insumos até a movimentação do material, seqüência de fabricação, armazenagem e despacho dos produtos acabados e, naturalmente, o número de tarefas e funcionários envolvidos.

Comumente, os próprios fornecedores de equipamentos oferecem orientação para o estudo de *layout,* mas em atividades fabris mais complexas dever-se-ia recorrer à assessoria de especialistas.

A vantagem de um bom *layout* é que ele resulta num arranjo físico mais econômico e racional.

É evidente que, ele permite um melhor aproveitamento das máquinas, funcionários, espaço, iluminação e ventilação, um menor número de manipulações de produtos e da matéria-prima e, por certo, com menos erros durante o processo.

Com menor trânsito de pessoas e peças na área de produção existe menos risco de acidentes e para a saúde das pessoas. Um bom *layout* facilita também a limpeza.

Em suma, o empreendedor não pode jamais esquecer que um bom *layout* permite alcançar uma maior produção com um gasto menor de materiais e menos uso de equipamentos, o que significa maior produtividade que, como conseqüência, gera mais lucros.

O empreendedor planificador não só terá de definir bem as tarefas e responsabilidades de cada empregado, mas precisará também investir no seu treinamento e reciclagem, em equipamentos adequados de segurança e em políticas de motivação – desde a remuneração apropriada até um bom clima de trabalho e oportunidades de evolução profissional.

O empreendedor convincente quer colaboradores qualificados, treinados e motivados, pois está convencido de que assim eles cometerão menos erros, desperdiçarão menos material, e o essencialmente vital: **farão a grande diferença entre a sua fábrica e a concorrência**.

Um outro cuidado que torna o empreendedor precavido é com os estoques.

A ordem básica no século XXI é **racionalizar os estoques** e **não empatar dinheiro em compras exageradas**.

Como o impacto dos custos de estocagem nas necessidades de capital de giro é alto, as grandes indústrias costumam usar o sistema de produção conhecido como *just-in-time*, que significa produzir no ritmo do cliente.

O objetivo primordial é o de eliminar perdas, fabricar exatamente o que o comprador quer, entregar na hora combinada e ter suficiente jogo de cintura para enfrentar as oscilações da demanda, que ora se retrai, ora se expande.

O *just-in-time* possibilita eliminar estoques desnecessários (tanto de matérias-primas quanto de produtos acabados) e custos que não agregam valor ao produto final.

Se o *just-in-time* não for possível para a indústria do empreendedor, ele não pode de forma nenhuma perder de vista a busca de eficiência na administração dos estoques.

De fato, ele não deve abandonar nunca a busca de eficiência em todas as etapas da operação, procurando sempre melhorar a produtividade, adotando práticas racionais de fabricação, e lembrando-se de que os processos, as máquinas e a tecnologia não são o foco principal de seu negócio. Até porque os seus concorrentes podem ter uma indústria e um produto exatamente iguais aos seus.

O que realmente faz a diferença é colocar a fábrica, o sistema de produção e todos os seus colaboradores a serviço do cliente, **num esforço integrado para resolver seus problemas e necessidades**.

3.5 - EMPREGAR AS PESSOAS CERTAS

Para muitos empresários, a vida seria bem mais fácil se pudessem fazer tudo sozinhos e trabalhar com um número mínimo de funcionários.

Em algumas empresas é possível fazer exatamente isto, contudo os problemas aparecem quando o objetivo é a expansão.

Melhor organização e mais automação podem ajudar até certo ponto, mas se o empreendedor tiver qualquer ambição de crescimento, normalmente descobrirá que se tornou um importante empregador.

Habitualmente, os maiores desastres nas PMEs concentram-se em torno das leis trabalhistas: **"o difícil não é contratar, mas sim despedir alguém nos dias de hoje"** – este é o jargão mais ouvido nestes casos.

O empreendedor não deve acreditar nem se assustar com isso. Sem dúvida, ele não deve brincar com a subsistência de empregados da maneira como seus tataravôs podiam, entretanto o empreendedor razoável e decente tem muito pouco a temer da lei.

O maior problema que ele irá enfrentar é o de procurar gastar o menor tempo possível para constituir uma boa equipe.

Por certo a primeira tarefa do empreendedor, como em qualquer outro trabalho administrativo, é decidir **o que** e **como** ele deseja que sejam feitas as coisas no seu negócio.

Em outras palavras, definir sistematicamente o trabalho, sem nenhuma idéia fixa sobre quem deverá fazê-lo.O empreendedor precisa pensar no que será feito agora e naturalmente como isso será no futuro.

É óbvio que ele deve saber coisas elementares como: se deseja uma secretária segura, responsável e equilibrada, é improvável que sirva para esse cargo uma menina de 17 anos (!?!), da mesma forma que se necessita de um *expert* em informática, seguramente deve investir no treinamento de jovens e não em funcionários com mais de 60 anos, dos quais também não deve prescindir.

Onde e como se encontram bons funcionários?

Existem três maneiras principais de procurá-los: divulgando, anunciando, ou ainda indo a uma agência de empregos. Cada um dos modos tem seus benefícios e desvantagens, mas há quem diga que o processo eficaz é o do empreendedor, ele próprio, elaborar um anúncio.

Com certeza isto tem seu preço, encontre-se alguém ou não, porém desta forma o empreendedor controla exatamente o que o anúncio diz e como está descrito o cargo que ele quer preencher.

Normalmente o candidato selecionado deve preencher um formulário, cuidadosamente preparado para verificar a sua habilidade com a escrita; e passar por uma entrevista para se notar a sua habilidade de se comunicar, como reage a certas situações hipotéticas e para se observar como ele se apresenta.

Saber selecionar bem os funcionários é uma tarefa primordial para a qualidade da empresa, em particular para as MPEs.

Não se deve ter pressa na contratação e não se deve cair na tentação de oferecer empregos a parentes e amigos caso essas pessoas não exibam qualificação e competência para exercer as funções disponíveis.

É importante contratar pessoas com potencial de crescimento, que estejam dispostas a aprender coisas novas e que tenham a aptidão de exercer trabalhos além da função específica para a qual foram empregadas.

O empreendedor criativo (EC) não pode esquecer que deve contratar uma pessoa imaginativa e que aprecie dar sugestões.

Usando o seu pensamento estratégico, esse empreendedor enfoca cada funcionário como um parceiro, um representante da empresa com o qual gostará de compartilhar o sucesso e arquitetar o brilhante futuro da empresa.

Hoje em dia a Internet é muito útil para contratar funcionários, podendo-se até mesmo entrevistá-los, conferir a sua habilidade em redigir respostas e vê-los, observando os seus gestos e a sua aparência.

As regras que o empreendedor deveria seguir no processo de contratação de funcionários são as seguintes:

- dar emprego a pessoas otimistas, criativas e dispostas a enfrentar desafios;
- ter ao seu lado empregados capazes de construir fortes relacionamentos com os colegas de trabalho e principalmente com clientes;
- nunca discriminar um candidato por raça, credo, deficiência física, sexo ou idade;
- pensar em ter poucos funcionários excelentes do que muitos medíocres;
- remunerar seus funcionários acima da média de mercado e, se possível, proporcionar-lhes participação nos lucros.

A empresa moderna deve ter um empreendedor líder, isto é, um gestor de negócios que saiba motivar seus funcionários para alcançar seus objetivos com elevada qualidade.

Entre as características do empreendedor líder, que vai procurar ajudar seus empregados a se sentirem parte integrante da empresa, destacam-se as seguintes:

- está aberto a mudanças;
- valoriza e recompensa os seus bons colaboradores;
- elimina barreiras, desenvolve talentos e minimiza as causas de desmotivação;
- enfatiza a qualidade e a melhoria contínua;
- aceita sempre novos desafios e assume riscos;
- estimula e apóia os funcionários em suas decisões;
- reconhece que cada pessoa tem características e habilidades únicas;
- incentiva o treinamento e a educação continuada;
- exerce o papel de educador e multiplicador de conhecimentos e informações;
- estimula as ações orientadas para os resultados;
- sabe trabalhar em grupo;

- é um habilidoso incentivador do *marketing* da empresa, dos seus produtos e serviços;
- prestigia fortemente a criatividade, a flexibilidade e a simplicidade;
- cria um ambiente de trabalho propício (atraente, limpo, seguro, etc.) para que exista um bom relacionamento e o bem-estar das pessoas;
- destaca a importância de se estar sempre preparado devido ao correto planejamento feito previamente;
- concentra todo empenho e trabalho para encantar os clientes;
- é um exemplo inspirador para todos os funcionários.

Toda empresa deve se tornar uma fonte de aprendizado contínuo e por isso precisa de um empreendedor líder educador.

A educação proporcionada pela empresa motiva os funcionários, e com isto minimiza-se o *turnover* (saída de empregados) e melhora-se significativamente o desempenho e a produtividade do negócio.

Em qualquer atividade, o funcionário deve ser treinado adequadamente para a função para a qual foi contratado.

O empreendedor líder sabe que investir no treinamento e na educação é a melhor forma de fomentar a qualidade em todos os setores do seu negócio.

Claro que todos os empregados devem estar habilitados a desempenhar as suas tarefas com determinação e responsabilidade. O empreendedor líder nunca encara o seu colaborador como uma peça de reposição ou produto descartável.

Ele é certamente o ativo mais importante do seu negócio, e por isso mesmo deve ter a maior atenção do empreendedor proprietário.

Hoje em dia existem diversas formas de treinamento e educação que não custam nada ou muito pouco.

Distribuidores e fornecedores de equipamentos e matérias-primas podem oferecer cursos rápidos em áreas específicas. Entidades como SEBRAE, SENAI e SENAC também dão orientação para programas de treinamento.

A FAAP, a partir de 2003, está oferecendo os mais variados cursos ligados ao empreendedorismo e como desenvolver e trabalhar com qualidade numa PME.

A novidade que está revolucionando a capacitação das pessoas é a educação a distância.

Integrando televisão via satélite, Internet, material impresso e até a presença de facilitadores, vários pólos educacionais no Brasil já oferecem cursos a distância para todos os níveis da empresa.

Está cada vez mais fácil e barato participar de treinamentos mediados por videoconferências, e esta forma de capacitação profissional pode ser feita em qualquer lugar do País, por menor que seja a empresa, com custos cada vez mais acessíveis.

3.6 - A INFORMATIZAÇÃO DA EMPRESA

A computação interorganizacional possibilitará que os fornecedores visualizem a demanda por seus produtos, e simultaneamente ajudará as MPEs que são as clientes a fortalecer suas redes de suprimento, diminuir seus estoques e melhorar a disponibilidade de seus produtos.

Nas últimas duas décadas aconteceram quatro mudanças fundamentais, algumas ainda em curso, no que se refere à maneira de aplicação da informática nas empresas.

Na primeira mudança ocorreu a passagem da computação pessoal para a computação em grupo. Os computadores pessoais penetraram em quase todas as áreas e níveis das empresas.

Mas seu impacto raramente podia ser descrito como estratégico. Isto porque o microcomputador (*personal computer* – PC) isolado não funcionava da mesma maneira que as pessoas, em termos de comunicação com as outras, particularmente dentro de um grupo de trabalho.

Quando bem elaborados e implementados, os sistemas para grupos de trabalho podem tornar-se o ponto focal para a reconfiguração dos processos e das estratégias da empresa.

A segunda mudança caracterizou-se pela transição de sistemas isolados para sistemas de informação integrados. Tradicionalmente usou-se a tecnologia da informação (TI) para apoiar o controle de recursos: ativos físicos, recursos financeiros e recursos humanos.

Com a evolução dos padrões da TI, alcançou-se um nível em que a arquitetura da organização como um todo tornou-se viável, não se precisando mais acrescentar unidades isoladas à medida que fossem se tornando necessárias.

Na terceira mudança passou-se da computação interna para a computação interorganizacional, isto é, os sistemas de informação ampliaram o alcance externo ao ligar a empresa a seus fornecedores e clientes.

A cadeia de agregação de valor: fornecedores – MPE – clientes transformou-se numa rede de valor digital, interligando empresas e instituições externas, e até concorrentes.

Assim, de restrita e **intra-organizacional**, a informática converteu-se em computação **entre-empresas**.

Nesse novo ambiente, as TI devem ser encaradas como classes de sistemas de informação que vão desde o nível pessoal até o nível interorganizacional.

As aplicações interorganizacionais envolvem a interação com usuários e sistemas externos à empresa.

A grande mudança ainda em desenvolvimento, que já está influenciando as MPEs mais do que as empresas de grande porte, têm tudo a ver com a chamada **economia digital**.

Nessa economia fundamentada mais no cérebro do que nos recursos físicos e materiais, as inovações e vantagens competitivas são efêmeras.

As redes eletrônicas expandem virtualmente as fronteiras das empresas, suprimindo-se os intermediários entre a organização, os fornecedores e os clientes.

Com isso, as MPEs passarão a ter como principal ativo o capital intelectual ou do conhecimento, em vez de apenas o tradicional ativo patrimonial dos balanços financeiros. Nesse novo contexto exige-se das empresas, particularmente das MPEs, que se enfatize mais a gestão do conhecimento e não somente a administração de recursos tecnológicos.

O fato é que as últimas pesquisas de 2002 mostram que as grandes empresas (mais de 87%) estavam priorizando investimentos em redes de Internet, Intranet e Extranet, direcionando-as para CRM *(customer relationship management)*, vale dizer, para a gestão de relacionamento com os clientes, para o *data warehouse* (tecnologia para captar e armazenar dados empresariais), para o comércio eletrônico e para o ERP *(enterprise resource planning)*, ou melhor, um *software* de gestão integrada.

A busca da abordagem correta do planejamento da informatização na MPE é uma questão complexa, visto que qualquer que seja a solução adotada, esta se torna mais eficaz se fundamentada num ambiente de processos projetados, baseada na análise estratégica da MPE que dá suporte à definição do planejamento da informação.

Nessa era da informação e da economia digital, uma MPE deve encarar como absolutamente normal o fato de uma organização ter suas fronteiras ampliadas.

Com efeito, está surgindo um novo tipo de relacionamento entre uma MPE e seus fornecedores, clientes e as demais instituições de sua área de atuação.

Estes relacionamentos capacitarão a MPE a:

▶ desenvolver esforços abrangentes para os seus mercados;

▶ responder rapidamente às novas oportunidades;

▶ ter acesso interorganizacional a clientes comuns;

▶ criar novos mercados;

▶ atuar de forma conjunta;

▶ expandir-se geograficamente em empreendimentos comuns ou parcerias.

Na busca de maior produtividade em suas operações, as MPEs têm agora à disposição os recursos da rede mundial Internet.

Com pesquisas na Internet, as MPEs têm conseguido substituir fornecedores e comprar matérias-primas até 30% mais baratas.

Às vezes, a troca ocorre por parceiros do exterior, e mesmo com o custo de importação a transação é viável.

Ainda utilizando a Internet apenas como ferramenta de busca e pesquisa é possível reduzir os custos de produção e, desse modo, **oferecer os melhores preços aos clientes**.

A simples utilização dos recursos do correio eletrônico (*e-mail*) em MPEs, que para isso necessitam de poucas pessoas e, portanto, de poucos microcomputadores, já constitui um grande avanço tecnológico.

Com a evolução e o barateamento do *hardware* e do *software*, as redes de computação tornaram a tecnologia de correio eletrônico acessível às MPEs.

Na verdade, com um *software* do tipo Outlook Express da Microsoft ou Netscape, uma MPE pode:

▶ fazer com que a **comunicação** seja enviada pela empresa via *e-mail*, de maneira que as decisões possam ser tomadas com a agilidade requerida no século XXI;

- utilizar ferramentas digitais para criar **equipes virtuais** que possam compartilhar tarefas e aproveitar, em tempo real, conhecimentos e idéias do mundo todo;
- converter em **processos digitais** os tradicionais processos em papel, eliminando entraves administrativos e liberando os funcionários da empresa para tarefas mais importantes;
- usar ferramentas digitais para **eliminar funções isoladas** ou transformá-las em atividades de valor agregado;
- estabelecer **circuitos ágeis de controle digital** para aumentar a eficácia dos processos físicos e a qualidade dos produtos e serviços, de forma que cada empregado seja capaz de monitorar facilmente todos os principais parâmetros da empresa;
- entender de **TI** tanto quanto entende de outras funções da empresa, considerando-as, conseqüentemente, um recurso estratégico para alavancar os melhores resultados econômico-financeiros;
- interagir com **sistemas de informação** para lidar com as reivindicações dos clientes, bem como armazenar e encaminhar os dados estratégicos do mercado às pessoas responsáveis pelo aprimoramento dos produtos e serviços;
- criar **comunicações digitais** para redefinir a natureza e as fronteiras de seus negócios, interna e externamente à empresa, avaliando se os clientes desejam uma empresa maior ou uma menor e mais personalizada;
- trocar **informações por tempo**, reduzindo os ciclos operacionais através do uso de transações digitais com todos os fornecedores e parceiros comerciais, e transformando cada processo de negócio numa interação *just-in-time*;
- fazer uso da **transação digital de produtos e serviços** para diminuir intermediários nas interações com os clientes e, se a empresa tiver um intermediário, utilizar ferramentas digitais para agregar valor às suas transações comerciais;
- utilizar as ferramentas digitais para **auxiliar os próprios clientes** a resolver os seus problemas, reservando o contato pessoal apenas

para responder às necessidades complexas e de alto valor desses clientes.

Uma recente inovação que tende a incrementar o uso de *e-mail* no âmbito empresarial é a que implementou o serviço de transmissão de mensagens certificadas.

Tal serviço permite às empresas promover suas comunicações de negócios de maneira mais segura.

Funciona do mesmo modo que a assinatura de uma linha telefônica e, para garantir o acesso, a empresa usa a estrutura normal de seus recursos tecnológicos de *hardware* e *software*.

É uma solução de TI opcional na modalidade *application service provider* (ASP).

Essa aplicação, desenvolvida e residente em provedor Internet, dispensa o ônus de uma aplicação exclusiva da empresa usuária, pois utiliza a infraestrutura tecnológica daquele provedor.

Dessa forma, a MPE pode acessar sua caixa postal de qualquer lugar, desde o micro de mesa até os equipamentos móveis, como os *notebooks* e os celulares de múltiplas funções.

No âmbito das MPEs, o *e-mail* pode ainda ser aplicado como apoio ao teletrabalho, que é uma alternativa de trabalho flexível para tornar as MPEs mais competitivas e dinâmicas em relação às empresas conservadoras e acomodadas à rotina.

Trata-se, então, de levar ao empregado as atividades normalmente realizadas nas instalações das empresas, o qual deve executá-las na sua casa ou em qualquer outro lugar.

Esta é a possibilidade real de substituição parcial ou total do trabalho na empresa pelo trabalho a distância, e a eliminação dos deslocamentos diários do trabalhador (pelo menos alguns...) até as instalações da MPE.

Graças às TIs e às facilidades de comunicação do *e-mail*, isto já é realidade em algumas empresas há um certo tempo.

Um dos fatores de êxito do teletrabalho é que o processo de comunicação no exercício das atividades profissionais, principalmente entre o trabalhador e os colegas de escritório, torna-se mais eficaz e com isto desaparecem as oportunidades para conversas "desnecessárias" e informais.

Os que trabalham fora juntam todos os recados e se conectam (ou ligam) menos vezes para discutir os assuntos pendentes.

Um dos melhores exemplos de teletrabalho apoiado nos recursos de e-mail é o dos representantes/vendedores, que podem trabalhar fora da MPE em tempo integral e a distância transmitir seus pedidos de vendas.

Vários são os motivos para a implementação de programas de teletrabalho no âmbito das MPEs, destacando-se entre eles:

- o aumento da produtividade;
- a redução de custos;
- a diminuição do índice de absenteísmo/ausências ao trabalho;
- aumento da qualidade de vida dos funcionários da MPE.

3.7 - OS NEGÓCIOS E A LEI

Como a lei é uma área tão complexa, aqui falaremos de um modo geral e breve das suas principais questões.

É importante perceber que existem dois sistemas legais em operação.

A lei criminal, e os envolvidos com a mesma acabam tendo problemas com a polícia e com o Estado, que os pune, condenando-os a cumprir penas na prisão.

A lei civil, que por outro lado pode também levar à prisão por decisões tomadas por juízes, e qualquer pessoa pode mover um processo contra outra, civilmente.

Os direitos civis do empreendedor estão estabelecidos com bastante clareza, do mesmo modo que o de seus clientes, fornecedores e empregados.

Assim, o empreendedor tem o direito de ser pago a tempo por algum produto que vendeu ou serviço que prestou a algum cliente.

No entanto, o que significa "a tempo"? Isto precisa ser definido no acordo original com o cliente. O juiz pode até mesmo sentenciar-lhe danos a serem pagos, ou melhor, juros sobre a sua dívida, seus custos de ir atrás do cliente em busca de pagamento, e outras perdas que o empreendedor pode ter sofrido como conseqüência.

Existem muitas leis civis relativas a todo aspecto de nossas vidas na comunidade. Misericordiosamente, na maior parte de seu tempo o empreendedor precisa preocupar-se mais com as leis civis (!?!), e para cumprir suas obrigações com elas deve comportar-se de forma honesta, aberta, justa, e agir com cuidado nas seguintes situações:

1. Rescisão de contrato.

A rescisão de contrato está prevista nos direitos contratuais e somente será motivo de preocupação se um cliente ou fornecedor fizer uso dela **antes**...

Para que o empreendedor compreenda melhor isto, e evite assim sérios problemas, é conveniente que saiba como isto pode acontecer e quais as medidas que deverá tomar.

2. Danos a terceiros.

Existem várias formas de danos, mas aqueles causados por negligência são os que o empreendedor proprietário se arrisca a causar com maior freqüência. Isto faz parte da lei civil.

Suponha que seus funcionários estejam reclamando há semanas sobre o tapete solto da escada que vai ao escritório do empreendedor líder.

Acontece que nesta manhã a jovem Cristina tropeçou nele e caiu, quebrando a perna em quatro lugares. O pior é que ela estava trabalhando para você nas suas férias da escola de balé, onde é uma aluna premiada, e para complicar mais ainda, Cristina tem um padrinho advogado e um tio promotor...

Bem, é melhor não continuar contando essa história, não é?

Quando a equipe de funcionários da empresa se comporta de maneira negligente, o faz no final das contas em nome do empreendedor, que leva a culpa.

Além da negligência, as outras "complicações" civis mais comuns são:

- **Perturbação da ordem** (fazer barulho na sua empresa, exalar odores, bloquear o caminho das pessoas com seus veículos, etc.).
- **Difamação** (prejudicar a reputação de um ex-empregado ou de um concorrente).
- **Contravenção** (vender mercadorias roubadas, mesmo que tenham sido compradas inocentemente...).
- **Transgressão** (entrar em propriedade alheia).
- **Falsa identidade** (fazer parecer que mercadorias foram feitas por alguém diferente do seu fabricante original).
- **Cárcere privado** (deter um empregado ou visitante suspeito).

3. Leis trabalhistas.

Esta é uma área especializada e relaciona-se diretamente com a administração de recursos humanos, mas o que se pode dizer, como já se comentou anteriormente, é que no Brasil pode ser um grande risco dar emprego para alguém!?!?

4. Disputas na Justiça.

O principal objetivo de qualquer empreendedor deve ser o de administrar a sua firma de maneira eficaz. Isto implica um período intenso e extenso de trabalho, mais do que integral.

Então, tudo que desvie sua atenção deste foco deve ser evitado.

Uma das atividades mais inquietantes, demoradas e dispendiosas para o empreendedor é a investigação de casos ligados à sua empresa.

Nosso conselho para o empreendedor é que fique o mais longe possível da porta do Tribunal, buscando entrar num acordo prévio, mesmo sendo em termos menos favoráveis do que ele presume que poderia conseguir através de um juiz.

Então, o empreendedor ficará livre mais tempo para se envolver com aquilo que realmente importa – **o seu negócio.**

5. Comprar e vendar mercadorias.

Esta parte central da atividade de uma empresa é governada por vários setores de legislação penal, bem como pela lei civil de contratos e danos.

É quase certo que o empreendedor nunca terá um conflito com as leis civil ou criminal se:

- disser sempre a verdade;
- nunca fizer promessas que não possa cumprir;
- mantiver as promessas que fez;
- souber quais são suas obrigações e as mantiver;
- conhecer e observar os direitos de seus clientes;
- comportar-se de maneira justa e razoável;
- puder provar que o que diz é verdade;
- ler e compreender o que está assinando;
- aproveitar o aconselhamento profissional e oficial.

6. Condições contratuais e garantias.

Em qualquer contrato há condições e garantias.

As condições são questões realmente relevantes, de modo que se uma parte as transgredir, a outra terá direito a seu dinheiro de volta acrescido do que tenha sido gasto com os danos.

As garantias são menos importantes, dando direito apenas aos danos da parte prejudicada.

Elas podem ser registradas de maneira escrita, com preço, data de entrega, quantidade, etc.

Em seu negócio, pode ser comum que os fornecedores não ofereçam garantias por escrito de seus produtos, garantias estas que o empreendedor deve introduzir em seus artigos.

Quem quer que forneça as mercadorias defeituosas é a pessoa da qual o cliente pode exigir satisfação.

Portanto, o empreendedor proprietário deve corrigir o problema do cliente à sua custa, e depois ir atrás do fornecedor para resolver suas reclamações contra ele.

Na prática, pode tomar satisfações de seu fornecedor, mas quer as obtenha ou não, isto não elimina a sua obrigação em relação à pessoa que comprou o produto da sua empresa.

7. Isenções.

É crime tentar privar os clientes – comerciais ou consumidores finais – dos seus direitos legais. Logo, as lojas não podem ter placas do tipo: "Não restituímos mercadorias vendidas com defeito" ou "Não oferecemos garantia aos produtos que se encontram em oferta."

8. Descrição de produtos.

Para estar de acordo com a legislação, o empreendedor precisa ter a certeza de que aquilo que diz a respeito de suas mercadorias é verdade – **totalmente verdade!**

Por exemplo, dizer "vendo sapatos de couro" pode ser uma descrição errada se a parte de cima e a sola forem de couro, porém todos os outros revestimentos forem de plástico.

Da mesma maneira, a definição de "artesanal" para um artigo pode até ser aceita se um tal produto tiver uma quantidade pequena de trabalho feito à máquina.

Enfim, o cliente pode processar o empresário por estar divulgando uma propaganda enganosa.

9. Direito autoral, projeto, marca registrada e patente.

A lei dá uma certa proteção aos nomes de marcas de uma fábrica e a quaisquer dispositivos que o empreendedor possa ter desenvolvido no seu negócio.

Contudo, certos tipos de proteção podem ser muito dispendiosos e a proteção dada menor que a esperada. A proteção mínima é dada ao menor custo, através dos direitos autorais.

Eles lhe são concedidos por qualquer trabalho original em papel – desenhos, letra de música, fotografias, nomes, palavras, composição literária, e assim por diante.

O problema é que, para escapar impune, todo copiador só precisa evitar cópia numa parte substancial de seu trabalho. Como a **quase-cópia** será um "novo original", o imitador também terá seu o direito autoral (!?!).

Ocorre mais ou menos o mesmo para projetos registrados, que têm maior proteção que os direitos autorais, todavia menos que as patentes.

As patentes são bem mais complexas e dispendiosas, mas firmam seus direitos com mais clareza.

O registro de patentes precisa dos serviços de um perito, ou seja, de um agente de patentes.

O ato de patentear baseia-se em provar que você tenha sido o primeiro a empregar um certo termo, ter tido uma idéia ou ter criado um certo dispositivo.

Por conseguinte, é vital ser aconselhado por um profissional antes de comentar o assunto com alguém.

Isto se aplica a possíveis clientes e fornecedores, a amigos com quem possa ter se confabulado a respeito, ao projetista que deve ter feito os desenhos, ou a qualquer um que tenha visto o protótipo.

Se você revelá-lo de alguma forma, seus direitos podem ser anulados.

A lei se aplica a qualquer tipo e porte de organização e disso não escapam as MPEs que, entretanto, gozam de alguns privilégios.

A legislação brasileira, nas esferas federal, estadual e municipal, procurou de início regular e incentivar o funcionamento das MPEs, e só mais recentemente foram incluídas as empresas de pequeno porte (EPPs).

A Lei nº 9.841, de 5/10/1999, estabeleceu normas para as microempresas – sob a denominação de **Estatuto da Microempresa** – relativas ao tratamento diferenciado, simplificado e favorecido nos campos administrativo, tributário, previdenciário, trabalhista, creditício e de desenvolvimento empresarial.

Essa lei federal foi regulamentada pelo Decreto nº 3.474, de 2000, e estabeleceu procedimentos para registro, enquadramento, regimes previdenciário e trabalhista, apoio creditício, desenvolvimento empresarial e demais providências correlatas.

Legislações complementares têm sido baixadas constantemente tanto nas esferas federal e estadual, como na municipal, e podem ser encontradas em literatura especializada disponível sobre o assunto.

A variável legal, como se pode perceber claramente, cria oportunidades e restrições que exigem estratégias específicas por parte dos empreendedores criativos (ECs) das MPEs/EPPs.

Como restrições a serem administradas, deve-se destacar o regime tributário nas esferas federal, estadual e municipal, **específico** para as MPEs/EPPs.

A última pesquisa do SEBRAE nacional aponta no momento para uma excessiva **carga tributária**, que juntamente com a falta de **capital de giro** e a **recessão econômica**, são os fatores inibidores dos negócios no âmbito das MPEs.

A carga tributária elevada, ao lado de uma legislação extremamente dinâmica e diluída nas três esferas, faz com que os empreendedores das MPEs tenham que contratar os serviços especializados de um contador ou de um escritório de contabilidade para não cometerem falhas e assim poderem pagar o menos possível em tributos.

3.8 - CONTROLE FINANCEIRO

Todos sabem que para sobreviver uma empresa precisa ter lucros, e por isso mesmo o empreendedor deve controlar rigidamente o caixa e o dinheiro em mãos, que raras vezes recebem o destaque merecido. A diferença entre os dois é grande e de suma importância.

Para lucrar, basta vender um produto (serviço) por um preço maior do que o seu custo.

Parece fácil e será, desde que o empreendedor consiga calcular corretamente o seu custo.

Mas é aí que está o problema: embora seja muito simples orçar o custo de materiais utilizados no trabalho, já a divisão de despesas gerais com empregados, aluguel, telefone, eletricidade, etc., requer muito cuidado.

Existem muitos livros que apresentam vários sistemas diferentes para o cálculo de custos, e em vista disto não abordaremos este assunto.

No momento é vital entender o que vem a ser caixa.

Para a maioria das pessoas, "caixa" é apenas uma outra designação para dinheiro, bens ou riquezas.

Para um contador, um gerente de banco ou um homem de negócios, caixa tem um significado especial, pois é o dinheiro disponível para ser usado, são depósitos em sua conta bancária ou valores em alguma outra forma de fácil liquidez.

Caso você tivesse jóias no valor de R$ 1 milhão, seria rico, porém o governo não poderia aceitá-las diretamente para o pagamento, digamos, dos seus impostos.

As pessoas às quais o empreendedor deve dinheiro podem ser implacáveis se ele não lhes pagar a tempo, de forma que é necessário ter caixa suficiente disponível em todas as ocasiões para pagar as contas que estão vencendo.

Seria desperdício manter mais do que o empreendedor precisa, porquanto qualquer excesso poderia ser aplicado.

Afinal de contas, caixa demais e uma parcela de juros perdida é melhor, **bem melhor** do que pouco caixa.

A empresa que ficar sem caixa corre um sério risco, pois os credores podem executá-la e colocá-la fora do negócio bem depressa....

Uma das coisas mais fáceis de acontecer para um empreendedor é **ter uma empresa sem caixa!!!**

Os métodos mais "populares" ou simples para isto lhe ocorrer são:

- atrasar o envio de faturas pelo trabalho feito;
- perder anotações de que trabalho foi feito ou recibos de entrega relativos a mercadorias vendidas (ou entregues);
- não ir atrás de clientes para pagamento;
- fazer tudo para pagar o mais rápido possível;

- evitar ter contas correntes com os fornecedores;
- comprar grande quantidade de material para obter desconto;
- comprar equipamentos e veículos à vista, em vez de conseguir empréstimo com taxas de juros civilizadas;
- contratar funcionários incapazes de trabalhar depressa o suficiente ou de acordo com os padrões de qualidade;
- manter funcionários sem existir trabalho compatível para os mesmos;
- não examinar os papéis que assina;
- dar margem para roubo;
- manter instalações luxuosas quando não são necessárias;
- comprar apólices de seguro por prêmios exorbitantes;
- não cultivar amizade com gerentes de vários bancos;
- nunca planejar com antecedência para prever suas necessidades de caixa;
- não registrar o desempenho e compará-lo com o seu plano de negócios;
- aceitar uma encomenda gigantesca de um cliente que não tem nenhuma pressa para pagar.

Claro que essa lista pode continuar e ela está longe de ser completa, mas já deu para perceber quantas coisas o empreendedor precavido deve controlar para não ficar sem caixa.

Como caixa é o fator principal que controla a sobrevivência do negócio a curto prazo, é imprescindível que o empreendedor faça uma previsão de **quanto** e de **quando** terá no caixa.

O que o empreendedor financista deve então prever é a quantidade de caixa com alta probabilidade de estar em suas mãos em ocasiões específicas.

Para isto ele precisa ter quatro informações:
- para qual **época** está fazendo a previsão;
- as **entradas de caixa esperadas** pela empresa;
- as **saídas de caixa esperadas** pela empresa;
- as **datas** das entradas e saídas.

E é assim que ele consegue a sua **previsão do fluxo de caixa** !!!

Principalmente o primeiro ano de atividade é vital para um novo negócio.

Durante esse período, o empresário deve se dedicar com afinco aos negócios para que seus planos e sonhos se tornem realidade.

No primeiro ano é possível que a receita seja menor do que a prevista e a empresa talvez só tenha recursos suficientes para os primeiros meses.

Se o empresário tiver sucesso e a receita crescer mais depressa que a esperada, poderá surgir a dificuldade de controlar o volume de contas a receber e os estoques.

O aumento desses dois itens leva a empresa, às vezes, a ultrapassar sua capacidade financeira.

Além do mais, o suposto lucro pode ser somente contábil, porque se revela em contas a receber (que podem não ser pagas) e em estoques (que podem não ser vendidos).

Portanto, no primeiro ano de atividades do negócio, o empreendedor deverá concentrar-se apenas no **dinheiro em caixa**, e não no lucro contábil!

É por isso que o planejamento precisa ser bem detalhado.

A fim de que o negócio sobreviva, precisarão ser elaboradas previsões detalhadas da receita, da produção, das despesas e do fluxo de caixa.

Dependendo do tipo de negócio, essas previsões terão de ser mensais, semanais, ou até mesmo diárias.

Como surpresas operacionais ou financeiras são capazes de arruinar uma empresa nova, o empreendedor precavido não pode esperar o transcurso do primeiro trimestre fiscal para corrigir a situação.

Para firmas que comercializem produtos caros, como revendedoras de automóveis ou caminhões, ou ainda equipamentos de grande porte e construtoras, claro que não faz muito sentido manter um sistema de previsão e controle diário ou semanal, apesar de que os recursos de informática permitem isto.

Entretanto, o proprietário de um restaurante pode se ver em sérias dificuldades financeiras se desde o primeiro dia de atividade não controlar as refeições servidas diariamente.

Em geral, se as vendas variam dia a dia, a empresa precisa preparar previsões diárias.

3.9 - O PLANO EMPRESARIAL

As empresas novas devem ter um excelente plano de negócios para poder com ele apoiar seus pedidos de empréstimos, concessões, ou até mesmo conseguir o aluguel de um edifício.

Certamente o plano de negócios é basicamente uma ferramenta de comunicação, projetada visando a transmitir a forma de atuar da empresa para uma vasta gama de pessoas: acionistas, potenciais parceiros de negócios, gerentes de bancos, funcionários, diretoria, etc.

A razão para tais pessoas exigirem um plano de negócios justifica-se de várias maneiras.

Entre outras coisas, espera-se com o plano de negócios:

- demonstrar que o empreendedor tem um plano coerente;
- evidenciar que o empreendedor compreende como gerenciar o novo negócio;
- explicar como a empresa se estabelecerá e mostrar que suas possibilidades de sobrevivência e sucesso são boas;
- justificar como áreas arriscadas devem se tornar seguras;
- comunicar que bom uso será feito com os recursos que forem emprestados;
- impressionar e tranqüilizar os investidores.

Ninguém deseja fornecer dinheiro ou instalações a alguém que pareça ter significativa probabilidade de ir à falência e causar-lhe muitos problemas.

Todos querem ver firmas vibrantes e saudáveis no caminho certo.

Com o plano de negócios o empreendedor objetiva principalmente:

- obter aprovação para as atividades propostas para os próximos 12 meses;
- levantar empréstimos junto a bancos e investidores;
- ajudar a vender ou avaliar um negócio;
- obter aprovação de instituições oficiais ou garantir liberações junto a autoridades.

Uma empresa pequena e nova não precisa ter um plano de negócios repleto de páginas.

Na realidade, ele deve ser o mais breve possível.

Inicialmente deve aparecer a justificativa do projeto (até duas páginas).

Em termos gerais, aí deve estar explicado o nicho no qual a empresa vai atuar, bem como o conceito do negócio, ou seja, as soluções que o negócio pretende dar para os problemas e necessidades do seu público-alvo.

É evidente que é necessário explicar os objetivos do projeto, o que significa responder a perguntas como:

- Qual é o objetivo a longo prazo para a empresa?
- Por onde passará e que itinerário percorrerá para chegar ao final?
- Que produtos ou serviços oferecerá?
- Em que mercados atuará?

Bem, o mercado é um tópico muito importante e é preciso descrevê-lo da forma mais detalhada (pelo menos duas páginas).

Um roteiro para isso é através de respostas para questões do tipo:

- Como o mercado é estruturado no que se refere a: clientes, distribuidores, margens comerciais e descontos, concorrentes?
- Que flutuações sazonais ou comerciais são típicas do ramo?
- Por que os clientes deveriam comprar de você?
- Quais serão os seus preços em comparação com os dos concorrentes?
- Como venderá suas mercadorias? Quem fará este trabalho, em que área e por meio de qual método?
- Qual é a sua previsão de vendas para cada um dos próximos biênios?
- Qual é a sua previsão de vendas relativa a cada mês do primeiro ano?
- Que apoio promocional propõe e a que custo?
- Como você vai conseguir empregados? Como eles serão treinados?
- Como o produto ou o serviço chegará até os clientes?
- O mercado está se expandindo, estabilizando ou encolhendo?

Em seguida deve-se descrever como vai ser a produção (duas páginas no máximo), explicando as competências internas da empresa, ou melhor, o conjunto necessário de conhecimentos, habilidades e aptidões das pessoas que trabalham na firma, capaz de sustentar seus diferenciais competitivos.

Por diferenciais competitivos deve-se entender que a empresa pretende ter produtos/serviços únicos, com portfólio inteligente de produtos, um serviço especial, inovação contínua, parcerias estratégicas, etc., enfim, tudo o que possa resultar no envolvimento emocional do cliente com a empresa.

No tocante à produção, o empreendedor no seu plano de negócios deve incluir respostas para as perguntas:

- Que processos de produção serão desenvolvidos na própria empresa e o que será subcontratado?
- Que conhecimento o empreendedor tem destas questões e como compensará quaisquer deficiências?
- Que instalações conseguirá e a que custo?
- Como obterá os custos de produtos (serviços) e quais são eles?
- Quantas horas produtivas por pessoa por semana está adotando e durante quantas semanas por ano?
- Que processos apresentam pontos de estrangulamento e como o empreendedor lidará com eles?
- Qual é a disponibilidade imediata de mão-de-obra essencial e a que custo?
- Como atrairá talentos à sua empresa para promover inovações?
- Que treinamento é necessário dar continuamente aos funcionários para mantê-los atualizados? Como será aplicado e a que custo?
- Como se controlará a qualidade e se equilibrará a produção em períodos de menor demanda?
- Como será garantida a continuidade de fornecimento de componentes?
- Como os estoques de componentes serão controlados?

Sem dúvida uma parte vital de um plano de negócios é o seu plano financeiro (gaste pelo menos três páginas para descrevê-lo).

Um plano de negócios pode mostrar uma projeção de lucros fabulosa, porém se o empreendedor ficar sem caixa nunca alcançará tais lucros.

Logo, ter caixa (como, aliás, já dissemos antes) é, num certo sentido, mais importante que os lucros.

Caixa é uma idéia simples. O empreendedor pode saber por meio de seu saldo bancário se pode pagar uma conta.

Já o lucro é uma idéia mais impalpável.

Naturalmente, o lucro é o excesso de renda sobre o que foi gasto num certo período, contudo o momento da incidência da renda e das despesas, do cálculo da depreciação e dos impostos, etc., podem exercer um impacto muito importante sobre o mesmo.

Assim, um negócio lucrativo pode ser uma sangria de caixa!?!

Empresas em crescimento comumente necessitam de caixa para financiar estoques mais elevados, maiores dívidas e mais funcionários.

Os lucros raramente são elevados o suficiente para cobrir tudo isso.

Mesmo quando o empreendedor estiver obtendo bons lucros, poderá precisar levantar mais dinheiro.

Esta é a etapa crítica para o negócio do empreendedor, pois é onde se encontram os grandes problemas.

Também no estágio inicial de desenvolvimento de um negócio o empreendedor pode ter pesados custos de saída ou perdas iniciais.

O progresso pode ser mais lento que o esperado. É por isso que qualquer bom plano de negócios deve incluir uma acertada previsão de fluxo de caixa.

Quem está preparando um plano financeiro deve saber responder às seguintes questões:

- Quão lucrativo será o negócio?
- O financiamento será necessário, quando e para atender a que propósitos?
- De onde virá esse dinheiro?
- Que garantia será oferecida aos credores?
- Quão melhor a empresa espera estar à medida que o tempo for passando?
- Que forças e limitações estão mostradas nestas cifras e como as restrições serão contornadas?
- Qual é o ponto de equilíbrio projetado para cada semestre (ano) e quanto a mais a empresa espera vender?
- Que registros financeiros serão mantidos, como e por quem?
- Quais serão as pessoas necessárias, com que disponibilidade e a que custo?

É evidente que a maioria dos empreendedores que quiser preparar um plano financeiro precisará de ajuda, principalmente com as projeções financeiras.

É sempre uma boa idéia ter especialistas para os ajudarem, pois isto diminuirá em muito a probabilidade de cometer erros constrangedores.

Uma vez concluído o seu plano de negócios, o empreendedor deverá considerar que ele não é eterno.

Em primeiro lugar, ele não deve esquecer que o plano está sujeito a mudanças, dependendo das circunstâncias e do tempo transcorrido.

É muito provável que um plano que parecia razoável no trimestre anterior, não seja mais adequado hoje.

Portanto, o plano de negócios deve ser elaborado em folhas avulsas, ou melhor, estar no computador do empreendedor, de modo que possa ser atualizado de acordo com as necessidades.

Pode até ser apresentado de várias formas. Assim, planos preparados para investidores (capitalistas de risco) devem ter uma aparência profissional, porque isto causa uma impressão favorável. Já para o entendimento dos funcionários graduados da empresa, ele pode ter um outro formato.

O que o empreendedor jamais pode esquecer é que no século XXI **a rapidez é a alma do negócio,** e nada contribui mais para a rapidez do que o método apresentado no plano de negócios.

O empreendedor deve estabelecer um método (plano de negócios) e se ater firmemente a ele, até que algum incidente inesperado aconteça.

E aí precisa demonstrar que sabe agir rapidamente para corrigir os desajustes e estabelecer um novo método (plano de negócios)!!!

A mulher empreendedora conhece o parentesco entre muitos provérbios como:

⇒ "A ausência é mãe da desilusão."
⇒ "A desconfiança é mãe da segurança."
⇒ "A experiência é mãe da prudência e da sabedoria."
⇒ "A esperança é mãe da persistência."
⇒ "A ignorância é mãe do fanatismo e da superstição."
⇒ "A necessidade é mãe da criatividade."
⇒ "A preguiça é a mãe de todos os vícios."
⇒ "A perseverança é mãe da invenção."
⇒ "A pobreza é mãe do crime."
⇒ "A noite é mãe dos sonhos."

A mulher empreendedora

4.1 - AS *MOMPRENEURS* (MÃES-EMPREENDEDORAS)

A tendência de enxugamento das empresas, também chamada *downsizing*, acabou criando diversas oportunidades de trabalho, porém também gerou um imenso desemprego.

Assim a cada dia surgem novos empregos, conforme a crescente rede de negócios supre as necessidades do mundo corporativo, e os contratos temporários tornam-se comuns.

Esse movimento teve duas grandes conseqüências.

A primeira é a nova energia que se firmou no setor de negócios.

No decorrer da última década, empresas administradas pelo próprio proprietário, as PMEs, registraram enormes taxas de crescimento no Brasil e nos países emergentes, o que fez delas as maiores criadoras de empregos.

A segunda conseqüência é um crescimento notável no número de pessoas que escolheram **trabalhar em casa**, seja para administrar seus próprios negócios seja para atuar como terceirizados ou *freelancers* (colaboradores independentes).

A mudança nos sistemas de trabalho revolucionou mais do que o mercado de trabalho e seus impactos se refletem no uso dos veículos, nas tendências de compra, nas vendas de computador e no *design* das casas.

O mesmo aumento gerou um grande incremento dos negócios em residências, muitos deles desenvolvidos por intermédio da Internet.

São diversas as razões que levam as pessoas a deixar o emprego e começar a trabalhar em casa, e os motivos mais comuns são:

- contato com chefias agressivas;
- desaprovação da política da empresa;
- desgaste com os prazos sufocantes;
- desejo de maior autonomia;
- incertezas em relação ao cargo;
- experiências com discriminação sexual;
- dificuldades para chegar ao trabalho.

Os especialistas acreditam que a explosão do trabalho em casa seja a mais profunda transformação que ocorreu nos últimos anos no mercado de trabalho.

E em todo o mundo, negócios desse tipo constituem o setor em maior crescimento.

As pessoas que abrem negócios em cada não são apenas as que perderam um emprego e não conseguem um novo, são os aposentados, os estudantes recém-formados, as mães – todos os que desejam exercer um controle maior de sua vida e criar um futuro baseando-se nas próprias habilidades, energia e imaginação.

Há ainda um grupo de pessoas que inclui aquelas que simplesmente desistiram de suas carreiras e optaram pelas conveniências de trabalhar em casa, sobretudo mães com filhos pequenos.

Claro que uma coisa é a mulher ter um negócio e trabalhar sozinha e uma outra completamente diferente é trabalhar em casa, lado a lado com seu cônjuge.

A situação fica ainda mais complexa quando os filhos também participam dos negócios.

Obviamente que não existe nada de errado em negócios familiares – fora o fato de que trabalhar e morar sob o mesmo teto pode ser muito estressante.

Entretanto, diálogo aberto e muita compreensão podem aliviar o problema.

Mas o trabalho em família tem o potencial de criar um time sólido para atuar nos negócios e provavelmente gerar muita satisfação para todos os envolvidos.

As empresas familiares podem se dividir em dois tipos: aquela na qual o marido e a esposa dividem o trabalho juntos, sem os filhos, e uma segunda e mais complexa situação, quando um ou mais filhos unem-se ao pai ou à mãe (ou a ambos) no negócio.

Dividir um negócio com o companheiro não é para qualquer um.

De início é preciso discutir alguns pontos críticos com o parceiro, como forma de evitar problemas.

Ambos devem estabelecer claramente quem terá de fazer o quê, e o horário de trabalho de cada um.

Existem muitos benefícios para casais que dividem o mesmo trabalho.

É muito importante ter uma pessoa com quem conversar, discutir assuntos de negócios e tomar decisões.

Um simples papo com o seu parceiro pode descortinar o caminho a ser trilhado.

É bem comum a outra pessoa conseguir enxergar uma solução diferente que você não vê por estar muito envolvido com o problema.

Trata-se também de uma ótima válvula de escape, pois conta-se com alguém para dividir qualquer problema e discutir qualquer assunto.

Por sua vez, os negócios em comum acabam criando uma parceria bastante forte, capaz de suportar tempos difíceis e aproveitar todas as alegrias ao máximo.

Também existem desvantagens em trabalhar com o cônjuge, como o fato de que a iniciativa envolve colocar "todos os ovos na mesma cesta" – o que sempre representa risco.

Se um dos dois tiver um outro emprego paralelo durante o período inicial da nova empresa ou em tempos difíceis, fica mais fácil manter a estabilidade financeira.

Deve-se lembrar que trabalhar conjuntamente pode atrapalhar o relacionamento pessoal.

Uma coisa é certa: muito provavelmente o relacionamento vai mudar, queiram ou não os dois.

Alastair Balfour e Peter Hingston, no seu livro *Como trabalhar em casa no seu próprio negócio* recomendam as seguintes técnicas de sobrevivência no trabalho com o cônjuge:

1. Elogie as habilidades e os talentos do outro de tempos em tempos.
2. Certifique-se de que vocês dividiram as responsabilidades e que cada um sabe bem qual é a sua área de atuação.
3. Evite criticar ou reprovar os erros do outro.
4. Lembre-se de elogiar os esforços do outro.
5. Respeite o papel de seu companheiro e também o trabalho que ele fez.
6. Saiam para comemorar juntos as suas conquistas nos negócios.
7. Reconheça que tanto você quanto o outro precisam de "espaço".

As pesquisas de 2002 em vários lugares do planeta revelam que, ao contrário do mundo dos negócios das grandes corporações que é ainda dominado por profissionais do sexo masculino, nas empresas que funcionam em casa já existe uma supremacia feminina, como afinal era de se esperar...

Já existem inclusive livros específicos para as *mompreneurs* (mães empreendedoras) como descrito por Ellen H. Parlapiano e Patrícia Cobe no livro com o título *Mompreneurs – A Mother's Pratical Step-by-Step Guide to Work-at-Home Success.*

Nele elas analisam desde as oportunidades mais adequadas para as mulheres abrirem o seu negócio em casa, até como planejar e organizar o seu tempo de trabalho e aquele para cuidar da casa, apresentando no final um *kit* (conjunto de ferramentas) de sobrevivência para a *mompreneur*.

Uma pesquisa recente nos EUA comprovou que a probabilidade de um negócio caseiro ser iniciado por uma mulher é duas vezes maior do que aquela de ele ser aberto por um homem.

Elas lá tendem a ocupar ramos como:

- editoração;
- *design* gráfico e uso da Internet;
- *marketing* de rede;
- cuidados com crianças e idosos;
- artesanato.

Até 2007, estima-se que 60% das empresas domésticas dos EUA serão de propriedade e administração femininas.

Essa tendência se justifica devido aos seguintes fatores:

1. o mundo das grandes empresas ainda tem uma mentalidade de orientação masculina, e muitas mulheres acham melhor tocar um negócio com o seu **próprio estilo**, em casa;
2. as mulheres ainda são responsáveis pela maior parte da criação dos filhos.

É difícil separar trabalho e responsabilidades domésticas quando se têm crianças pequenas, mas há meios de fazer do escritório um lugar seguro para as crianças e ao mesmo tempo adequado para o trabalho.

Muitas vezes, a casa pode abrigar um escritório grande e até luxuoso que não deixa nada a desejar às instalações dos prédios comerciais mais modernos.

Nesses casos, é possível haver até mesmo um escritório à parte, para assistente ou secretária pessoal.

Em outras situações, há casais que administram dois negócios diferentes em uma mesma casa, cada qual com seu próprio escritório e sua infra-estrutura administrativa.

A "ala comercial" do imóvel ainda pode conter uma sala de reuniões equipada para apresentações, e até, uma sala de jantar mais formal, para festas de negócios.

Por certo que converter um quarto extra em escritório é a **opção mais fácil** de todas!!!

Um terço de todos os negócios caseiros nasce em um quarto convertido em escritório.

Se tiver mais de um quarto sobrando e se o negócio prevê a realização de reuniões, escolha aquele que estiver mais próximo da porta de entrada da residência.

Não é muito profissional receber um cliente em meio a um cenário doméstico e fazer com que ele passe pela bagunça do quarto das crianças antes de chegar ao seu "escritório".

Se puder escolher, selecione um lugar com janelas grandes, de preferência em um dos cantos da casa, para aproveitar ao máximo a luz natural, que ajuda a prevenir problemas de visão.

A mesa de trabalho deve ser colocada perto da janela.

Se você for usar um computador, deixe-o posicionado em um ângulo de 90° em relação à janela, para diminuir os reflexos.

A *mompreneur* deve seguir o seguinte conjunto mínimo de conselhos para montar seu escritório que seja prático e ao mesmo tempo "agradável" para as crianças.

1. Monte o escritório próximo de onde as crianças brincam, para estar por perto caso haja algum problema.
2. Deixe tudo o que for portátil em prateleiras altas, longe das crianças.
3. Mantenha os bebês em um cercadinho enquanto você trabalha.
4. Coloque travas nas gavetas e nas portas dos armários.
5. Feche com fita adesiva ou proteja o *drive* de disquetes ou CD ROMs do seu computador.
6. Instale *software* que bloqueie o acesso a seus documentos de trabalho.
7. Coloque senha de acesso para o *mouse* ou para a tela do computador.
8. Mantenha um horário regular e habitue as crianças a respeitá-lo.
9. Procure basear seus negócios na Internet, de maneira a minimizar o contato pessoal com fornecedores.

Atualmente, tanto nos EUA como na Europa está crescendo de forma impressionante o número de *home offices* (escritórios em casa) tocados por *mompreneurs,* e tudo faz crer que a atividade doméstica de mulheres empreendedoras brasileiras também irá aumentar de forma expressiva nessa primeira década do século XXI, até porque elas são extremamente criativas!!!

4.2 - A MULHER APRENDENDO A SE CONHECER, QUEBRANDO BARREIRAS E CUIDANDO DO PRÓPRIO NEGÓCIO

No mundo todo, e em particular no Brasil, o percentual de mulheres autônomas cresce rapidamente, e elas cada vez mais estão deixando os empregos "seguros" em troca do risco dos empreendimentos independentes.

Nos EUA, no início da década de 90 (século XX), a proporção de novas empresas dirigidas por mulheres estava aumentando cinco vezes mais depressa do que as de seus parceiros de sexo masculino, e atualmente em muitos lugares do mundo essa tendência está se evidenciando também.

Ademais, apesar dos dilemas que vivem tanto os homens quanto as mulheres que abrem seu próprio negócio, a mulher empreendedora (ou empresária) enfrenta outros obstáculos **unicamente por ser mulher,** não obstante todo o progresso que já se conseguiu no campo da igualdade entre os sexos.

Essas barreiras incluem embaraços econômicos, legais, sexuais; estereótipos nocivos que sugerem que as mulheres "não dão para os negócios", que elas nunca vão entender de economia e de finanças; que elas são muito "sensíveis" para obter êxito no mundo duro da hipocrisia e da falsidade. Atuam ainda contra elas as forças divergentes da vida familiar e do sucesso profissional, a caracterização das mulheres como amadoras que não possuem os atributos necessários para ganhar dinheiro, e tantas outras características que colocam a mulher empreendedora numa posição de não-confiável.

Naturalmente todos esses pressupostos estão sendo derrubados, até porque existe hoje uma quantidade maior de mulheres do que de homens se formando nas faculdades de Arquitetura, Direito, Artes Plásticas, Comunicação e Economia, não só na FAAP, como em outras instituições de ensino superior.

Há mais de quatro décadas o famoso psicólogo David McClelland publicou na revista *Harvard Business Review* um estudo no qual descobriu os **cinco padrões** de comportamento dos grandes realizadores:

1. Pessoas que visam a realizações gostam de trabalhar **sozinhas.**

   Elas buscam situações nas quais são capazes de assumir a responsabilidade pessoal pela resolução de problemas.

2. Indivíduos que procuram realizações independentes **não gostam de trabalhos triviais e rotineiros**.

   Eles evitam situações em que sejam obrigados a repetir o mesmo trabalho diversas vezes.

   Quando conseguem resolver um problema, desejam ardentemente partir para o próximo.

3. Pessoas que almejam realizações procuram **especialistas** como sócios, e não seus amigos.

Quando têm problemas ou necessitam de ajuda, não hesitam em chamar alguém que tenha a capacidade que lhes falta.

4. Indivíduos que desejam alcançar realizações pessoais querem sempre ter algum tipo de **medida concreta de seu desempenho**.

Esses indivíduos trabalham com afinco para ganhar muito dinheiro não apenas porque o querem, mas porque a recompensa financeira é uma medida de seus feitos e de seu sucesso.

5. Pessoas que sonham com realizações estabelecem inicialmente **objetivos moderados e assumem riscos calculados**. Estabelecendo objetivos que elas possam alcançar, elas maximizam o seu senso de realização.

Por outro lado, as pessoas que estabelecem objetivos irreais estão sempre lutando ou sempre fracassando e raramente atingem o ponto real de realização.

Muitos desses padrões continuam válidos no século XXI, se bem que agora há variáveis que não existiam na década de 60: a tremenda turbulência dos mercados e a enorme velocidade nas comunicações, o que impõe que o lucro numa nova empresa tem que ser conseguido muito mais rapidamente para poder garantir a sua sobrevivência.

Assim como acreditava David McClelland, atualmente também as empreendedoras continuam tendo uma necessidade de realização muito alta, e é a satisfação dessa necessidade que as impele para um empreendimento independente.

Todavia, hoje as empresárias são conhecidas por terem muita imaginação, criatividade e um jeito especial de ganhar dinheiro.

Elas são igualmente conhecidas por sua tendência em direção ao comportamento rígido e autocrático.

São flexíveis na sua capacidade de gerar idéias, mas ao mesmo tempo são implacáveis em insistir que seu modo é a **única maneira** pela qual alguma coisa possa ser feita.

Aos poucos, vão desaparecendo os estereótipos segundo os quais a mulher era vista no trabalho dentro das organizações (não faz nem dez anos), tais como:

a) boa no trabalho minucioso e detalhista em oposição à capacidade de entender todo o "grande quadro" da empresa;

b) emotiva e sensível a críticas em lugar de ser racional e equilibrada, quando sob fogo cruzado;

c) sensível ao sentimento dos outros em vez de ser positiva em relação às suas próprias emoções;

d) voltada para o lar e não para o mundo dos negócios, das finanças, da ciência ou da matemática.

As pesquisas atuais mostram que as mulheres arriscam muito mais do que se crê.

Entretanto, muitas mulheres internalizam uma auto-imagem negativa em relação ao risco.

Não se imaginam com possibilidade de correr riscos, apesar de milhões delas já terem demonstrado na prática que sabem contornar com êxito muitas situações arriscadas...

Se você, leitora, quiser avaliar a sua capacidade de arriscar, faça o **seguinte exercício** para essa avaliação:

1º estágio – Inicialmente você deve examinar sua autopercepção no que se refere a correr riscos.

Escolha, pois, a frase que acredita que melhor a descreve:

- uma verdadeira jogadora no esquema "cassino de Las Vegas";
- não tem medo de arriscar;
- disposta a correr alguns riscos;
- um tanto cautelosa;
- muito conservadora no que diz respeito a riscos;
- sem vontade de correr qualquer risco.

Agora responda à questão: "Em geral, como você vê sua própria capacidade de correr riscos?"

2º estágio – A seguir você vai analisar as suas experiências de vida e procurará avaliar com que freqüência realmente enfrentou riscos; então responda às questões que seguem:

- Na minha vida pessoal, quais riscos já enfrentei?

- Como conduzi essas situações arriscadas?
- Qual foi o resultado de cada risco que enfrentei?
- Como me senti em relação ao resultado?
- Quais foram os riscos que não fui capaz de enfrentar? Por quê?
- Como este exercício me ajudou a conhecer um pouco melhor a minha capacidade de correr riscos?

3º estágio – Responda às perguntas acima novamente, desta vez levando em conta sua vida profissional.

4º estágio – Após terminar os estágios 2 e 3, compare os dois grupos de respostas e depois complete, respondendo às seguintes perguntas:
- Em que esfera você correu mais riscos – pessoal ou profissional?
- Quais foram os riscos mais fáceis que você enfrentou?
- Quais foram os mais difíceis? Por quê?
- O que teria tornado mais controláveis as situações difíceis?
- Em geral, na sua vida, até que ponto **realmente** tem tido disposição de correr riscos?

Naturalmente, para ter sucesso num empreendimento independente, uma mulher (e um homem também) precisa compreender como seus traços empresariais podem interferir benigna ou malignamente na gestão do seu negócio.

Às vezes, as necessidades conflitantes de uma empreendedora de criar e controlar podem impedir que ela delegue trabalho mesmo quando a sua empresa esteja em expansão e ela precise desesperadamente de pessoas competentes para ajudá-la.

Em contrapartida, as tendências criativas e inovadoras de uma mulher podem estimulá-la a investir em novas idéias sem ter desenvolvido a estrutura necessária para executá-las de maneira eficaz.

O **exercício a seguir** irá ajudar a empreendedora a identificar e analisar suas próprias características empreendedoras.

1º estágio – Inicie sua auto-avaliação classificando os traços pessoais indicados na Tabela 4.1, usando uma escala de 1 a 5 e dando a pontuação 1 para "muito pouco" e 5 para "muito" (os outros valores da escala são 2,3 e 4).

TABELA 4.1 - ANÁLISE DAS CARACTERÍSTICAS NEGATIVAS E POSITIVAS DA EMPREENDEDORA	
Traços empresariais positivos	**Classificação**
Intuitiva	
Persistente	
Flexível	
Criativa	
Confiante	
Voltada para a ação	
Inovadora	
Independente	
Traços empresariais negativos	**Classificação**
Autocrática	
Rígida	
Controladora	
Desconfiada	
Ditatorial	

2º estágio – Analise agora seus traços positivos e responda às seguintes questões:

- Quais são seus traços positivos mais fortes?
- Como esses traços a auxiliam a gerenciar o seu negócio?
- Quais dos seus traços positivos podem interferir em sua capacidade de ter sucesso? Como?
- Quais são seus traços positivos menos desenvolvidos?
- Como essa falta de desenvolvimento afeta sua capacidade de ser bem-sucedida?
- Como você pode desenvolver esses traços de uma maneira mais completa?

3º estágio – Analise agora seu **traços negativos** e responda às seguintes perguntas:

- Quais são seus traços negativos mais dominantes?
- Como eles interferem no seu sucesso?

- Como você pode reduzir ou eliminar esses traços?
- Você pode transformar alguns ou todos os seus traços negativos em positivos? Como?
- Você consegue passar tarefas para uma outra pessoa quando seus traços negativos interferem na realização delas?

4º estágio – Verifique agora até que ponto você se aproxima do perfil empresarial positivo (a contagem máxima é 40 pontos) e do negativo (a contagem máxima é 25 pontos) e comece a tomar as providências que lhe permitam evoluir.

Toda pessoa durante a sua vida de aprendizado e trabalho desenvolve muitas habilidades que seguramente irão ajudá-la a ter sucesso como uma empreendedora.

Este **terceiro exercício** irá auxiliar a mulher empresária a avaliar seus pontos fortes e fracos.

1º estágio – Inicialmente você deve preparar uma lista de todos os empregos que já teve, tanto os remunerados quanto os voluntários, especificando as tarefas executadas, bem como as habilidades e aptidões necessárias para fazer isto, ou seja, desempenhar corretamente as diversas funções.

2º estágio – Uma vez identificadas as suas habilidades e aptidões, você deve organizá-las em termos das funções específicas necessárias para operar um negócio com sucesso.

Para ser uma empreendedora exige-se uma certa força positiva em cada uma das áreas das habilidades, sendo nove as categorias principais:

- administração;
- liderança;
- *marketing* e vendas;
- planejamento;
- treinamento;
- finanças;
- inovação;
- empreendedorismo (assumir riscos);
- habilidades técnicas e profissionais.

É vital que a empresária saiba claramente onde se encontram suas forças e fraquezas, caso contrário poderá negligenciar ou evitar tarefas importantes, abalando assim o seu sucesso.

Desde que tenha reconhecido suas áreas de fraqueza, você poderá procurar ser treinada para desenvolver habilidades que não possui ou então contratar alguma outra pessoa para executar as tarefas que não tem condições de fazer bem.

3º estágio – Para de fato avaliar suas habilidades e aptidões é preciso ter respostas para as seguintes questões:

- Quais são as categorias em que suas habilidades e aptidões são especialmente fortes?
- Quais são as categorias em que suas habilidades e aptidões são especialmente fracas?
- Que habilidade você evitou desenvolver? Por quê?
- Qual a importância dessas habilidades para ajudá-la a atingir seus objetivos a longo prazo?
- Quais habilidades você quer aprimorar inicialmente?
- Como você pode aprimorar essas habilidades?
  Isto pode ser conseguido através de seminários e outros treinamentos de curto prazo?
  Com mais educação [inclusive fazendo um curso do tipo MBA (*master in business administration*)] formal?
  Com a ajuda de um mentor?
  Com diversas experiências de trabalho?

4º estágio – Se você já tem sua empresa, analise aquelas categorias do 2º estágio nas quais suas habilidades e aptidões são fortes e responda a estas questões:

- Até que ponto você está usando as habilidades que já possui?
- Você poderia usar habilidades especiais para melhorar seus pontos fortes? Se sim, como?
- Até que ponto você evita tarefas que exigem habilidades que não possui?
- Que tarefas você evita?
- Quem realiza as tarefas que você evita? Se ninguém as executa, quando você poderá contratar alguém para assumi-las?

- Em geral, como suas forças a ajudam a gerenciar sua empresa?
- Comumente, como suas fraquezas interferem na boa gestão de sua empresa?

Se você não tiver a sua própria empresa, analise aquelas categorias do 2º estágio em que as suas habilidades e aptidões são fortes e responda às seguintes perguntas:

- Como você pode reunir suas habilidades e aptidões para enfrentar a gestão de uma empresa?
- Como seria esse empreendimento?
- Que habilidades, se for este o caso, você precisa desenvolver ou aprimorar antes de dar o primeiro passo na direção do empreendedorismo?
- Que habilidades você já possui e que lhe permitiriam dar esse passo neste exato momento?
- De um modo geral, em termos de habilidades e aptidões, você se sente preparada para se tornar empresária? Até que ponto?

O **quarto exercício** é para ajudá-la a analisar a sua atitude em relação a **ganhar dinheiro**.

Embora você possa ter uma boa idéia empresarial e muita energia para levar avante o seu ímpeto empreendedor, se você for ambivalente em relação a ganhar dinheiro, poderá efetivamente minar seu próprio sucesso.

1º estágio – Responda a cada questão da Tabela 4.2 assinalando com um "X" no espaço apropriado.

2º estágio – Leia novamente suas respostas.

Destaque todas as respostas **"bem"** e congratule-se pela sua força nessa área.

Agora analise cada resposta "constrangida" e responda às seguintes questões:

- O que em especial a deixa constrangida nessa área?
- Como esse constrangimento interfere na sua capacidade de ganhar dinheiro?
- O que a faria sentir-se mais à vontade?

200 *A mulher empreendedora*

TABELA 4.2 – SEU POSICIONAMENTO EM RELAÇÃO AO DINHEIRO E À SUA SITUAÇÃO FINANCEIRA

Como você se sente em relação a:	Posição		
	Bem	Neutra	Constrangida
1. Cobrar bastante por seu produto ou serviço.	☐	☐	☐
2. Solicitar pagamento no dia do vencimento.	☐	☐	☐
3. Exigir pagamento vencido.	☐	☐	☐
4. Demitir pessoas cujo custo é alto.	☐	☐	☐
5. Enfrentar autoridade "masculina" no banco ou na mesa de negociações.	☐	☐	☐
6. Recusar negócios não lucrativos, mesmo que você precise do trabalho.	☐	☐	☐
7. Ser responsável pelo salário e subsistência de outras pessoas.	☐	☐	☐
8. Ganhar muito dinheiro por seu próprio esforço.	☐	☐	☐
9. Ganhar mais do que seu marido, parceiro, outros amigos, pais, etc.	☐	☐	☐
10. Ser vista como gananciosa ou como uma pessoa que "está lá só para ganhar dinheiro".	☐	☐	☐
11. Riscos financeiros envolvidos nesse empreendimento.	☐	☐	☐

3º estágio – As sugestões que vêm a seguir a ajudarão a reduzir seu constrangimento em assuntos relativos a dinheiro.

▶ Lembre-se de que você não está sozinha em seu constrangimento. Muitas mulheres empreendedoras já experimentaram alguns ou todos esses sentimentos durante a vida de suas empresas.

▶ Junte-se a um grupo de apoio ou a uma associação de mulheres de negócios.

Esses grupos encorajam e fornecem estratégias práticas para se lidar com problemas relacionados a dinheiro.

- Enfoque sua empresa, não você mesma.

  Separe seus objetivos empresariais dos pessoais. Você não é a sua empresa!!!

  Caso queira que sua empresa sobreviva, deve colocar o bem-estar financeiro dela acima dos seus sentimentos pessoais e fazer o necessário para obter lucro.

- Estabeleça objetivos financeiros claros que possibilitem o crescimento e o desenvolvimento do seu negócio.

  Lembre-se sempre de que se não houver lucro não haverá crescimento, e portanto, não haverá empresa.

- Equilibre as preocupações empresariais e pessoais no que tange a seus empregados.

  Você não precisa ser cruel, mas é necessário ter sempre em mente a situação financeira da sua empresa.

- Discuta seus objetivos financeiros com as pessoas que estão mais próximas a você e nas quais confia – seu marido, companheiro ou família.

  Deixe claro o que espera atingir e peça que façam um comentário.

- Reconheça logo que puder qualquer sentimento desconfortável que seu marido ou companheiro possa expressar sobre seu sucesso financeiro.

  Discuta esses sentimentos com ele o máximo que puder. Ele pode ter temores totalmente infundados, que você pode reconhecer e ajudar a superar.

- Constate sua ambivalência em relação a ganhar dinheiro.

  Pergunte a si mesma: "Do que eu tenho medo?"

  Este medo é realista? O que ocorrerá se eu me deixar levar por este sentimento? Como posso diminuir meu medo?

- Lembre-se de que ter uma empresa não é diferente de qualquer outro emprego: você trabalha muito e deve ser paga pelos seus esforços.

- Quando estiver negociando um contrato, sempre determine com antecedência seu limite mínimo para que você possa entrar num acordo sem abrir mão do que é essencial à sua sobrevivência.

- Quando estiver cobrando pagamentos vencidos, lembre-se de que você trabalhou para ganhar aquele dinheiro. Ele lhe é devido pelos serviços que você prestou.

Após ter completado esses exercícios, você já deu o passo adequado para iniciar o estabelecimento de um plano empresarial (ou plano do negócio).

Embora a preparação de um plano comumente leve bastante tempo, inclui-se aí o atendimento de todos os requisitos legais quando seguramente é imprescindível a assistência de um consultor profissional na área, de um advogado e de algum contador para completá-lo. Você deve ter um plano empresarial (como foi dito no Capítulo 3) para possuir uma ferramenta de venda, e poder assim persuadir banqueiros e investidores a supri-la de dinheiro para tocar o negócio.

O esquema que segue ilustra um exemplo que a potencial empreendedora pode observar para elaborar o seu plano de negócio.

| A | - **Seu produto ou serviço.**

- **O que** você vai fazer e para **quem**?
- **Como** você vai fazer?
- **Qual** será sua posição na indústria?
- **Por que** você é invulgar?

| B | - **Seu mercado**.

- Para **quem** você vai vender? Quem são os seus clientes (usuários) finais?
- **Onde** estão eles?
- Você consegue **descrevê-los** com clareza?
- **Qual é o tamanho** do seu mercado?
- **Qual** é a sua cota desse mercado?
- **Por que** eles a escolheram?
- Qual é o seu potencial de **crescimento**?

| C | - **Seus concorrentes**.

- **Quem** são eles?
- **Onde** eles estão?
- **Que** fatia do mercado eles detêm hoje?
- No que você é **diferente**?
- Como você poderá convencer os investidores de que será capaz de **competir de forma eficiente**?

D - **Sua equipe gerencial**.
- **Quem** faz parte de sua equipe administrativa?
- **Quais** são suas qualificações?
- **Quais** são suas obrigações?
- **Quantos** empregados você terá no início?
- **O que** eles farão?

E - **Seus métodos de distribuição**.
- **Como** você venderá seu produto ou serviço?
- **Como** você anunciará seu produto ou serviço?
- **Que idéias** singulares de *marketing* você tem?

F - **Sua previsão de vendas**.
- **Quais** são suas **projeções** mensais e/ou anuais de vendas?
- **Que tendências** econômicas poderiam afetar suas projeções?

G - **Localização**.
- **Onde** se situa sua empresa?
- **Quais** são os benefícios e desvantagens desse local?
- **Existem concorrentes** por perto?

H - **Operações, pesquisa e desenvolvimento**.
- **Como** será feito o seu produto?
- **Como** o seu serviço será prestado?
- **Quais** são as possibilidades para o futuro?

I - **A estrutura da sua empresa**.
- **Como** o seu negócio será organizado?
- **Que** tipo de estrutura legal você terá?
- **Quem** mais faz parte da diretoria? Existem **sócios**? Qual é a participação deles?

J - **Finanças**.
- Demonstração de lucros e perdas.

- Fluxo de caixa projetado.
- Balanço.

K - **Questões finais**.
- Seu plano empresarial **informa** e **atrai** possíveis investidores?
- Você mostra **compreensão** da empresa no seu plano?
- O seu plano **reflete** sua motivação, determinação, integridade?
- Seu plano está escrito em **linguagem simples**?

No 5º exercício que segue estão as questões que ajudarão a mulher empreendedora a avaliar os riscos envolvidos no seu empreendimento.

Se a empreendedora não for totalmente desprovida de medo de correr riscos não precisará se desencorajar, pois muitas das empresárias bem-sucedidas não são simplesmente jogadoras irresponsáveis...

Aliás, na gestão de seus negócios essas empresárias enfocam cuidadosamente as coisas que podem controlar e jogam apenas com o resto.

Assim elas minimizam os riscos envolvidos e tornam sua situação o mais controlável possível.

Agora analise o seu plano de negócio há pouco esboçado, respondendo às seguintes perguntas:
- Quais são os fatores, nesta situação, de que você não tem certeza?
- Quais os fatores que você pode controlar?
- Como você pretende controlar esses fatores?
- Identifique cuidadosamente os fatores desconhecidos.
- Quais desses fatores estão além do seu controle?
- Como esses fatores podem afetar seu sucesso?
- Que passos concretos você pode dar para diminuir ou eliminar os riscos associados a esses fatores?
- Que recursos você pode usar (pessoas, dinheiro, conhecimento, equipamentos, espaço físico, Internet, etc.) para pôr suas idéias em ação?
- O que você espera ganhar com essa situação?
- O que você espera perder?
- Numa análise final, até que ponto o seu plano atual é realmente um risco?

Uma vez abertas as portas da própria empresa, toda empresária quer ter sucesso, que foi definido por uma empreendedora da seguinte forma: "Para mim, a maior recompensa do mundo é saber que sou responsável pelo meu sucesso.

Tenho uma maravilhosa sensação de realização quando pago meus impostos sabendo que ninguém me mandou levantar e trabalhar todos os dias.

Estabeleço meus objetivos e depende totalmente de mim atingi-los.

Logo, o sucesso ou o fracasso depende de meus próprios esforços."

Armada de energia, força e determinação, a mulher empreendedora espera naturalmente que sua empresa cresça e prospere.

Ao embarcar nesse novo curso, ela deve estar preparada para lidar com uma ampla variedade de tarefas e inevitavelmente vai, ao tentar executá-las, cometer sua cota de erros.

Como é que uma mulher empreendedora pode capitalizar em cima de suas forças e diminuir suas fraquezas para evitar as armadilhas mais comuns?

Uma forma é ela conhecer pelo menos as quatro funções empresariais essenciais, o que irá ajudá-la muito a abordar a gestão de sua empresa de maneira nova e mais produtiva.

Abrir e administrar um negócio envolve quatro funções diferentes, mas correlatas: **inovação**, **organização**, **liderança** e **expansão**.

O que já se constatou em muitos países, e em particular no Brasil, é que as empresárias são versáteis e uma de suas forças de maior destaque é a **capacidade de gerar novas idéias**.

A inovação é um dos fundamentos do processo empresarial.

A capacidade de gerar novas idéias é essencial para o crescimento e desenvolvimento de uma pequena empresa.

Empresárias criativas como Helena Rubinstein e Mary Kay Ash, nos EUA, ou Anita Roddick, que fundou a The Body Shop em 1976 na Grã-Bretanha, mudaram a face dos negócios, não só nos seus países, mas também no resto do mundo.

Helena Rubinstein foi uma das primeiras grandes fabricantes de cosméticos, enquanto as estratégias incomuns de *marketing* de Mary Kay Ash e Anita Roddick são agora largamente imitadas por outras empresas.

O exercício subseqüente irá ajudá-la a avaliar sua capacidade de inovação ao responder às seguintes perguntas:

- Que porcentagem do meu tempo eu gasto em inovação?
- Que inovações estou analisando no momento?
- Como essas inovações se encaixam na estrutura e objetivos atuais da minha empresa?
- Quem, se é que essa pessoa existe, me ajuda a preencher a função de inovação?
- Eu poderia usar mais ajuda nessa área? Se sim, quem deveria me ajudar e como?
- Até que ponto eu encorajo e escuto idéias inovadoras dos meus subordinados?
- Eu sacrifico a empresa por causa da inovação? Em caso afirmativo, como isso afeta o meu negócio? O que eu posso fazer para resolver esse problema?
- Que habilidade eu tenho para deixar as outras pessoas animadas com minhas novas idéias?
- Em resumo, qual é a minha eficiência como inovadora?

Inovar é, portanto, uma função que a mulher de negócios dinâmica e criativa raramente acha difícil...

Mas, por causa do fato de ela ter tantas idéias boas, a empresária típica pode levar sua empresa por vários caminhos diferentes ao mesmo tempo, perdendo com isto o foco e permitindo provavelmente um padrão de crescimento a esmo.

Um certo grau de desorganização é típico de qualquer novo empreendimento, contudo muitas empresárias resistem durante muito tempo para se organizarem.

As mulheres empreendedoras têm forte intuição do caminho que a sua empresa deve seguir, porém muitas vezes não sabem formatar os seus objetivos específicos.

Planejar, estabelecer objetivos e estruturar parece que não são ainda palavras muito comuns para diversas empreendedoras, apesar do *boom* dos cursos de Administração, e por exemplo na FAAP, na sua Faculdade de Administração, 40% dos estudantes são mulheres.

E mesmo quando conduzem suas empresas por ciclos de expansão, elas negligenciam o desenvolvimento da estrutura da organização, necessário para facilitar a continuidade do crescimento.

É comum haver mulheres empreendedoras que sabem detectar as tendências, que conseguem se antecipar às necessidades de seus clientes e que de forma competente encorajam o desenvolvimento de novos produtos, ou seja, são talentosas e inovadoras, mas freqüentemente são incapazes de usar a história da empresa para evitar erros futuros.

Em outras palavras, essas mulheres empreendedoras resistem a qualquer tentativa de análise da estrutura operacional do seu negócio ou do seu papel específico no esquema organizacional global.

Nesse sentido, não basta que a mulher empreendedora saiba gerar novas idéias, desde que lhe faltem algumas outras importantes habilidades organizacionais.

Na realidade, estrutura e criatividade não se excluem mutuamente. Ao contrário, se numa empresa a empreendedora tem uma estrutura ordenada, isto lhe dá mais apoio, e assim ela tem mais liberdade para fazer talvez o que saiba melhor: criar, inovar e inspirar seus empregados para que eles dêem vida às suas idéias.

Por exemplo, é comum em MPEs perceber que elas fazem uso de um *marketing* imediatista, o que é um erro.

Preocupada em entregar seu produto ou serviço, a mulher empreendedora pode negligenciar o desenvolvimento de um plano de *marketing* avançado.

Caso ela não possa fazê-lo, o correto é contratar pessoas que tenham competência para implementar esse plano, até porque sem uma boa e constante divulgação é difícil vender mesmo os bons produtos e/ou serviços.

Ninguém pode cometer o erro de não procurar continuamente novos clientes...

O exercício que vem a seguir irá ajudá-la no desenvolvimento de suas habilidades como organizadora.

Responda, pois, cuidadosamente às seguintes perguntas:

- Qual é a estrutura legal da minha empresa?
- Qual é a estrutura de trabalho (um esboço do organograma) da minha empresa?

- Para o próximo ano, quais são os objetivos da minha empresa nestas áreas?
  a) Vendas.
  b) *Marketing*.
  c) Produção.
  d) Recrutamento.
  e) Treinamento (próprio e dos empregados).
  f) Outros.
- Que plano eu desenvolvi para me ajudar a alcançar cada objetivo?
- Quem irá me ajudar a implementar esse plano? Quais serão suas obrigações?
- Como saberei se alcancei meus objetivos?
- Que porcentagem do meu tempo eu gasto nessas atividades?
  a) Planejamento.
  b) Organização.
- Em resumo, com que eficiência eu exerço a função de organização?

Assumir o papel de líder é difícil e fácil ao mesmo tempo para as mulheres empreendedoras.

Pesquisas e dados concretos mostram que as mulheres empresárias têm facilidade de relacionamento com outras pessoas e de tomar decisões éticas baseadas em como suas ações afetam as pessoas em volta delas.

As mulheres empreendedoras procuram criar uma rede de conexões que se expande continuamente e se sentem mais à vontade quando estão no centro dessa rede.

No século XXI, formar uma rede de conexões é um processo absolutamente essencial para um empreendimento ser bem-sucedido, sobretudo porque muitas transações são feitas hoje eletronicamente.

Essa rede contribui ainda para a integração dos empregados entre si e a sua conexão com uma clientela ampla.

As mulheres costumam ter muita facilidade para se aproximarem das pessoas e reuni-las em uma rede quase familiar.

Isso as ajuda muito a criar um senso de esforço conjugado com seus empregados e a desenvolver um sentimento de lealdade e afiliação na empresa.

No entanto, a tendência de criar e manter conexões tem seus perigos.

Uma mulher pode facilmente enroscar-se na rede, tornando-se incapaz de se separar dos relacionamentos que fez (o homem também pode cair nessa armadilha...).

Seus limites e senso de si própria podem mesclar-se àqueles dos seus empregados, ou até mesmo aos da empresa, obscurecendo assim sua visão.

Boa liderança exige distinguir entre sensibilidade às necessidades dos empregados e sensibilidade às rejeições e desagrados dos mesmos.

A mulher empreendedora que compartilhar as metas da empresa e estabelecer objetivos para cada funcionário estará se consagrando como uma líder melhor e diminuirá, dessa forma, um envolvimento emocional em assuntos do pessoal.

Definir as expectativas em termos mensuráveis torna sempre mais fácil verificar se esses termos foram cumpridos.

Por outro lado, é quase impossível avaliar o desempenho quando as condições são vagas e imprecisas.

O exercício a seguir irá ajudá-la a avaliar sua capacidade como líder, por isto responda a cada questão de forma cuidadosa.

- Como você descreveria o seu estilo de supervisão – amigável, distante, autocrático, "não põe a mão na massa", controladora, exigente, etc.?
- Como o seu estilo influencia a sua interação com os empregados?
- Como o seu estilo afeta a sua capacidade de gerenciar a empresa?
- O que você espera dos seus empregados?
- Até que ponto você está obtendo o que deseja dos seus empregados?
- Você sabe definir claramente os objetivos das tarefas dos seus funcionários?
- Qual seria a característica do ambiente de trabalho da sua empresa: caótico, ordenado, rígido, aberto, divertido, estimulante, etc...?
- Na sua opinião, como esse ambiente influencia a produtividade dos seus funcionários?

- Que providências você já adotou para o crescimento e desenvolvimento dos seus empregados?
- Como você avalia o trabalho de seus funcionários? Como essa avaliação é comunicada a cada um deles?
- Você encontra dificuldade para separar amizade e negócios?
  a) Caso a resposta seja "sim", como este problema interfere na sua habilidade de liderar a empresa de maneira eficiente?
  b) O que você pensa fazer em relação a esse problema?
- Em geral, como classifica a sua eficácia como líder?

Toda empreendedora bem-sucedida inevitavelmente acaba enfrentando a questão da **expansão**.

Sempre que um negócio alcança algum tipo de reconhecimento no seu setor, isto acaba gerando um aumento de vendas, o que por sua vez conduz ao "dilema da expansão".

O seu empreendimento pode estar num setor que esteja em crescimento rápido (como ocorreu com as empresas ponto.com), ou ele representa uma idéia inovadora, ou mesmo pode ser uma conseqüência natural da boa gestão do seu negócio.

Três problemas em potencial podem acontecer, independentemente da possibilidade escolhida.

O **primeiro risco** é o crescimento muito rápido para o qual não se tenha estrutura ou planejamento necessários para sustentar essa empresa maior.

O **segundo problema** envolve a falta de orientação administrativa clara.

Seguir em diversas direções diferentes ao mesmo tempo é comumente tentador para a empresária criativa e inovadora.

Embora uma determinada idéia possa ser boa, você precisa saber como ela se relaciona com a sua empresa, ou então perderá o foco e desperdiçará energia.

O **terceiro problema** refere-se a como ganhar **dinheiro,** e a questão é: "Mais negócios significarão mais lucro?"

Se isto não for verdade, você estará perdendo tempo e energia preciosos e seus planos de expansão deverão ser abandonados.

Obviamente sempre se pensa num negócio com fins lucrativos!!!

O exercício a seguir irá ajudá-la a entender o processo de expansão, permitindo avaliar se os seus planos atuais de crescimento são adequados e exeqüíveis.

Responda, pois, às seguintes questões:

- Quais são as possibilidades naturais de expansão que você está prevendo?
- Quais destes itens se relacionam com essas possibilidades (seja específica na sua resposta):
  a) Mercados.
  b) Produtos.
  c) Serviços.
  d) Empresas subsidiárias que envolvem um novo mercado, produto ou serviço.
- De que forma a expansão poderá aumentar o volume de negócios da sua empresa?
- Como você planeja controlar os aumentos projetados?
- O volume da expansão trará maiores lucros? Se sim, quanto? Se não, por quê?
- Que tipo de plano você desenvolveu para ajudá-la a promover a expansão?
- Você tem recursos suficientes (descritos abaixo) que lhe possibilitem executar a expansão projetada?
  a) Pessoas.
  b) Dinheiro.
  c) Equipamento.
  d) Espaço.
  e) Logística.
  f) Outros.
- De que outros recursos você necessita e como imagina que pode consegui-los?
- Que porcentagem do seu tempo você está dedicando ao planejamento do crescimento e expansão de sua empresa?
- Qual é a sua avaliação sobre a sua eficácia em lidar com o tema da expansão do seu negócio?

As mulheres empreendedoras são muito inovadoras e sabem como proceder para despertar a fagulha criativa que faz nascer novos empreendimentos.

Elas realmente têm capacidade especial de ir além da ordem natural das coisas e gerar algo único e diferente.

Pode ser um novo produto (ou serviço) ou uma nova forma de fazer esse produto, a descoberta de um mercado não explorado ou uma estratégia especial para atingir esse mercado, um conceito diferente de estrutura organizacional, um serviço incomum, uma nova técnica administrativa, ou qualquer uma de centenas de outras idéias.

Dinâmica e criativa neste início do século XXI, a típica empresária tem mostrado que tem grande competência para continuamente estar passando para a próxima idéia.

Certamente que um novo empreendimento não pode ter sucesso apenas à custa de inovação.

A criatividade fornece o fermento que faz a empresa crescer, mas a organização forma a estrutura que segura tudo.

A segunda parte do ciclo empresarial consiste em impor ordem na firma que se inicia.

À medida que uma empresa cresce e amadurece, ela precisa de uma liderança forte para guiar seu desenvolvimento.

A maior parte das empresárias é composta de pessoas carismáticas com uma crença quase evangélica nas próprias idéias.

Isto permite que elas inspirem os outros para que consigam dar vida às suas idéias.

Uma boa liderança envolve o domínio do processo organizacional e sólidas técnicas de administração, e este é o ponto em que muitas empresárias ainda encontram problemas (porém isto será totalmente revertido nesta década, quando teremos formadas mais gestoras que gestores...).

Uma vez tendo colocado suas idéias em prática, a típica mulher de negócios pode ficar inquieta e entediada.

Com a estabilização da sua empresa, ela procurará novas formas de expansão a fim de encontrar saídas para sua imaginação.

A expansão completa o ciclo empresarial, que então começa novamente com o surgimento de um outro conceito inovador que leve a empresa para uma melhoria e um maior crescimento.

Assim sendo, as quatro funções estão inter-relacionadas, cada uma dependendo da próxima para o sucesso de seu desenvolvimento e conclusão.

Um sólido entendimento desse processo levará a futura empresária, mulher empreendedora, ainda mais longe na estrada do sucesso.

É importante ressaltar que a estrada do empresariado está aberta para qualquer pessoa – mulher ou homem – que tenha como objetivo a independência.

Mas, em particular para algumas mulheres, o primeiro passo pode ser ler alguns livros como este; para outras, ter aulas sobre como abrir seu próprio negócio (curso de empreendedorismo), ou ainda falar com várias empresárias de sucesso para receber as orientações sobre a maneira correta de colocar o "pé na estrada".

Não importa o caminho escolhido, o que você precisa é começar em algum lugar.

E aí vale ressaltar que várias mulheres empreendedoras brasileiras comprovaram a sua capacidade de tomar decisões corretas.

Em lugar de esperar que a vida chegue até elas, essas mulheres têm trabalhado ativamente para atingir o que querem.

Entre elas podemos citar Maria Silvia Bastos, com brilhante passagem no cargo de presidente da Companhia Siderúrgica Nacional; Marluce Dias da Silva, que foi até recentemente a diretora geral da Rede Globo de Televisão; Ana Maria Diniz, formada na Faculdade de Administração da FAAP e com importante atuação empresarial no grupo Pão de Açúcar; Luíza Helena Trajano Inácio Rodrigues, a empresária que vem espalhando pelo interior do Brasil a sua rede de lojas de departamentos com sede em Franca; Vânia Ferro, no setor da informática; Deborah Wright, no seu trabalho na Parmalat do Brasil; Maria do Carmo de Almeida Braga, do setor financeiro; Mônica Rosemberg, do grupo petroquímico Cevekol; Beatriz Larragoite Lucas, da Sul América, etc.

Quem ler a história da vida de trabalho dessas mulheres, e de outros milhares de empreendedoras brasileiras, notará que uma vez definido o curso, elas são persistentes em seus esforços – não desistem facilmente quando se deparam com problemas para resolver ou com obstáculos para superar.

Apesar das barreiras que elas possam encontrar, continuam avançando na estrada, dando com isto uma fantástica contribuição para o progresso do Brasil.

Não obstante sua determinação, as novas empresárias também são flexíveis na sua forma de agir.

Além disso, seu sucesso exige que estejam sempre dispostas a mudar de curso quando necessário para seguir um caminho diferente até o objetivo.

A mensagem aqui, na sua essência, é que a mulher empreendedora nunca pode perder de vista onde quer chegar, mesmo que tenha de fazer uma "curva inesperada" para chegar lá.

Concluindo, o sucesso da mulher empresária depende de diversos fatores, tais como: criatividade, bom senso, conhecimento de sua área e sólidas práticas empresariais, capacidade de avaliar riscos e assim mesmo tentar, e disposição de trabalhar muito.

Observação importante: Para o leitor do gênero masculino aproveitar bem esse início do capítulo, basta trocar em vários trechos a palavra mulher por homem e substituir todos os termos femininos por masculinos, e desse modo poderá fazer todos os exercícios que servirão para avaliar as suas competências no que se refere a ser um bem-sucedido empreendedor.

4.3 - TENTANDO COMPREENDER A CRIATIVIDADE FEMININA

No livro *The Woman's Book of Creativity*, C. Diane Ealy diz: "Toda pesquisa sobre a criatividade está fundamentada em um modelo linear de quatro etapas que foi desenvolvido estudando-se o processo do pensamento.

Esse modelo recebeu contribuições de cientistas, matemáticos, psicólogos, etc.

Aliás, foi o psicólogo Graham Wallas quem publicou pela primeira vez, no seu livro *The Art of Thought*, em 1926, o seguinte paradigma: 'o processo criativo é composto de quatro etapas, a saber: **preparação**, **incubação**, **iluminação** e **verificação**'.

No estágio de preparação procuram-se obter todas as informações pertinentes a algum problema.

No estágio da incubação, toda essa informação é colocada na mente do solucionador para que aí ocorra um trabalho cerebral inconsciente sobre a 'maçada' que se quer resolver.

A fase de iluminação é marcada pelo **aha!** de se chegar de maneira repentina, mas após muito tempo de incubação, até a solução.

O estágio final é a verificação, quando se procura dar uma forma concreta à idéia e constatar se ela funciona.

O pior é que o modelo de criatividade de Wallas foi desenvolvido pensando **apenas nos homens**, ou seja, as mulheres estavam totalmente excluídas do seu estudo.

Mas esse é um modelo linear que não é bom nem para os homens.

As mulheres de fato pensam de maneira holística ou integral e por isso mesmo criam de forma holística.

A criatividade é um processo bem complexo e não pode ser reduzido somente a quatro etapas.

Lamentavelmente as pesquisas sobre criatividade não trouxeram grandes mudanças nos últimos anos e o enfoque das quatro etapas é ainda acatado.

Então, a ignorância sobre os diferentes processos criativos usados pelo homem e pela mulher continua para muitos sendo a norma.

Infelizmente o processo criativo utilizado pela mulher até agora não foi plenamente analisado ou compreendido.

Eu estudei o processo criativo como a mulher o experimenta e sente.

É evidente que com isto não estou dizendo que os homens não saibam criar de forma similar à das mulheres.

O que isto significa é que existe mais de um modo de ser criativo.

No passado os estudos fundamentalmente descreviam os processo que os homens seguiam e isto era estendido para toda a população...

Nessa circunstância as mulheres eram levadas para o comportamento-padrão do homem.

Não vejo razão para perpetuar o erro e nem forçar que os homens criem à maneira das mulheres.

Também não acredito que o processo de Wallas descreva corretamente o processo criativo masculino, e estou totalmente convicta de que ele não descreve corretamente o processo criativo da mulher, até porque criatividade não necessariamente começa com A e então vai para B e daí para C."

As pessoas criativas tendem a possuir diversas qualidades positivas e algumas delas são:

- habilidade de lidar com outras pessoas;
- aptidão para planejar;

- capacidade de reconhecer e resolver problemas;
- independência ou autonomia;
- habilidade de enxergar o cenário todo;
- senso de humor;
- um elevado nível de honestidade;
- um senso de responsabilidade social;
- um enorme desejo de dar contribuições positivas para o progresso da humanidade.

Nos cursos tradicionais, o que a maior parte dos adultos aprendeu foi a pensar logicamente.

Freqüentemente se classificava qualquer processo que não fosse lógico como sendo ruim.

As mulheres, apesar de todo esse histórico educacional, são inclinadas de maneira natural a pensar holisticamente (ou sistemicamente), não obstante os homens poderem também aprender a raciocinar dessa maneira.

O processo de pensamento linear basicamente funciona da seguinte forma: se você quer chegar a um ponto D, deve iniciar o seu trajeto no ponto A.

Naturalmente A precisa ser uma verdade, e daí você pode mover-se até B, que também precisa ser verdade (Figura 4.1).

O próximo passo é chegar a C, o que só acontecerá se ambos A e B foram verdades.

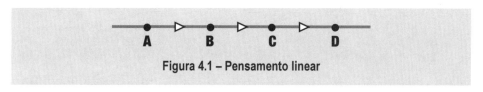

Figura 4.1 – Pensamento linear

De C pode-se chegar a D, confiante de que esta posição (ou decisão) é verdadeira, porquanto todos os outros passos executados são verdadeiros ou corretos (ao menos a pessoa assim espera que sejam...).

Os opostos não podem coexistir nessa estrutura.

Conseqüentemente, se uma declaração é verdadeira e outra é falsa, esta última precisa ser eliminada.

Portanto, o pensamento linear reduz as informações apenas às verdades aceitas.

Claro que o pensamento linear tem muitos usos, como por exemplo manter registros financeiros precisos, receber as instruções e compreender como chegar de um lugar a outro, organizar um livro ou um discurso, etc.

Uma agenda linear faz, digamos, com que todos os presentes numa reunião mantenham-se focados e concentrados no assunto debatido.

Infelizmente o pensamento linear tem sido por demais enfatizado como sendo a única forma, e se for usado de maneira exclusiva pode levar ao **pensamento não-criativo**.

Quando aplicado à solução de problemas, o pensamento linear pode conduzir a soluções que meramente podem causar mais problemas porque ele não permite enxergar ou utilizar as ramificações para as respostas.

Por exemplo: o processo linear que levou a "resolver" o problema de congestionamento de tráfego em muitas cidades através da construção de auto-estradas, que por sua vez receberam um fluxo enorme de veículos gerando um congestionamento maior ainda, com o que a solução tornou-se um novo problema...

Em contraste, o processo holístico capacita uma pessoa a enxergar o cenário todo e daí a separar alguns detalhes.

Para chegar a D pelo processo holístico (Figura 4.2), pode-se começar em X, daí chegar a G, "deslizar" para M, elevar-se para K e em seguida saltar até D.

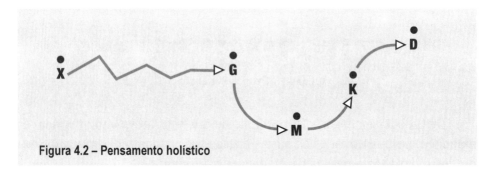

Figura 4.2 – Pensamento holístico

É possível, então, começar em qualquer lugar, e todas as informações podem ser incluídas, até sendo contrárias.

No pensamento holístico, os opostos são vistos como aspectos diferentes do mesmo fenômeno.

Assim, preto e branco são entendidos no pensamento holístico como tonalidades do **cinza**!?!

A "verdade" de alguma parte da informação é determinada pela facilidade com que a mesma se ajusta ao quadro todo.

O pensamento holístico é inerentemente criativo.

Sendo um processo inclusivo, o pensamento holístico encoraja a conexão de peças ou itens que previamente não se relacionavam, visto ele permitir que todas as possibilidade coexistam.

Com efeito, esta é uma parte vital do processo criativo.

Se você precisa coletar material sobre algum tópico, o enfoque holístico permite-lhe obter uma grande quantidade de dados e informações, decidindo-se bem mais tarde quais são os valiosos.

Esta forma impede que se eliminem prematuramente informações potencialmente importantes.

Utilizando-se o processo holístico, podem-se antecipar as implicações das soluções propostas e torna-se mais provável escolher aquela que realmente corresponda à resolução do problema.

Entretanto, normalmente o pensamento holístico utilizado pelas mulheres gera conflitos, pois elas querem aplicá-lo num mundo no qual predomina ainda o pensamento linear.

O mais eficaz, na realidade, é a combinação dos pensamentos holístico e linear quando se busca resolver criativamente um problema.

Destaca C. Diane Ealy: "As mulheres ficam fascinadas com o **como** as coisas são feitas, e os homens ficam extasiados com **o que** eles conseguem obter.

Por que isto?

Segundo a explicação dada pelo psicólogo Abraham Maslow, isto se deve ao fato de as mulheres estarem **voltadas para o processo** e os homens para o **produto**.

Naturalmente essas duas orientações distintas fazem com que resultem perspectivas diferentes da criatividade.

A maioria das mulheres de fato está interessada na experiência de criar, isto é, no processo de **como** e **o que** está se fazendo.

Já os homens tendem a ter seu foco no produto da sua criatividade mais do que naquilo que possibilitou a sua execução, centrando seus esforços nos resultados tangíveis para promover melhorias.

Ambas as perspectivas têm validade.

Por certo que a fascinação das mulheres pelo processo – a parte **"como"** – pode causar-lhes problemas, não chegando à parte **"o que"**.

Pode-se então dizer que as mulheres têm mais interesse pelo processo do que pelo resultado, e elas talvez saltem para um novo projeto sem terem terminado o que iniciaram. A dra. Jean Houston, que estudou o que faz um gênio tornar-se realmente gênio, chegou à conclusão de que, entre outras coisas, ele **termina o que começa."**

É imperioso que toda pessoa saiba que criatividade e perfeccionismo são como água e óleo: **não se misturam**.

Ao expressar a nossa criatividade comumente precisamos assumir riscos, cometer erros e lidar com o desconhecido.

Essas ações acontecem somente quando a mulher está energizada pelo espírito de aventura e curiosidade.

A mulher criativa, que é também devota do perfeccionismo, sabota a sua criatividade de diversas formas.

Acontece que, o seu medo de ser "menos do que perfeita" a encoraja a procrastinar o início de tudo o que é novo.

Por outro lado, se ela comete algum erro, a sua "visão-túnel" é ativada e ela só enxerga o erro e não as realizações já alcançadas, com o que fica paralisada.

A mulher empreendedora não pode, portanto, ter expectativas perfeccionistas (o seu quadro deve estar na Bienal, o primeiro livro escrito tem que ser o mais vendido, todas as suas idéias têm que ser aceitas sem restrições, etc.), pois a atitude "ou tudo ou nada" põe de lado todos os esforços feitos e elimina as possibilidades criativas que florescem com o espontâneo e o inesperado.

Nesse caso, a mulher empreendedora precisa encorajar seu espírito criativo e reduzir seu comportamento perfeccionista, porque isto atrapalha a própria criatividade.

Com certeza, ser uma perfeccionista e viver criativamente são eventos mutuamente exclusivos...

Um outro ingrediente vital na criatividade feminina é a paixão que a mulher coloca no que faz, principalmente a empreendedora.

Paixão é a expressão da energia criativa que é inerente e fornece a força motivadora para estimular o trabalho criativo.

Sem dúvida os nossos diferentes talentos criativos são expressos por meio das nossas paixões.

A mulher empreendedora é apaixonada, em primeiro lugar, geralmente pelo seu negócio.

Afinal, a mulher fica irada com mais facilidade que o homem.

A raiva é ao mesmo tempo poderosa e assustadora.

Toda pessoa que se tornar apta a usar a sua fúria construtivamente adquire uma enorme fonte de poder.

Mas enquanto não se atinge esse nível de aptidão, a cólera pode acabar com a nossa vida e a nossa criatividade.

Com isto, o processo de pensamento holístico que a mulher sabe usar tão bem se perde e surgem emoções como medo, humilhação, ressentimento, etc.

Para aprender a usar a raiva de maneira positiva, a mulher deve saber reconhecer a emoção que a está abalando e livrar-se dela com o objetivo de exercer na plenitude a sua enorme capacidade de criar!!!

4.4 - EXPERIÊNCIAS EMPREENDEDORAS NO TERCEIRO SETOR

Agora que você já conhece várias barreiras que deve enfrentar a mulher empreendedora e certas características da criatividade feminina, como exemplos vamos citar algumas experiências empreendedoras no terceiro setor desenvolvidas por admiráveis mulheres brasileiras.

Na verdade, esses relatos completos estão no livro *Mulheres Voluntárias – Experiências Empreendedoras no Terceiro Setor,* escrito por Fábio Barbosa Ribas Júnior, consultor de políticas públicas na área social, e Maria Helena Antunes, jornalista e mestre em Ciência da Comunicação.

Na apresentação do trabalho a profa. Ruth Cardoso, na qualidade de presidente do Conselho da Comunidade Solidária, disse: "Vale ressaltar que essa obra tem um grande mérito, ou seja, retrata a personalidade, o trabalho e sobretudo a capacidade de transformação das mulheres empreendedoras voluntárias.

Todo mundo sabe que no Brasil a maioria do voluntariado é composta de mulheres.

Os homens estão descobrindo agora esta possibilidade de crescimento pessoal, aliada à possibilidade concreta de melhorar a qualidade de vida de todos e de influir no desenho de um futuro com mais oportunidades."

A presidente do Museu de Arte Moderna (MAM), do Itaú Cultural e do Instituto Brasil Voluntário, Milu Villela, que foi a presidente do Comitê Brasileiro do Ano Internacional do Voluntariado – 2001 – estabelecido pela Organização das Nações Unidas (ONU), considerado como o de melhor campanha entre 123 países participantes, salienta: "Guardo ainda na memória o tempo em que eu era menina e aprendi com a minha família as primeiras lições sobre o significado da palavra voluntariado e do que é ser voluntária.

Minha lembranças mais remotas me remetem a meus pais e à minha avó materna, D. Umbelina, uma referência marcante.

Na década de 1950, ela revolucionou a visão de mundo da sociedade na qual vivia ao fundar a Nossa Casa, instituição dedicada ao atendimento de mães solteiras.

Esse foi o primeiro de muitos exemplos que tive o privilégio de vivenciar.

Privilégio, sim, porque me deram a oportunidade de aprender uma sólida lição de vida, talvez a mais importante até hoje: a de que a solidariedade tem a capacidade de transformar a existência do ser humano, revela virtudes e promove a revolução indispensável a todas as sociedades.

Muitas pessoas não sabem ainda que o que fazem é trabalho voluntário.

Outras acham que trabalho voluntário é somente trocar a fralda do bebê e dar alguma aula na escola da periferia.

Trabalho voluntário também é dar seu tempo e capacidade para ajudar com idéias e ações a diminuir os bolsões de pobreza, e aí um fator importante é arrumar dinheiro.

Os empresários brasileiros precisam entender que cada R$1 aplicado em ações sociais gera um retorno de R$12, enquanto R$1 aplicado em taxas sociais reverte somente R$0,20 ao fim social.

Quando esta noção for assimilada por todos os empresários, o voluntariado poderá resolver uma boa parte dos problemas do Brasil."

Zilda Arns, médica pediatra, fundadora e coordenadora nacional da

Pastoral da Criança, comenta: "Pesquisas recentes têm indicado que a maioria dos brasileiros (83%) considera o trabalho voluntário muito importante para o País, mas um contingente significativo (75%) nunca fez nada na área.

Ainda falta uma atração maior e uma melhor qualificação daqueles que querem fazer algum trabalho em prol dos necessitados.

O voluntário deve ser mais valorizado no Brasil e deve também conhecer muito bem a sua causa.

E também ver os resultados do seu trabalho – esta informação tem que estar ao seu alcance."

No seu livro *Mulheres Voluntárias*, Fabio Barbosa Ribas Júnior e Maria Helena Antunes descrevem sete fantásticas experiências empreendedoras no terceiro setor, a saber:

1. **Projeto Arrastão** – criado há 34 anos por um grupo de voluntárias, no qual se desenvolveu uma metodologia de trabalho social em benefício de mulheres de periferia e estimulou a criação de Clubes de Mães em diversas regiões do Brasil.

Em seu núcleo original no bairro de Campo Limpo, na zona sul da cidade de São Paulo, atende hoje centenas de crianças e adolescentes em programas educativos variados e envolve a coletividade próxima em projetos que incentivam o exercício da cidadania.

Situado numa região muito pobre da cidade onde existem centenas de favelas, o Arrastão mobiliza voluntários com um foco central: fortalecer a comunidade para criar condições de desenvolvimento local.

Sua história ilustra a possibilidade de engajamento de **mulheres socialmente privilegiadas** em atividades que beneficiem populações desfavorecidas e revela aspectos da evolução do trabalho voluntário em nosso meio.

A inspiração filosófica para a construção da metodologia de trabalho do Arrastão proveio de Lucy Franco Montoro, que conseguiu engajar dezenas de mulheres empreendedoras que a ajudaram a implementar o Arrastão.

Atualmente o Arrastão é dirigido por Vera Marmo Masagão Ribeiro, uma voluntária que acompanhou boa parte da história da entidade e se envolveu intensamente com as suas atividades.

Eis como Vera Marmo Masagão Ribeiro explica o seu envolvimento com o Arrastão: "Desde que me casei, em 1973, me envolvi por motivos pessoais com o projeto, mas tinha dentro de mim essa vontade de mexer com o social, e fiquei muito tempo atuando junto às crianças.

As fundadoras desenvolveriam as atividades com as mães.

Eu e outras voluntárias nos ocupávamos das crianças enquanto as mães participavam dos cursos.

Eu não tinha formação em pedagogia, mas tinha filhos com a mesma idade, e adaptava atividades que meus filhos realizavam na escola para as crianças do Arrastão.

Na direção do Arrastão, busquei fazer algumas reformas na sua estrutura física e também informatizei a entidade, além de mudar a dinâmica das oficinas que eram oferecidas aos jovens.

Hoje tenho uma estrutura multiplicadora, que desempenha um papel fundamental no recrutamento, na integração e na orientação dos voluntários, bem como na disseminação da cultura do trabalho voluntário como prática da cidadania.

O Clube das Mães, onde se ensinam as mulheres a realizar trabalhos manuais como forma de geração de renda complementar para a família, tem sido a ponta mais visível do trabalho das voluntárias do Arrastão.

Com ele, foi possível abordar questões de saúde e higiene e também oferecer atividades pedagógicas para as crianças."

2. **O Centro Infantil Boldrini** – é hoje um dos hospitais infantis mais importantes da América Latina, especializado na tratamento e na cura de crianças que sofrem de câncer e de diversas doenças sangüíneas.

Sua fundadora é Sílvia Brandalise, médica pediatra especializada em hematologia e oncologia pediátrica.

Ela concebeu o Centro Infantil Boldrini de tal maneira que se possa amenizar a dor daqueles que enfrentam os desafios de conviver com essa terrível doença.

Claro que no núcleo de toda a história do Centro Infantil Boldrini está a empreendedora, com enorme potencial criador do trabalho voluntário que é a dra. Sílvia Brandalise.

Conta a dra. Sílvia Brandalise: "Com o apoio das senhoras do Clube da Lady de Campinas, em 25 de janeiro de 1978, o Centro Infantil Boldrini iniciou suas atividades numa casa alugada que tinha só 244 metros quadrados, vazia, sem móveis, sem equipamentos.

Uma amiga bióloga me ajudou e trouxemos uma mesa, uma cadeira e alguns tubos de ensaio.

Nós é que fazíamos todo o serviço: faxina, arquivos, atendimento médico e laboratorial.

No início, o atendimento prestado pelo Centro Infantil Boldrini era apenas ambulatorial.

As internações eram feitas na Santa Casa, na Casa de Saúde e no Centro Médico de Campinas.

Com isso, os pacientes imunodeprimidos ficavam expostos à convivência com portadores de doenças infecto-contagiosas também internados, o que representava grave ameaça e prejuízo à sua reabilitação.

Os 400 voluntários que trabalham hoje no Boldrini desempenham os mais variados tipos de atividade: tradução de textos, recreação de crianças, suporte social e espiritual, transporte de doentes na cidade.

Existe um grupo que desenvolve um trabalho muito importante de apoio e ajuda às famílias das crianças que falecem. Ele dá toda a assessoria possível aos pais e é constituído por pessoas fantásticas, com quem as famílias podem contar naquele momento tão doloroso.

Posso confirmar que realmente os voluntários são pessoas essenciais para o Centro Infantil Boldrini e fazem parte inclusive do conselho regional da entidade, através de um representante.

Entre os voluntários há jovens estudantes que vêm ao hospital doar sangue ou participar de outras atividades em ações de mutirão.

Em 2002, o trote para os alunos de uma faculdade de Economia de Campinas foi pintar um painel na parede do ambulatório do Boldrini, e muitos desses jovens continuaram depois como voluntários por iniciativa própria.

Atualmente o Boldrini possui um esquema mais estruturado para a sua sustentabilidade.

O padrão de atendimento alcançado lhe permite gerar um volume significativo de renda própria.

Ao mesmo tempo, tem conseguido manter um conjunto expressivo de doadores."

Sem dúvida, o Centro Infantil Boldrini é o resultado da vocação empreendedora de Sílvia Brandalise aplicada para o benefício da coletividade, e da colaboração de inúmeros voluntários comprometidos com o bem-estar da sociedade.

3. Serviço Assistencial São Paulo Apóstolo – é uma entidade que procura fortalecer as famílias pobres na cidade de Limeira, no Estado de São Paulo, para que encontrem condições de auto-sustentação.

Ele foi fundado por Maria Odila Pereira Feres em 1985, a qual fez da ajuda ao próximo a sua profissão.

Conta a própria Maria Odila Pereira Feres: "Nasci em Minas Gerais, e meus pais se mudaram para Limeira quando eu tinha 11 anos.

Com essa idade eu já trabalhava como babá, e aos 14 anos fui trabalhar como costureira numa fábrica de calçados.

Meu interesse em trabalhar pelas outras pessoas surgiu quando eu tinha 12 anos e dava aulas de catecismo na igreja.

Naquela época, aprendi a costurar e comecei a fazer roupas para doar aos meus alunos pobres do catecismo.

Alegrava-me muito fazer alguma coisa por quem precisava de ajuda.

Algum tempo depois, quando eu estava com 14 anos, uma vizinha faleceu no parto e deixou o bebê e mais quatro filhos.

Eles eram muito pobres.

O pai, apesar de ser trabalhador, não tinha dinheiro para o enterro da mulher.

Pedi para uma amiga me acompanhar, andamos a vila toda e conseguimos o dinheiro.

A prefeitura acabou doando o caixão e nós entregamos o dinheiro ao homem para ajudar nas despesas da casa.

Numa família que fica sem mãe, o trabalho da casa e a tarefa de cuidar dos irmãos menores vão para a filha mais velha, que no caso era uma menina de nove anos.

A gente procurava ajudar essa menina da melhor maneira possível.

Eles foram vencendo as dificuldades e se reestruturaram.

Isto é muito gratificante para quem acompanhou de perto a luta da família.

Aos 19 anos me casei e comecei a observar o exemplo de meu sogro, que foi um grande voluntário em Limeira.

Ele ajudava os pobres nos momentos de maior dificuldade. Aos domingos, ia cozinhar para velhos e crianças, pessoas que não tinham ninguém.

Eu achava muito bonito esse trabalho."

Além de atender às necessidades emergenciais da população carente, a visão abrangente da atuação social do Serviço Assistencial São Paulo Apóstolo tem permitido o fortalecimento das famílias que, estruturadas, passam a ser também agentes da mudança.

O Serviço Assistencial São Paulo Apóstolo tem investido na capacitação da comunidade, estimulando o espírito empreendedor das famílias e oferecendo cursos profissionalizantes que viabilizem a geração de renda para as pessoas.

A Sociedade São Paulo Apóstolo adquiriu agora um perfil de entidade sintonizada com as modernas tendências de desenvolvimento do terceiro setor.

E atualmente não se enquadra mais no paradigma das entidades filantrópicas tradicionais, para as quais o anonimato até chega a ser um valor.

4. **Renata Camargo Nascimento**, ex-presidente da Associação Obra do Berço e fundadora do Instituto de Cidadania Empresarial, desviou-se do que seria um caminho natural para a filha de um grande empresário, Sebastião Camargo, isto é, tornando-se unicamente uma continuadora ou beneficiária dos negócios da família, optando desde o início de sua vida profissional pelo trabalho social voluntário.

A **Associação Obra do Berço** era formada por senhoras da sociedade paulista e apoiava as gestantes carentes atendidas pelo Hospital São Paulo.

Sua sede ficava próxima ao hospital, o que favorecia o atendimento.

Dentre as mulheres que criaram a entidade estão: Maria Lesser, Eni Setúbal, Maria Flora Arruda Monteiro, Marilena Mota, Helena Maldonado e Lúcia Figueiredo.

Renata Camargo Nascimento começou a ter seus primeiros contatos com a entidade na década de 1970.

Ela percebeu que, embora meritória, a atuação da Obra do Berço refletia um estilo assistencial tradicional.

Da forma como estava estruturado, o trabalho não favorecia a promoção humana, pois criava uma dependência das assistidas em relação à entidade.

Conta Renata Camargo Nascimento: "Naturalmente todas as organizações devem saber que quem não se transforma para receber inovações não consegue se sustentar.

Atribuo o sucesso atual da Obra do Berço à capacidade daquelas senhoras para aceitar mudanças.

Do ponto de vista da assistência tradicional, a Obra do Berço era uma organização bem-sucedida.

Eu era uma jovem de 20 e poucos anos e cheguei sugerindo transformações e as voluntárias estavam abertas para idéias novas.

Com isso, ofereceram-me um campo propício para aplicar o conhecimento técnico trazido da área empresarial e da universidade, e assim me realizar profissionalmente.

Graças a essa abertura, pude criar, planejar, desenvolver, reestruturar a entidade e obter grandes realizações pessoais.

Isso foi possível porque elas eram senhoras preocupadas com a situação da mulher gestante pobre de São Paulo.

Eram beneméritas, pessoas que estavam voltadas para o bem-comum e não para si mesmas."

A trajetória de Renata Camargo Nascimento na Obra do Berço comprova a possibilidade de um encontro fecundo entre a experiência empresarial e os valores comunitários, abrindo a perspectiva de formação de um empreendedorismo social que traz, sem dúvida nenhuma, importantes contribuições para o desenvolvimento do País.

Em 1997, Renata Camargo Nascimento viu-se diante da oportunidade de ampliação das ações que até então desenvolvera na Associação Obra do Berço.

Ela estava encerrando sua gestão na presidência da entidade e os integrantes do conselho também deixaram seus cargos para que a nova presidente desse início à renovação do conselho.

O grupo estava estimulado pela experiência na Obra do Berço, e esta motivação foi aproveitada para a concretização de uma proposta de trabalho mais abrangente.

Assim surgiu inicialmente o Movimento de Cidadania Empresarial, e daí o passo seguinte, no final de 1997, foi a fundação do **Instituto de Cidadania Empresarial** (ICE), cuja finalidade primordial é a de fornecer suporte para projetos do terceiro setor.

O ICE, entretanto, não age isoladamente e tampouco se apresenta como alternativa à ação do Estado.

Ao contrário, acredita que a cooperação intersetorial possibilita uma ação social mais eficaz e uma melhor utilização de recursos para finalidades públicas.

No Brasil, as possibilidades que o terceiro setor está trazendo para o desenvolvimento social vêm ficando claras nos últimos anos.

Boa parte do empresariado compreende bem que o País não conseguirá se desenvolver sem um avanço efetivo em áreas básicas como educação e saúde.

Nesse sentido, há hoje no Brasil um terreno fértil para estimular os empresários a exercer um papel protagonista no processo de democratização da sociedade e de redução das desigualdades sociais.

Destaca Renata Camargo Nascimento: " Existem várias possibilidade de articulação construtiva e criativa entre as culturas organizacionais do setor não-lucrativo e do setor empresarial.

Há muito do modo de ser de uma empresa que pode ser colocado numa entidade social para tornar seus resultados mais significativos.

O lucro de uma entidade que ganha esse perfil será o número de crianças que aprendem, de adolescentes que saem das ruas, de jovens que se transformam em cidadãos preparados.

As organizações sociais não têm razões para competir por resultados ou para deixar de compartilhar experiências bem-sucedidas.

Pelo contrário, uma organização sem fins lucrativos é ávida para mostrar o que faz, porque este é justamente um dos principais retornos que ela pode ter.

É ávida pelo reconhecimento por um trabalho bem feito, pela divulgação que uma premiação pode propiciar, pelas palavras de apoio e reconhecimento dos seus beneficiários.

Por definição, as entidades sem fins lucrativos são organizações abertas.

Isto permite um grande aprendizado profissional para quem se envolve com elas.

Graças à minha atuação na Obra do Berço, aprendi a fazer as perguntas certas, a entender necessidades, a avaliar resultados.

A experiência na área social proporciona ao profissional de empresa uma atuação mais ampla. Faz com que o executivo busque uma visão global das atividades que administra."

5. **Centro Comunitário da Criança** – foi fundado por Ilza Cardoso Barbosa na periferia de Campinas, uma cidade que é hoje um exemplo dramático do crescimento da violência urbana, associada ao aumento da pobreza e à redução das oportunidades de integração social das populações de baixa renda.

A vida de Ilza Cardoso Barbosa foi de muitas dificuldades desde os tempos de sua infância em Barreiras, no Estado da Bahia.

Aos sete anos, ela acordava todos os dias às 4 horas da manhã para ajudar o pai a tirar leite, antes de ir à escola.

Na volta, havia sempre uma enxada esperando por ela, para ajudar os pais na roça.

À tardinha, fiava algodão na roda e fazia roupas para a família no tear.

Ainda muito jovem casou-se – tinha na época 16 anos – e teve 11 filhos, dos quais somente seis sobreviveram.

Sua situação poderia representar apenas um dado a mais nas estatísticas brasileiras sobre pobreza e mortalidade infantil.

Mas ela quis mudar essa história.

E mudou de maneira maravilhosa!!!

Em 29 de março de 1989 fundou o Centro Comunitário no Parque Itajaí, em Campinas.

E aí então, de um sopão para desabrigados e moradores de favela, a ação voluntária de Ilza Cardoso Barbosa evoluiu para um trabalho que possibilitava reverter a tendência de marginalização pela exclusão social de populações de baixa renda.

Em agosto de 2001 surgiu um novo foco para a ação da entidade e o seu nome passou a ser **Centro Comunitário da Criança.**

As centenas de crianças que freqüentam o centro recebem duas refeições por dia e participam de atividades pedagógicas sob a orientação de monitores voluntários e estagiários de cursos superiores.

Em todos esses anos de trabalho social, Ilza Cardoso Barbosa percebeu o seguinte: "É preciso ensinar o povo a lutar, trabalhar, ter iniciativa.

Se todas as entidades e o poder público fizessem esse trabalho, não haveria tanta gente em situação de miséria.

Por outro lado, não são todas as pessoas que têm vontade de sair da miséria!?!

Quando a pessoa está em dificuldades, é importante que alguém lhe dê a mão.

Mas é preciso que essa pessoa tenha realmente vontade de se levantar e de começar a agir para melhorar sua situação.

Não adianta dizer para as pessoas o que elas devem fazer.

Elas podem até concordar na sua frente.

Mas depois não farão nada daquilo se não descobrirem dentro de si a vontade de lutar."

6. **Maria Lúcia Montoro Jens** é diretora do ensino médio do Colégio Santa Cruz em São Paulo, sendo também a fundadora do **Instituto de Solidariedade** (ISO), além de ser presidente **do Instituto Brasileiro de Estudos e Apoio Comunitário** (IBEAC).

Malu Montoro Jens fez da educação e do compromisso político os princípios reguladores do seu trabalho cotidiano, e com o seu exemplo tem sido capaz de incentivar alunos, professores e instituições sociais para que ampliem a rede voluntária de cidadania que poderá promover a construção de um Brasil mais justo e solidário.

Conta Malu Montoro Jens: "Durante os meus tempos de faculdade na década de 1960, participei do Movimento Universitário de Desfavelamento (MUD), que pretendia promover uma ação transformadora nas favelas de São Paulo.

Íamos todos os domingos de manhã às favelas para um trabalho com as famílias, orientando-as quanto às condições de higiene e saúde e tendo como objetivo final preparar aquelas pessoas para que pudessem mudar suas condições de vida.

Nossa preocupação era ajudar, mas levando em conta a opinião das pessoas, sua dignidade e individualidade, diferentemente de outros projetos semelhantes que nos pareciam extremamente autoritários.

Diante do crescente aumento da pobreza, os resultados obtidos pelo MUD foram pouco significativos, o que levou ao término do movimento.

Mas para mim foi o início do trabalho social, que a partir daquele momento sempre estaria presente em minha vida.

Meu último desafio é ter aceitado a presidência do IBEAC, uma organização fundada por meu pai, o ex-governador de São Paulo André Franco Montoro.

No começo, o IBEAC foi um espaço de reflexão sobre políticas públicas.

De uns dez anos para cá, a organização foi se voltando para uma ação mais concreta.

Atualmente desenvolve duas linhas de trabalho: uma de alfabetização e escolarização de jovens e adultos no Estado de São Paulo e outra de defesa dos direitos humanos.

Mais de 110 mil pessoas já foram capacitadas no projeto.

Ao concluir o curso, os alunos estão aptos a ingressar na 5ª série do ensino suplementar.

Esses benefícios são alcançados em um período de 11 meses, a um custo por aluno de R$ 6 por mês."

7. **Wilma Godoy de Almeida**, que apóia as mulheres mastectomizadas (que sofreram a remoção total da mama), fundou a **Associação Viva a Vida** e também a **União Nacional Solidária no Combate ao Câncer de Mama** (UNAMAMA), e com o seu trabalho tem auxiliado muito a desenvolver uma metodologia de atendimento mais humanizado e eficaz na área do câncer de mama.

Conta Wilma Godoy de Almeida: "Em 1987 me aposentei como professora, e estimulada pelo meu marido decidi formar um grupo de apoio para mulheres que sofreram mastectomia, e assim surgiu oficialmente em 1989 a Associação Viva a Vida.

Ele sempre me disse que apesar de eu ter sido operada há tanto tempo a nossa vida nunca deixou de ser bela!

Acreditei que precisava passar nossa experiência para outras pessoas que estivessem vivendo o mesmo problema.

Aí começamos juntos a visitar mulheres mastectomizadas.

Enquanto eu estava com uma mulher, passando a ela informações sobre como lidar com os problemas concretos do cotidiano, ele conversava com o marido.

Isso se revelou muito proveitoso, porque o homem se julga tão forte, mas às vezes ele cai mais rápido que a mulher, e demora mais para aceitar os desafios da nova situação.

Desde a fundação a entidade só cresceu.

Nunca tivemos problemas, seja com o atendimento, seja entre nós voluntários.

A cirurgia de mama não marca só o exterior, ela marca lá no fundo.

A mulher que passou por isso tem uma modificação interna impressionante.

As pessoas se tornam mais receptivas, mais abertas para a outra.

Forma-se assim uma amizade muito sólida entre as pessoas do grupo.

Com freqüência, mulheres que receberam o apoio do Viva a Vida acabaram se tornando voluntárias e começaram a compartilhar com outras aquilo que receberam."

As trajetórias voluntárias há pouco descritas sem dúvida deixam diversas lições e ensejam variadas reflexões.

Sem dúvida, as histórias destas maravilhosas mulheres empreendedoras sugerem que um novo paradigma de trabalho voluntário está sendo construído no Brasil.

A etimologia da palavra "voluntário" (do latim *voluntariu*) remete ao conceito de vontade. Isto é, o voluntário é o que age espontaneamente, não necessita ser fustigado, age com afeição, com forte intenção.

O ato voluntário é aquele realizado a partir de decisões da própria consciência, dos desejos, da sensibilidade.

Nele, o ser humano exercita sua liberdade e sua vontade.

A mulher empreendedora que se dedica de forma voluntária à área social está realmente fazendo a diferença no Brasil.

A motivação das mulheres empreendedoras há pouco retratadas oferece um contraponto às motivações clássicas do trabalho na sociedade capitalista: renda, *status* e poder.

Como deu para perceber, seu trabalho é simultaneamente fonte de prazer pessoal e de **inserção criativa no espaço coletivo**.

Todas elas evidenciaram que a melhor "remuneração" do trabalho voluntário é o resultado intrínseco por ele gerado, vale dizer, o desenvolvimento de pessoas e comunidades.

Essas mulheres buscam orientar sua ação pelo princípio da reciprocidade: a assistência ao outro proporciona o crescimento de ambos, num relacionamento humanizado que resgata o antigo princípio filosófico de conduta: **"De cada um conforme sua capacidade, a cada um conforme sua necessidade."**

Ao criar ou fomentar a criação de novas entidades de assistência social e de defesa de direitos, as voluntárias atuam como extraordinárias empreendedoras sociais que fortalecem e ampliam o "capital social" da comunidade.

Esse é sem dúvida o trabalho de Viviane Senna, presidente do Instituto Ayrton Senna, que só em 2002 investiu R$ 18 milhões para beneficiar mais de 600 mil crianças em todo o País com os seus programas Aula Brasil, Sua Escola a 2000 por Hora, e educação através da arte, através do esporte, etc.

Enfatiza Viviane Senna: "Hoje acredito que com o auxílio da imagem do meu irmão Ayrton consegui não apenas fazer, como também influir para que outros fizessem."

Uma outra ONG que tem auxiliado muito a difundir o empreendedorismo é o Instituto Empreender Endeavor (que em inglês quer dizer esforço ou empenho), dirigido de forma profícua e dinâmica por Marília Rocca, sua fundadora.

A missão do Instituto Empreender Endeavor é promover desenvolvimento socioeconômico através do empreendedorismo. Para tanto, ele dá suporte a empreendedores no Brasil e em outros países emergentes, provendo-os com uma rede de contatos de alto nível e ferramentas que aumentarão suas possibilidades de obtenção de investimentos, parcerias e clientes, ou seja, age como facilitador do desenvolvimento empresarial. O Endeavor não promete ou garante a captação de investimentos, alianças estratégicas e outras vertentes negociais; os empreendedores têm sempre a palavra final em suas negociações e acordos com terceiros.

Seguramente estas histórias de algumas das dinâmicas empreendedoras sociais brasileiras ilustram com propriedade a visão de Wendy Harcourt, diretora da Society for International Development, sobre o valor da contribuição feminina à sociedade contemporânea: "É chegado o tempo de as visões femininas reestruturarem e redefinirem o trabalho para dar forma a uma nova sociedade para homens e mulheres, com base na experiência e na capacidade das mulheres como mães e responsáveis pelo cuidados de outras pessoas.

Não se trata de atribuir sexo às grandes cosmologias do mundo, mas de redefini-las desde a raiz."

*A regra de ouro da gestão criativa
para o empreendedor:
"Gestão criativa é a arte de dar às pessoas o
que elas precisam e querem e simultaneamente
obter delas o que você precisa e quer."*

O empreendedorismo criativo

5.1 - AS LEIS DO EMPREENDEDOR CRIATIVO (EC)

O empreendedor, para se diferenciar dos outros proprietários, sem dúvida nenhuma precisa ser criativo e saber usar seu cérebro da melhor maneira possível.

Nesse sentido, ele precisa aprender a usar adequadamente as leis do empreendedorismo criativo.

1ª LEI – O COMBUSTÍVEL DO CÉREBRO SÃO OS ESTÍMULOS

Realmente os estímulos constituem o combustível que alimenta todo o pensamento que permite levar ao sucesso um empreendimento novo.

Os estímulos podem tomar várias formas como, por exemplo, sons, aromas, visões, cores, etc., que despertem no empreendedor novas idéias.

O empreendedor precisa alimentar seu cérebro com estímulos multisensoriais que tanto podem ser diretamente relacionados ou não com algum desafio empresarial.

Existem várias maneiras para gerar idéias, como as sessões de *brainstorming* (tempestade de idéias), nas quais se cria um ambiente sem censura para que as pessoas num trabalho em grupo gerem inúmeras idéias.

Mas quando uma pessoa recebe um estímulo externo, isto força a sua mente a trabalhar como no processamento de um computador, ou seja, associando, conectando e combinando todos os estímulos para conduzi-la a idéias na maior parte do tempo relevantes e inesperadas...

Hoje há muitas comprovações quanto à validade dos estímulos externos, e uma delas é que existe uma clara relação positiva entre o nível de sucesso de um cientista e o número de *hobbies* (passatempos) que ele possui, como fotografia, pintura, música, jardinagem, poesia, dança, etc.

Também num estudo publicado no *Creativity Research Journal* em 1995, no tocante a atividades físicas (corrida, esqui, natação, esportes de equipe, ciclismo, tênis, etc.), quanto maior for o nível de envolvimento de um cientista com as mesmas, maior será a sua probabilidade de obter sucesso nas pesquisas.

Bem, a conclusão até aqui é simples, isto é, para continuamente sacudir o seu empreendimento com idéias inovadoras que levem ao crescimento, o empreendedor precisa ter seu cérebro em forma!

Existem algumas maneiras de "alargar" ou "esticar" o cérebro de uma pessoa no sentido de ela tornar sua mente mais criativa, e entre as ações ou atitudes que ela deve tomar destacam-se as citadas a seguir.

1. **Ler** regularmente uma revista ou um livro **fora do conjunto** de livros ou revistas que se lê normalmente.

   A leitura é um enorme estímulo mental.

   Toda pessoa que lê sempre as mesmas coisas não tem como promover a evolução do seu cérebro...

2. **Exercitar** o seu corpo.

   Hoje em dia, na literatura médica está comprovado que a prática de exercícios físicos tem um impacto direto na aptidão de pensar de forma mais inteligente e criativa.

   Aliás, todo exercício aeróbico (um método de condicionamento físico que ativa as funções circulatória e respiratória do organismo por meio de exercícios ou esportes rápidos, aumentando o consumo de oxigênio) eleva o fluxo de oxigênio, vital para o **cérebro**, que normalmente num homem adulto representa apenas 2% do corpo (em peso), mas que consome 20% do oxigênio que ele inala.

Por isso é bom, por exemplo, nadar tranqüilamente, pois isto permite ao empreendedor ter muitas idéias novas.

3. **Desenvolver** um novo projeto de construção que você nunca fez antes. Nesse sentido, o empreendedor pode passar em uma casa de aeromodelos e adquirir algo complexo para montar, ou numa casa de materiais de construção e comprar tudo o que permita fazer uma sofisticada gaiola para muitos pássaros, ou então enveredar por um daqueles quebra-cabeças de mais de mil peças, que no fim se torna o mapa da chegada ao paraíso...

O empreendedor criativo (EC) precisa ter esse tipo de *hobby* e ser um artesão habilidoso.

4. **Aprender** todo ano (ou semestre) alguma nova aptidão. Isto significa entrar num curso de fotografia, aprender algumas centenas de palavras de uma língua pouco utilizada, começar a dançar tango.

Naturalmente saber lidar bem com a Internet não se trata mais de uma nova aptidão, mas de uma obrigação.

5. **Tentar cozinhar** alguma coisa a partir das sobras que encontrou na sua geladeira ou na despensa. Por incrível que pareça, a arte culinária envolve todo o cérebro do indíviduo até que se chegue a um "resultado" criativo e apetitoso.

6. **Gostar de música** e eventualmente saber tocar – mesmo razoavelmente – algum instrumento musical.

Se o empreendedor não souber nem "arranhar" ou "soprar" nenhum instrumento musical, deve pelo menos ter algum tipo de música que aprecie e necessite ouvir regularmente, ou trabalhar com o seu som fazendo o fundo no nível adequado, pois isto aumenta sensivelmente a sua criatividade.

7. **Conviver** e **conversar** com pessoas diferentes. O EC é aquele que sabe introduzir-se na conversa de pessoas que não conhece, principalmente em congressos, recepções, cursos, etc., com o que vai aumentando os seus relacionamentos e ganhando a partir desses colóquios novas perspectivas para o seu empreendimento e para a própria vida.

8. Escrever as suas idéias num papel ou no computador.

Na verdade, a intenção mais ampla não é só guardar as idéias, mas também registrar os próprios pensamentos, e num nível mais elevado até transformá-los num livro que sirva inclusive para ajudar aos outros...

Escrever, de fato, estimula o cérebro a trabalhar com toda a força e imaginação.

9. Viajar para novos destinos.

O EC é aquele que busca continuamente entrar em contato com costumes e culturas diferentes, dos quais por certo conseguirá vislumbrar coisas úteis para o seu empreendimento.

10. Visitar museus.

Efetivamente a visita a museus é um verdadeiro regalo para o cérebro, pois possibilita aumentar as perspectivas do EC.

Isto é particularmente evidente quando se admira alguma exposição histórica que permite ter visões em três dimensões de outros tempos, outros lugares, etc.

A idéia de usar estímulos externos para aumentar a inspiração não é algo novo e já foi usada durante séculos por artistas, pesquisadores e cientistas, e agora com toda a intensidade deve ser incorporada aos bons hábitos dos ECs.

É manifesto que o EC inicialmente precisa aprender a ter sempre a sua mente aberta e estar atento para captar novas idéias, ou melhor, saber expor a sua mente a novos pensamentos.

Claro que o EC, após ter-se submetido a vários estímulos (por exemplo, ter visitado uma feira de novidades de algum setor, que não é aquele no qual atua), deve ter a capacidade de multiplicá-los por meio de livre associação, abrindo assim novas avenidas de exploração para o desenvolvimento do seu negócio.

Os estímulos multiplicados geralmente são o combustível para se chegar a idéias inspiradas para até mesmo atender melhor os seus clientes.

2ª LEI – ALAVANQUE A DIVERSIDADE

O EC deve buscar multiplicar o poder e a influência dos estímulos, e isto ele consegue quando se relaciona com pessoas que têm cultura e enfoques diferentes porque elas fornecem idéias, opiniões e julgamentos bem diversos sobre o mesmo assunto (ou problema).

Alguém pode imaginar que o termo **diversidade** possa estar ligado a alguma exigência legal imposta pelo governo como sendo o conceito de oportunidades iguais para diferentes pessoas.

Porém não é neste sentido que aqui está sendo usada a expressão diversidade e o seu vínculo com o incremento da criatividade do empreendedor.

Por conseguinte, o leitor não deve encarar diversidade como simplesmente oposição, desacordo ou contradição, mas como a qualidade daquilo que é diferente ou variado.

Diversidade é uma ferramenta tangível que o EC deve utilizar para que o seu empreendimento se torne mais inovador.

Aliás, um excelente exemplo ou uma prova positiva do poder da diversidade é a vinda para a América, tanto a do Norte como a do Sul, de tantos imigrantes das mais variadas partes do mundo.

Eles trouxeram consigo para a América as suas perspectivas de vida, os seus pontos de vista e os estilos particulares de pensar.

Pode-se dizer que a colaboração e também as discordâncias e os desacordos entre essas diversas pessoas é que tornaram o Brasil (principalmente em toda a Região Sul), os EUA e o Canadá países tão importantes e não apenas grandes em tamanho.

Nas agências de publicidade existe hoje uma regra: se você quiser melhorar dramaticamente uma propaganda ou algum anúncio, mostre-o numa relação um-a-um a pelo menos cinqüenta pessoas diferentes e ouça atentamente o que elas dizem.

Quem souber acatar críticas e consertar ou modificar pontos negativos, seguramente apresentará um comercial com grande probabilidade de sucesso, pois valeu-se dos benefícios da diversidade de opiniões e com isto chegou a um produto de aceitação universal.

Os empreendedores que não são criativos são os que não têm coragem de enfrentar opiniões conflitantes com as suas.

Parece que eles preferem o comportamento do avestruz que costuma enfiar a cabeça na areia com a finalidade de evitar o conflito a todo custo.

Quando o EC está realmente envolvido com o seu negócio os conflitos acabam ocorrendo, pois assim é a vida.

O cuidado que o EC deve tomar é não permitir que o conflito saia do seu foco – discussão de negócios – para degenerar em ataques pessoais entre os participantes.

O segredo que leva o EC a valer-se da diversidade mais que as outras pessoas chama-se **paixão**, ou seja, o grande entusiasmo pela sua atividade, um ânimo favorável (ou contrário) a alguma coisa que às vezes supera os limites da razão, chegando às raias do fanatismo.

Algumas pessoas vivem a vida meio em marcha lenta, mas outras a atacam com cada grama de energia e entusiasmo dos seus corpos.

Um EC é aquele que além de ser apaixonado pelo seu empreendimento busca contratar como seus colaboradores pessoas apaixonadas por vendas, atendimento de clientes, pelas tarefas que executam no negócio, etc., e que também adoram música, pintura, orientar crianças, jogar xadrez, etc.

Na realidade, o EC procura para seus funcionários pessoas apaixonadas, com uma vitalidade natural que irá energizar positivamente as ações para transpor quaisquer obstáculos à frente do seu negócio.

Um interessante estudo foi feito pelos holandeses em 1999 para demonstrar o poder da paixão. Nele analisaram separadamente vários jogadores de xadrez, desde os mestres até os grandes mestres, os quais foram submetidos a uma ampla gama de testes, das clássicas verificações de inteligência às maneiras de raciocinar e às atitudes em relação ao xadrez e à capacidade de memorização.

Não se encontrou praticamente nenhum tipo de diferença para os enxadristas de diversos níveis no *ranking* mundial, porém uma coisa ficou claramente evidenciada: os grandes mestres **amavam** o xadrez mais que tudo; eles estavam tremendamente comprometidos com o jogo, a bem da verdade, **apaixonados** por ele.

É por isso que o EC busca para ajudá-lo pessoas apaixonadas por algo, e assim terá uma fonte de energia vital para no seu negócio desenvolver uma forma nova de pensar quando for preciso para enfrentar um desafio.

O EC deve pensar em constituir a sua equipe de colaboradores com trabalhadores *rookies* (novatos), com gente de frente (pessoas que tenham inclinação para atender clientes) e aposentados (!?!), para assim ter vários tipos de perspectivas e mesmo já ter aí uma evidente diversidade.

É útil ter uma parcela de empregados principiantes ou que pouco trabalharam num empreendimento como esse em que estão agora, pois todas as pessoas nessas condições vêm cheias de novas idéias e novos pensamentos, e não têm ainda os seus cérebros alinhados com a cultura dessa espécie de negócio.

Para essas pessoas o EC deve fazer perguntas do tipo:

- ▶ O que o surpreende no nosso negócio?
- ▶ O que é que nós poderíamos modificar na nossa empresa para melhorar seu desempenho?
- ▶ Quais são as três coisas que você modificaria **já** na forma de executar o seu trabalho?

Com grande probabilidade, o EC obterá algumas respostas que poderá até implementar, tornando mais eficaz o seu negócio.

O EC não pode abrir mão de ter alguns dos seus empregados aptos na função de pessoa de primeiro contato com o cliente (ppcc), que sejam amáveis, corteses, rápidos no atendimento dos clientes e dispostos a enfrentar alguns desaforos sem perder a calma.

Essas pessoas devem ter uma grande habilidade de dialogar com os clientes pelo telefone e de responder pela Internet todos os *e-mails* tanto dos clientes como dos fornecedores da empresa.

Sem dúvida que a geração de jovens cheios de energia e amantes da tecnologia e das mudanças é **indispensável** para se desenvolver um novo negócio, entretanto não se pode deixar de ter alguns colaboradores *seniores*, isto é, mais velhos e que possam até já se terem aposentado. Por certo, estas pessoas possuem uma sabedoria muito útil para que se estabeleça um equilíbrio na empresa.

Além disso, é delas que o EC pode obter os comentários mais honestos e menos revolucionários.

O EC deve, pois, buscar pessoas aposentadas que atuaram num ramo similar ao seu, e em situações embaraçosas procurar ouvir os seus conselhos.

Muitos problemas ou situações difíceis que são novas para o EC muitas vezes os trabalhadores mais antigos já enfrentaram 20 anos atrás e têm as soluções para os mesmos.

Dessa maneira, o EC que sabe usar e abusar da diversidade é aquele que não tem receio de ouvir respeitosamente as opiniões dos novatos, dos seus empregados jovens (principalmente os ppcc) e dos seus "veteranos".

O EC deve também aplicar um teste nas pessoas que pretende contratar para quantificar de uma certa maneira o seu estilo de pensar.

Um dos melhores testes para essa finalidade é o instrumento de dominância cerebral de Herrmann, que consta de mais de 120 perguntas.

Um exemplo desse teste está na Tabela 5.1, para o qual não há respostas certas ou erradas.

TABELA 5.1 – PERFIL DO SISTEMA OPERACIONAL DO SEU CÉREBRO

1. Idéias realistas	1	2	3	4	5	6	Elaborador de idéias
2. Racional	1	2	3	4	5	6	Emocional
3. Voltado para processos	1	2	3	4	5	6	Voltado para pessoas
4. Esmerado e organizado	1	2	3	4	5	6	Confuso e caótico
5. Acredita nos fatos	1	2	3	4	5	6	Acredita nos instintos
6. Previsível	1	2	3	4	5	6	Espontâneo
7. Lógico	1	2	3	4	5	6	Visionário

Caro(a) leitor(a), faça também o teste desenhando um círculo no número que você acredita que o(a) define ou descreve melhor entre os dois extremos (de 1 a 6).

Ao escolher para si uma avaliação entre os comportamentos ou atitudes indicados na Tabela 5.1, cada pessoa obtém uma informação sobre o seu estilo de pensamento e sobre a sua orientação cerebral (se usa mais ou menos o lado esquerdo ou o lado direito).

A interpretação para essa avaliação é a seguinte:

- se você obteve um *score* (número de pontos) entre 0 e 25, então a sua orientação é mais lógica, comandada pelo hemisfério esquerdo do cérebro;
- se a sua contagem está entre 26 e 30, você faz um uso integral do seu cérebro;
- se o seu *score* for 31 ou acima, você segue radicalmente a orientação do hemisfério direito do seu cérebro.

Realmente, tudo faz crer que a melhor condição para uma pessoa, e isto inclui o EC, é ter o uso integral do seu cérebro, quer dizer, saber usar tanto o lado esquerdo como o direito, tendo dessa maneira os dois estilos de pensamento.

Porém, isso em certas situações pode criar dificuldade pessoal, pois a visão de uma pessoa com **cérebro dual** pode resultar em uma inabilidade para tomar decisões, e talvez até em uma certa frustração por não ser capaz de agir na capacidade máxima em cada um dos extremos.

Mas, de qualquer forma, o EC ideal provavelmente seja aquele cuja personalidade se ajuste a uma orientação cerebral dual (*whole brain* em inglês).

A sabedoria convencional aponta para o fato de que as pessoas com dominância cerebral do hemisfério direito (DCHD) têm mais idéias novas do que aquelas com dominância cerebral do hemisfério esquerdo (DCHE).

Todavia, estudos recentes mostraram que quando se trata de obter novas estratégias para os negócios, quem fornece mais idéias são as pessoas com DCHE.

A maior parte dos adultos tem uma inclinação para se comportar de maneira lógica, mas a realidade é que em geral o equilíbrio de saber usar de forma dual o cérebro é muito mais eficaz para criar idéias empreendedoras, que geralmente são relevantes, ainda que inesperadas.

Afinal de contas, isto faz muito sentido.

Para serem eficazes, as idéias para os negócios não podem ser simplesmente grandes pensamentos sonhadores, como aqueles de alguns poetas, artistas, músicos, etc.

Para ter idéias eficazes, o EC com cérebro dual combina as suas inspirações com a lógica estratégica do *marketing,* bem como com as realidades de uma execução lucrativa.

Historicamente está constatado que trabalhar com pessoas com DCHE é mais fácil do que com aquelas que têm DCHD.

Assim, é mais fácil até convencer pessoas com DCHE de que devem se tornar mais criativas do que influenciar as pessoas com DCHD a serem mais disciplinadas.

Na realidade, pessoas com DCHE e DCHD constituem pólos opostos.

Quando elas trabalham juntas grandes realizações podem acontecer, desde que umas respeitem as aptidões das outras, pois caso contrário pode surgir um grande conflito.

Na Tabela 5.2 está uma tentativa de definir os estilos de pensamento de pessoas com DCHE e DCHD.

Os empregados de muitas grandes corporações devem geralmente se comportar como robôs, ou melhor, andar todos do mesmo jeito, vestir-se igualmente, agir de forma semelhante, etc.

Isto tudo é feito em nome da disciplina e da cultura corporativa.

Mas isto não é diversidade!!!

TABELA 5.2 – OS DIFERENTES ESTILOS DE PENSAR E DE SE COMPORTAR DAS PESSOAS

DCHE	DCHD
Sério e até carrancudo.	Bem-humorado e geralmente alegre.
Pés na terra.	Sofisticado.
Freqüentemente está aborrecido.	Geralmente está excitado.
Procura economizar.	Procura gastar.
Acredita nos fatos.	Acredita no instinto.
Limpo, esmerado e organizado.	Confuso, bagunçado e caótico.
O lucro está no centro das suas idéias.	As idéias são uma expressão de si.
Adota preferencialmente o método científico.	Prefere basear-se nos seus sentimentos para resolver um problema.

Alavancar a diversidade significa procurar tirar vantagens das habilidades únicas de cada indivíduo.

É vital aprender a apreciar e respeitar os pontos de vista de todos.

O fato de que eles possam estar enxergando o mundo de maneira diferente da sua não quer dizer especificamente que estejam errados.

É o jeito deles...

Para serem felizes, as pessoas não precisam ser iguais a você, meu (minha) caro(a) EC.

Acontece que os estudos comprovam que não existe nenhum tipo de diferença no tocante à felicidade entre os três estilos, isto é, DCHE, DCHD e dominância cerebral dual (DCD).

Estudos feitos pelo Instituto Herrmann indicam que no primeiro casamento geralmente as pessoas têm estilos de pensamento diferentes, e parece que no casal DCHE, DCHD o que atrai inicialmente os parceiros (namorados) são exatamente os seus estilos diferentes, e isto tem conduzido a relacionamentos duradouros e gratificantes.

O interessante é que as pessoas quando se casam pela segunda vez, aí já buscam pessoas que tenham mais ou menos o seu estilo.

Cabe ao EC, estimulador da diversidade, saber maximizar a produtividade dos seus empregados DCHE e DCHD, principalmente se ele já for DCD.

Eis aí umas "dicas" para se conseguir isto.

1ª Sugestão – Dar tarefas às pessoas certas.

O enfoque para a criação de idéias das pessoas DCHE e DCHD é bem diferente.

Os indivíduos DCHE iniciam geralmente os seus esforços criativos a partir de fatos e dados associados com uma certa situação.

Mas, isto sozinho não é suficiente e eles devem tomar ciência disso.

O EC deve então mostrar às pessoas com DCHE que elas precisam abrir a sua mente para gerar idéias que de fato representem diferença.

Portanto, é preciso orientar os indivíduos DCHE para que não sejam elaboradores de idéias práticas, contudo maçantes e nada atraentes.

Por outro lado, as pessoas DCHD começam os seus esforços criativos a partir de um grande cenário e sem quase nenhum tipo de restrição.

O EC deve orientá-las que isto não é adequado e mostrar-lhes que devem ter a responsabilidade de definir os detalhes e descrever as minúcias do seu plano para levar o negócio ao sucesso, ou seja, **dar lucro**!

Os sonhos continuarão sendo sonhos até que alguém lhes dê uma disciplina estratégica e de execução.

Ninguém nos negócios do século XXI pode ser um elaborador de idéias que se tornem fantasias inacabadas...

2ª Sugestão – Alavancar o tipo de estímulo que seja o mais adequado para cada tipo de pessoa.

Existem preferências naturais para cada tipo de estilo de pensamento.

Aquelas pessoas com DCHE sentem-se confortáveis usando estímulos que estão relacionados ao desafio.

Já as pessoas com DCHD sentem-se constrangidas quando lidam com a realidade dos estímulos relacionados, como por exemplo pintar um lindo quadro a fim de poder receber dinheiro para sobreviver.

A clara preferência dos indivíduos com DCHD é começar com algum estímulo que não esteja relacionado com o desafio proposto e trabalhar nele até descobrir uma idéia arrojada e audaz, uma grande idéia que se transforme em algo original.

3ª Sugestão – Utilizar a energia dos indivíduos com DCHD como uma fonte de energia para a mudança.

Cada estilo cerebral tem seus pontos fortes diferenciados.

Assim, os indivíduos com DCHD são rebeldes não-conformistas e dissidentes.

Por incrível que pareça, eles podem ajudar o EC para que aconteçam grandes realizações.

Na Tabela 5.3 temos algumas diferenças entre as pessoas DCHD e DCHE que devem ser levadas em conta, em especial se for necessário para o EC DCD ter como conselheiro alguém **diferente dele!!!**

Todo EC que tiver na sua empresa bem identificados vários colaboradores com estilo DCHD deve ficar muito satisfeito, pois comumente eles são as faíscas que vão guiá-lo para continuamente estar praticando uma gestão criativa do seu negócio, voltada sempre para as mudanças que tragam melhorias repletas de espírito de aventura.

O EC aprenderá uma coisa vital com os de DCHD: é quase sempre mais fácil conseguir um perdão por uma eventual falha não-proposital do que obter ou buscar a aprovação para uma idéia excêntrica.

4ª Sugestão – Compreender que os indivíduos DCHE representam a disciplina que transforma as idéias simples em uma realidade empresarial.

Efetivamente as pessoas DCHE têm a capacidade de transformar sonhos em realidade.

As pessoas do tipo DCHE são as executoras, as planejadoras, as realizadoras disciplinadas das idéias.

São as que têm a capacidade para conseguir a partir do clarão reluzente de uma idéia chegar a uma inovação bem-sucedida.

TABELA 5.3 – CARACTERÍSTICAS DOS INDIVÍDUOS COM DCHE E DCHD	
DCHE	**DCHD**
Cauteloso	Aventureiro
Usa o bom senso	Tem grandes sonhos
Auxiliar silencioso	Líder de torcida
Criador de regras	Rompedor de regras
Conservador	Liberal
Previsível	Espontâneo
Racional	Emocional
Lidera com a cabeça	Lidera com o coração
Pensa antes de falar	Fala antes de pensar
Disciplinado	Espírito livre
Crítico severo	Perdoador clemente
Utiliza a seqüência: pronto, mira, fogo.	Utiliza a seqüência: fogo, mira, pronto.
Perspectivo	Apaixonado
Lógico	Visionário

Se o empreendedor, por exemplo, for uma pessoa com DCHE, ele deve saber que é mais do que nunca dele a responsabilidade de liderar toda a transformação de visões dos seus empregados DCHD em realidades práticas.

Ele não pode de maneira alguma esperar que os seus colaboradores DCHE façam isto, porque é muito difícil que consigam executar essa tarefa.

Já se o empreendedor for DCHD, ao contrário, ele deve escolher entre os seus funcionários os melhores do tipo DCHE e passar-lhes as suas idéias, que aí sim terá uma grande probabilidade de ver os seus sonhos se concretizarem.

5ª Sugestão- Encontrar a forma correta de aproveitar bem todos os estilos de pensamento.

O EC é aquele que percebe nos primeiros estágios da gestão do seu negócio que cada estilo de pensamento tem uma razão para a sua existência.

Ninguém, por conseguinte, é mais ou menos importante que o outro dentro da sua empresa.

O que ele deve saber bem é quais são as características dos seus empregados, em outras palavras, quais são os de DCHE e quais são os de DCHD, para aproveitar da melhor maneira possível as aptidões de cada um.

Os DCHE servirão para definir as coisas com precisão, debater as questões com lógica, transformar sonhos em realidade, etc., enquanto os DCHD infundirão vida na sua forma de falar e criarão excitação nos clientes da empresa com o seu comportamento espontâneo e com as suas idéias apaixonadas e visionárias.

Nesse caso, quando o EC dá prioridade ao uso da diversidade na sua empresa, ele demonstra que é tolerante com os seus funcionários e que busca ouvir e compreender os pontos de vista deles.

Os ECs bem-sucedidos – é difícil de acreditar – são os que sabem combinar de forma conveniente os seu funcionários DCHD, que são os criativos, com aqueles DCHE, extremamente focados e disciplinados para trazer à vida contínuas inovações na empresa.

Pode-se então dizer que os EC verdadeiramente bem-sucedidos são os que sabem trabalhar e combinar as qualidades dos seus empregados, sempre tendo um trabalho de equipe no qual estão presentes os estilos de pensamento tipo Pablo Picasso (DCHD) e tipo general George Patton (DCHE).

3ª LEI – TER CORAGEM DE ENFRENTAR TODOS OS MEDOS

Pode-se afirmar de um modo geral que o potencial de realização de uma pessoa só é limitado pelo nível dos seus medos.

A intensidade dos estímulos e a amplidão da diversidade é que vão abastecer o EC para imaginar novas coisas.

Entretanto, elas surgem ou transformam-se em realidade na proporção em que o EC souber enfrentar os seus temores e receios.

Realmente o medo destrói ou inibe enormemente a habilidade de uma pessoa de criar e manipular novas idéias.

Chris Stormann desenvolveu uma pesquisa que o conduziu à seguinte fórmula:

$$\text{Nº de idéias de qualidade} = \frac{(\text{Estímulos})^{\text{Diversidade}}}{\text{Medo}}$$

a qual, na opinião de Doug Hall, presidente da mais importante empresa de inovação corporativa dos EUA, a Eureka! Ranch, constitui o ponto de partida para a teoria universal da criatividade.

Bem, por meio dessa equação nota-se que o mundo das idéias pode ser definido, e caso você queira ter uma boa idéia deve minimizar o seu medo, buscar os mais variados estímulos que lhe permitam ter as mais varia-das perspectivas, usando inclusive alguns como catalisadores para o seu cérebro, não esquecendo do efeito exponencial da diversidade.

Assim, por exemplo, quem quiser dobrar o surgimento de idéias deverá ou diminuir o medo que existe no ambiente de trabalho pela metade, ou então dobrar o efeito conjunto dos estímulos e da diversidade, conforme a expressão matemática que está no numerador da fórmula de Stormann.

Lamentavelmente o medo faz parte da condição humana, a começar pelo medo essencial **que é o de morrer**.

O prof. Richard Thaler, da Universidade de Chicago, que é também um brilhante economista, diz: "A maior parte das pessoas é **avessa ao risco**, significando que elas sentem mais dor proveniente de perdas do que prazer gerado pelos ganhos.

Um excelente exemplo de medo é o demonstrado pelos técnicos de basquetebol.

Por exemplo, suponhamos que num certo jogo uma equipe esteja dois pontos atrás e tenha tempo suficiente para mais um arremesso, que poderá ser com uma cesta de dois pontos, cuja probabilidade de sucesso é 0,5, ou com uma de três pontos, cuja probabilidade, digamos, é 0,333.

Na realidade, se não forem essas as probabilidades, todo o raciocínio feito adiante estará fadado ao ridículo...

Claro que numa situação – cesta de dois pontos – tem que se jogar uma prorrogação, e no caso da cesta de três pontos é a vitória, porém este evento tem probabilidade menor.

Evidentemente que existe também a probabilidade de ganhar na prorrogação, contudo este evento composto (dado que é preciso antes fazer a cesta de dois pontos e depois ganhar na prorrogação) tem uma probabilidade de 0,25.

E aí, o que decide a maior parte dos técnicos?

A maioria deles recomenda à equipe para ir mais na **'certeza'** e buscar a cesta de dois pontos, pois isto num primeiro momento diminui a probabilidade de perda imediata."

Os treinadores de quase todos os esportes coletivos (não esqueça nunca o futebol brasileiro pentacampeão mundial...) fazem tudo para evitar perder, muito mais, por sinal, do que para tentar ganhar...

Pois é, os "dragões do medo" controlam os humanos fazendo-os conscientemente tomar com grande freqüência decisões erradas, apesar de conhecerem as melhores...

É por isso que o EC precisa saber enfrentar os obstáculos e ter suficiente coragem para vencer o medo, até porque costumeiramente vai ter que assumir riscos.

Além disso, ele deve eliminar o círculo maldoso do medo, que tem as seguintes etapas:

1. Quanto maior é o medo na empresa, menos idéias são geradas e divulgadas.
2. Quanto menos idéias novas surgirem, menor número delas será implantado!
3. Quanto menos coisas novas são implantadas, mais aumenta o medo.
4. Volta-se à etapa 1.

O EC que buscar a sobrevivência e a eventual expansão do seu negócio precisa romper esse ciclo.

Lamentavelmente não é possível eliminar o medo de forma completa, mas o EC precisa ter a coragem de enfrentá-lo para poder levar avante o seu empreendimento.

A vida é uma coleção de probabilidades e não dá realmente para construir um negócio sobre eventos de probabilidade 0(zero) ou 1(um), ou seja, ele não acontecer nunca ou a certeza de ocorrer.

O que se deve é lutar para que a probabilidade de sobrevivência do negócio esteja o mais próxima possível de 1 (ou 100%).

De certa forma, o medo é uma coisa boa, pois força as pessoas a prestarem atenção nos detalhes que podem ser a diferença entre o sucesso e o fracasso.

Quando o medo evolui a partir do nosso sistema interno de verificações e equilíbrio, que precisa acontecer nas nossas ações na empresa, **a vida se torna ameaçadora**.

Uma vez que o medo se enraíza, ele acaba atacando as pessoas de centenas de lugares.

O medo pode ser de várias espécies e maneiras de se demonstrar.

Alguns medos vêm de dentro de nós e outros nos são infligidos pelas circunstâncias e pelas pessoas que estão ao nosso redor.

Assim temos medo: de falhar; de que as pessoas nos ridicularizem; de sermos politicamente incorretos; de que alguém pense que somos ignorantes; do desconhecido, e principalmente das mudanças.

O medo se torna muito maior quando as coisas não vão bem para a empresa (medo de perder o emprego).

O incrível é que a força gravitacional do medo é contraditória às nossas necessidades.

Quando os tempos são bons o medo é baixo, até porque não existe nenhuma grande necessidade que o provoque.

Porém, se os tempos se tornarem ruins aí o medo fica alto, justamente quando precisamos ter coragem para tomar atitudes intrépidas que permitam corrigir a tendência declinante do negócio.

O EC, para se tornar um verdadeiro bandeirante – um pioneiro que cria a sua própria história em lugar de ficar sentado esperando que alguém tome essa ação e a transforme num caso de sucesso –, precisa ter **muita coragem**.

O primeiro passo para enfrentar o medo é reconhecer que ele existe.

Deve-se reconhecer que quando se pensa que não dá para fazer isto ou aquilo, de fato se está protegendo contra os medos.

Os indivíduos com DCHE são particularmente bons em encontrar argumentos racionais e lógicos para lidar com o medo.

Não se pode esquecer que as pessoas sentem-se confortáveis em manter as coisas no mesmo lugar.

Então, sempre que se empreende uma ação, qualquer que ela seja, surge um nível de incerteza.

A triste verdade é que existe apenas uma única maneira de promover um crescimento significativo no seu negócio: **é através da mudança**.

E a mudança exige que a pessoa saia de onde está, tendo a audácia de tentar algo novo!

5.2 - AS TÁTICAS DO EC

Mas a ousadia ou a coragem de enfrentar o medo é algo que precisa estar dentro do EC, o qual deve usar as seguinte táticas para vencer o medo:

1ª Tática – Fazer sempre as coisas certas.

Quando o EC executa a ação correta de maneira certa, o medo não tem chance de criar raízes.

A verdade tem um poder que transcende todos os medos.

É a verdade e o senso de direito que seguramente deram a Nelson Mandela a coragem para se insurgir contra o *apartheid* (regime de segregação racial na África do Sul) e manter-se íntegro durante os 28 anos em que permaneceu prisioneiro.

Mas, no final, ele foi bem-sucedido.

Jeff Bezos, fundador e *chairman* da loja virtual Amazon.com, diz: "Os maiores perdedores no futuro serão as empresas que venderem produtos medíocres e oferecerem serviços incompletos.

No mundo antigo, você podia enganar os clientes através de lindos anúncios e um *marketing* devastador, porém esse tempo já se foi e agora para conquistar o cliente você deve dizer a verdade sempre."

Uma maneira do EC encontrar a coragem para promover a mudança é envolver a si próprio na perseguição daquilo que acredita ser verdadeiro.

Toda vez que o EC estiver apaixonado pelo seu empreendimento, ele estará cada vez mais propenso a assumir riscos em seu nome e investir além dos seus limites.

2ª Tática – Usar a dor para motivar-se a conseguir o ganho.

Se percorrer a trilha da verdade não for um motivador suficiente para implementar a mudança, outra opção para o EC é a realidade do sofrimento.

Talvez esse não seja o meio mais agradável de conseguir coragem para promover a mudança, mas é uma opção altamente eficaz.

Sempre que um EC sentir que existe uma grande pressão ou até urgência de que algo seja feito, ou melhor, **que deve ser feito agora**, é mais fácil para ele encontrar a coragem para criar algo no mínimo atrevido.

O desafio está no fato de que não é tão fácil criar um estado de urgência quando se vive num regime econômico e político razoavelmente estável (talvez até seja o caso do Brasil, ou não...), sentindo-se em uma situação confortável e sem vislumbrar ameaças imediatas.

A saída para esse caso – isto é, inspirar-se para a mudança – é ler algumas das tendências dos negócios manifestadas pelos especialistas do ramo que sempre fazem previsões do tipo "o mundo vai acabar", ou "o sol não vai brilhar amanhã", que geram muita apreensão.

Por outro lado, não há como negar: toda iniciativa verdadeiramente inovadora irá causar uma certa turbulência e até um caos tanto no trabalho do EC como no seu negócio.

Provavelmente a maior barreira contra a execução de mudanças é o eventual sucesso já alcançado.

Quando tudo está bem, é bem possível que algum EC entre num estado de confortável complacência.

Infelizmente, em quase todas as organizações, quando se atinge um patamar de sucesso os seus executivos, gerentes, e mesmo o pessoal operacional (piso de fábrica) começam, na sua maioria, a perder sua paixão e sua coragem.

E a prioridade torna-se: "não criar mais riscos e confusões" em vez de continuar na trilha da inovação audaciosa que fez com que a empresa chegasse àquela posição de liderança.

Só a percepção clara de que o nosso negócio está em declínio é que geralmente nos desperta para que sejam tomadas as medidas corretivas e promovidas as mudanças a fim de salvá-lo.

Entretanto, a verdade indiscutível é: deve-se ter o desejo de deixar as coisas que se têm agora para de fato iniciar uma mudança real, mas não se pode esquecer que com ela não se obterão benefícios sem padecer.

3ª Tática – Tentar sempre até encontrar a coragem para arriscar.

Todo EC que busca encontrar a coragem que lhe permita tomar atitudes que conduzam ao sucesso deve aumentar em pelo menos dez vezes a taxa de falhas nas idéias que experimenta.

Uma medida evidente da coragem de uma pessoa ou da cultura corporativa é o número de falhas cometidas pelo indivíduo ou pela empresa.

A pessoa que não falha não está vivendo a vida na sua plenitude, e é um indivíduo que não está engajado no seu pleno potencial.

Não dá para marcar gols no handebol ou cestas no basquetebol se você não faz arremessos que podem ou não ser bem-sucedidos.

Da mesma forma, num empreendimento você não pode criar uma mudança real, a menos que tente algo verdadeiramente diferente.

Num pequeno negócio é necessário que o empreendedor e os seus colaboradores tenham continuamente muitas novas idéias.

Não se deve, porém, esquecer que pensar não significa tentar...

Para um pequeno negócio, não tentar experimentar novas idéias significa praticamente que o EC desistiu da sua vantagem competitiva básica em relação às grandes empresas.

A força cinética, em outras palavras, a quantidade de movimento que se cria no mercado deve ser interpretada da mesma forma que nos livros de Física.

Explicando melhor: a quantidade de movimento Q é dada pelo produto da massa (m) pela velocidade (v).

Quantidade de movimento = massa x velocidade
Q = m x v

Enfim, você pode trabalhar numa empresa enorme e maciça, gastando "toneladas" de dinheiro e tendo milhares de pessoas trabalhando lá ("pesando" muito e tornando a organização lenta), ou você pode estar numa pequena organização rápida, ágil e focada na velocidade.

Não existem outras opções para uma pequena empresa vencer uma grande.

Pode-se até entender que uma grande companhia, com inúmeras reuniões, grandes comissões, muitos níveis hierárquicos, etc., seja lenta, inerte e incapaz de testar e gerar novas idéias, mas isto é imperdoável para um empreendedor que queira ser criativo. Ele também precisa ser muito ligeiro para testar rapidamente muitas delas.

Quando ele lida com as novas idéias, os sucessos que alcança e, o mais importante, os fracassos, vão formando o seu caráter corajoso que usará quando tiver de enfrentar adversidades reais e maiores.

Portanto, o EC deve testar muitas idéias continuamente, e é isto que lhe abrirá o caminho para novas oportunidades e fará com que se sinta cada vez mais confiante e corajoso.

Dessa maneira, o EC deve valorizar o sucesso e também o fracasso.

O que deve aborrecê-lo é a **não-ação** e a permanência no mesmo lugar durante muito tempo...

4ª Tática – Reduzir o custo da falha e aumentar a sua coragem.

Os medos dos seres humanos existem na proporção direta dos riscos que eles devem assumir.

Quanto maior é o custo da falha, tanto maior é o nível de medo de cada uma.

Logo, é mais fácil ser impetuoso com uma mudança quando o custo do insucesso é baixo.

No mundo dos negócios, pode-se empregar essa "verdade" como sendo a vantagem que o EC deve utilizar para criar métodos para a experimentação que acelerem os ciclos de falha e/ou de sucesso de maneira que rapidamente e de forma não muito dispendiosa possa ter um teste concreto.

É assim que faz uso de sistemas de protótipos que **possibilitem produzir pouco, vender pouco e aprender muito!**

Antes de se chegar ao protótipo é imprescindível transformar a idéia do EC em um documento escrito.

No ato de organizar os seus pensamentos na forma escrita, o EC seguramente perceberá várias imprecisões.

Aliás, é aí que está o verdadeiro valor dos planos de negócios.

Raro é o plano de negócios que uma vez escrito torna-se uma ação que será desenvolvida segundo as suas normas.

O grande valor do plano reside no fato de que ele permite organizar o pensamento do EC.

Após o EC, com o auxílio dos seus colaboradores, ter escrito, reescrito e reescrito a sua idéia, ela se torna inquestionavelmente clara, e aí deve-se passar para o estágio de trabalhar com o lançamento de uma produção experimental.

Ao elaborar uma "produção-protótipo", o que se pretende é de maneira rápida, com baixo custo simular alguma experiência com o cliente.

No primeiro momento o produto não deve ser excepcional, justamente para sentir a reação dos clientes, o que orientará de forma melhor o seu desenvolvimento posterior e diminuirá sensivelmente vários medos.

Com a execução rápida de protótipos, o EC ganha quase a mesma sabedoria obtida pelos cientistas e pesquisadores quando executam os seus experimentos de tentativa e erro, ou melhor, de testar e aprender.

Portanto, a mudança é o caminho natural, na realidade, o **único** para inspirar um crescimento genuíno.

Depreende-se daí que, para ter sucesso na vida ou nos negócios, precisamos aprender a aceitar e abraçar a mudança com a mesma energia e entusiasmo que a maioria das pessoas adota para evitá-la ou impedi-la.

Ninguém deve esquecer o que dizia Winston Churchill, o corajoso primeiro-ministro britânico: "Melhorar significa mudar e para ser perfeito é preciso mudar com freqüência."

5ª Tática – Gerenciar os medos da mesma maneira como você faz com os seus suprimentos e vários investimentos.

O EC pode reduzir dramaticamente os seus medos, agindo do mesmo modo que em relação aos investimentos feitos no negócio ou ao cuidado com os suprimentos.

Ele deve despender o seu tempo e seus esforços na inovação de maneira parcimoniosa como faz no uso do dinheiro da empresa.

Inicialmente deve investir em um portfólio de opções para promover inovações no seu empreendimento em lugar de colocar tudo num único conceito.

Também precisa subdividir o seu portfólio numa ampla gama de níveis de risco de baixo até elevado, de conceitos de curto prazo aos de longo prazo, e em conceitos de fácil execução e naqueles nos quais se necessita alguma ruptura científica.

Quando algum desses projetos revelar-se como sendo um evidente vencedor, cabe ao EC realocar os seus recursos nele e descontinuar ou investir menos nos conceitos remanescentes.

Este enfoque aumenta a confiança do EC e conseqüentemente espanta os seus medos, além do que ele adquire valiosíssima informação sobre os projetos realmente viáveis e lucrativos.

6ª Tática – Planejar baseando-se em probabilidades e não em "certezas".

Muito do nosso medo se desenvolve devido à forma inadequada com que atribuímos "certezas" em um mundo incerto!

Em primeiro lugar você deve lembrar-se – principalmente se freqüentou um razoável curso de Estatística e Teoria das Probabilidades – que não existe essa coisa de **sucesso** ou **falha garantida**.

A vida é toda comandada por probabilidades!

No momento em que o EC se conscientiza disso, fica numa posição muito mais confortável para analisar o sucesso ou fracasso de alguma idéia quando busca atribuir-lhe uma probabilidade entre 0 e 1, e com isto aumenta também a sua confiança, ou pelo menos minimiza muito o seu desagrado em relação à mudança.

Dependendo do nosso estilo de pensar, tendemos a arredondar as probabilidades de maneira diferente.

Digamos que um produto (ou um conceito) tem uma probabilidade 0,5 (ou 50%) de dar certo.

Um indivíduo com DCHE, ou seja, uma pessoa "lógica" tende a arredondar essa probabilidade como **"sem chance"**, ou seja, 0 (zero), cometendo um grave erro.

Já uma pessoa com DCHD, que é mais otimista, possivelmente arredondará 0,5 para o valor superior tomando a decisão: "conceito definitivamente pronto para ser lançado"!?!?

Isso gera na empresa uma grande discordância, pois as pessoas têm avaliações totalmente diferentes do que vem a ser risco.

E é muito comum surgir este tipo de divergência tanto entre os empregados do negócio como até com as esposas (os maridos) em casa, emergindo perspectivas completamente diferentes.

Nenhum debate sobre a tomada de uma decisão deve oscilar apenas entre branco ou preto.

Ao contrário, deve-se concentrar a discussão para saber escolher a tonalidade adequada de cinza, isto é, chegar à melhor estimativa da probabilidade.

Quando o EC adquire o hábito de visualizar o mercado probabilisticamente, ele passa a gerenciar os riscos e os seus medos com a devida maestria, e o planejamento dos seus negócios acaba sendo muito mais consistente.

Aí o seu maior medo passará a ser não as probabilidades "conhecidas", mas os desafios desconhecidos que virão pela frente...

7ª Tática – Desenvolver o papel de um revolucionário rompedor de normas, regras, procedimentos, leis, etc.

Todos os homens de negócio dirigem suas empresas usando regulamentações e o que aprenderam em faculdades ou escolas.

Algumas regras são aplicadas de maneira consciente (e até determinística...) quando se quer estabelecer o lucro marginal bruto, necessário para se saber qual é o preço de venda do produto e/ou serviço da empresa de tal forma que se assegure uma lucratividade razoável.

Outros procedimentos são seguidos de maneira quase que inconsciente baseando-se em *feelings* (sentimentos) desenvolvidos após anos de experiência.

Outros ainda são manifestações evidentes do que os ECs aprenderam nas instituições de ensino, nos livros, nos seminários, etc., quando puderam aumentar a sua sabedoria pelo compartilhamento de informações com outras pessoas que estão num negócio ao menos semelhante.

Um EC, rompedor do *statu quo*, está sempre analisando a lista de "leis" ou verdades que rodeiam o seu negócio, estudando quais são as melhores maneiras de executar as tarefas no seu empreendimento e principalmente quais são as verdades absolutas aceitas no seu setor.

Aí ele está apto para agir como um "destruidor de leis" no sentido de inventar maneiras relevantes e não existentes ainda para incrementar o seu empreendimento.

O EC busca violar cada regra em vigor no mercado, tornando-se, pois, quase um revolucionário que se volta contra o *establishment* (sistema governante) porque não o respeita, não tem fé e nem confiança no mesmo.

O EC precisa comportar-se como um revolucionário, procurando adivinhar que normas têm potencial para serem as verdades no futuro; que idéias deve perseguir se quiser iniciar um negócio sem destruir a infra-estrutura atual; que idéias implementadas colocariam em pânico os seus competidores, etc.

O EC deve fundamentar-se no sucesso obtido pela Federal Express, líder mundial de entregas, apesar de que o seu fundador Fred Smith, quando apresentou ao seu professor na Universidade de Yale a sua tese na qual explicava como a FedEx ia funcionar, recebeu dele a seguinte avaliação: "O conceito dessa entrega tão rápida é interessante e bem fundamentado porém vou-lhe dar uma nota C pois essa idéia precisa ser viável."

Tudo faz crer que a mente do professor de Fred Smith não era nada revolucionária...

8ª Tática – Mudar a estrutura conceitual.

Nós encontramos coragem e conseqüentemente perdemos o medo quando mudamos a nossa estrutura conceitual.

Assim, o EC corajoso é aquele que não fica focado apenas numa semana ou num mês, mas pensa a longo prazo, descortinando um grande quadro no qual vai agir.

Uma boa forma para se encher de auto-estima e coragem é o EC lembrar como era o seu negócio seis meses ou alguns anos atrás, para constatar quanto ele já realizou, e desta forma enxergar o futuro com mais otimismo acreditando que pode fazer muito mais.

Quando a pessoa olha corajosamente para o futuro, pode aí vislumbrar mudanças radicais que pode implementar, e desta maneira fazer o seu negócio progredir muito.

Para sobreviver e prosperar a longo prazo, o EC precisa ter uma visão de longo prazo do que o seu negócio é agora e onde ele deseja estar daqui a algum tempo.

O EC nunca pode cair na síndrome da inércia, ou seja, ficar muito tempo do mesmo jeito, pois aí sem dúvida surgirá um efeito mortal, o de ter ficado parado como um poste.

A coragem não pode ser dada ou comprada pelo EC. É algo que o EC deve tirar de si mesmo, bem do fundo do seu ser.

É o EC que deve estabelecer se viverá uma vida de medo ou de coragem. É uma escolha totalmente pessoal.

Sabe-se que aqueles que chegaram a ter elevados níveis de coragem adquiriram os mesmos através da conquista de auto-confiança, após terem enfrentado centenas ou até alguns milhares de desafios.

É a partir de vitórias e derrotas que as pessoas se tornam fortes.

O EC sabe, então, que a criatividade tem tudo a ver com se expor para os outros, e que praticar a criatividade muitas vezes pode humilhá-lo em público!

As pessoas encontram a sua força interna quando as idéias que querem pôr em prática são aquelas pelas quais estão apaixonadas.

Só quando alguém verdadeiramente acredita na sua causa é que vai ter a força para escrever a história de sucesso gerada pela sua idéia.

No fim das contas, ter coragem para enfrentar o medo é bem mais do que simplesmente conseguir que um empreendimento cresça.

Tem tudo a ver com o tempo que cada um – em particular o EC – tem neste planeta.

Refere-se a realizar algo que faça realmente a diferença.

Por isso, nunca desista, não fique só se lamuriando.

Você está num grande e maravilhoso país – o Brasil –, onde existe liberdade e são inúmeras as opções para abrir o seu negócio.

Você tem toda uma vida pela frente.

Viva-a, pois, para que seja lembrado pelos seus familiares, amigos e concorrentes.

Busque com todas as suas forças fazer algo que constitua uma melhoria para a humanidade.

"Pensar como um empreendedor
é uma forma de vida, uma atitude.
Isto significa que a pessoa deve colocar
a si mesma em uma renovação e crescimento
perpétuo buscando continuamente obter e pensar
sobre as novas informações que sejam úteis
para os seus empregados, para os seus fornecedores e aos clientes transformadas em
produtos/serviços que os encantem."

O empreendedor fazendo uso do pensamento sistêmico

6.1 – NOÇÃO DE SISTEMA

Deve-se entender por **sistema** um conjunto de componentes que trabalhem juntos para atingir um objetivo total.

Já o **pensamento sistêmico** é uma nova maneira de enxergar e estruturar mentalmente o que o empreendedor criativo (que vamos representar simplesmente por EC, como já foi feito no Capítulo 5) vê no mundo dos negócios.

O pensamento sistêmico é uma forma de pensar ampla ou globalmente, por meio do qual a entidade, vale dizer, o seu empreendimento tem que ser visto como um todo, percebendo-se inicialmente a sua relação com o ambiente e analisando as suas partes componentes num segundo plano.

O pensamento sistêmico oferece ao EC uma **melhor maneira para se expressar**, **compreender o mercado** e o seu mundo de negócios e **viver tanto a sua vida profissional** como a pessoal, diferentemente dos antigos modos de pensar mecanicista e analítico.

O EC que não souber pensar de maneira sistêmica dificilmente saberá resolver os problemas simples de hoje, que se tornarão problemas complicados no futuro.

O século XXI será não apenas a era da nova economia, mas principalmente a época dos sistemas ou redes, como é o caso da Internet ou dos grandes blocos comerciais (Mercosul, Alca, Mercado Comum Europeu, etc.)

Por isso o EC deve estar apto para de maneira criativa saber explorar para o seu negócio as vantagens da **era dos sistemas**.

É vital ressaltar que qualquer sistema pode ser incluído em uma das seguintes categorias básicas: **aberto** ou **fechado**.

Um sistema aberto aceita os insumos (entradas) do seu ambiente, age nos mesmos e cria resultados, liberando a produção para o mercado.

Em contraste, um sistema fechado é isolado e hermético.

Um exemplo pode ser um laboratório de química experimental e estéril. Cada sistema vivo sobre o qual se opera é um sistema aberto, embora alguns sistemas estejam mais abertos que outros.

A globalização, na teoria, promete abertura total para os negócios de todos os países.

Entendendo os sistemas vivos que estão em torno de nós como abertos, estaremos em condições de perceber melhor as suas interações com o ambiente.

Essa consciência é essencial que o EC tenha para poder gerenciar a mudança, tomar decisões corretas e resolver de forma criativa os problemas dentro do seu sistema vivo – **o seu negócio!**

Além do mais, isto lhe permitirá sempre levar em conta tanto o ambiente no qual está a sua empresa como os componentes do seu negócio que apóiam a obtenção dos objetivos da empresa.

É vital que o EC compreenda que quando um componente do sistema muda, isto influencia de alguma forma os outros componentes do sistema e pode assim alterar o próprio sistema.

Do mesmo modo, quando um sistema é alterado, obviamente ele gerará algum efeito sobre os outros sistemas, o que significa que no século XXI vivemos num mundo cada vez mais **inter-relacionado** e interdependente.

Foi na década de 20 do século XX que o biólogo Ludwig von Bertalanffy e alguns outros pensadores estabeleceram a **teoria geral dos sistemas** que se aplica a todos os níveis da ciência, desde o estudo de uma única célula até o estudo do sistema planetário como um todo.

Geoffrey Vickers, em 1972, disse: "De forma resumida, a finalidade da teoria geral dos sistemas é a de descobrir a mais geral estrutura conceitual na qual se possa colocar ou enquadrar tanto uma teoria científica como um problema tecnológico sem perder as características essenciais da teoria ou do problema tecnológico."

6.2 – CONCEITOS FUNDAMENTAIS DO PENSAMENTO SISTÊMICO

Os quatro conceitos essencias do pensamento sistêmico são:

1º Conceito – Os sete níveis de sistemas vivos (abertos).

Os sete níveis são:

1. Célula – É a unidade básica da vida.
2. Órgão – Os sistemas orgânicos dentro dos nossos corpos.
3. Organismo – Organismos isolados tais como os humanos, animais, peixes, pássaros, etc.
4. Grupo – Incluindo-se aí equipes de trabalho, departamentos, setores de uma empresa, famílias e corpos similares compostos por integrantes.
5. Organização – Uma empresa, companhia, comunidade, cidade, instituição pública ou privada, ou então uma organização não-governamental (ONG).
6. Sociedade – Estando nesse nível Estados, províncias, regiões dentro dos países.
7. Sistema supranacional – Fazendo parte, neste caso, as regiões de vários países, continentes, o sistema global.

Claro que o EC precisaria inicialmente estar preocupado com os níveis: **organismo** (seus empregados), **grupo** (como os seus funcionários trabalham em equipe) e **organização** (enxergando as outras empresas concorrentes e as comunidades onde o seu produto é vendido ou consumido).

Porém, evidentemente, não pode depois deixar de analisar a posição do seu negócio em relação à **sociedade** – que Estados, regiões, países ele atinge – e ao **sistema supranacional**, verificando se os seus produtos são exportados para outras nações.

2º Conceito – As leis dos sistemas naturais: dinâmica do sistema – padrão.

A dinâmica de um sistema – padrão encontrada em todos os sistemas vivos exibe 12 características, a saber:

1. **Holismo** – O enfoque holístico leva à sinergia quando se chega freqüentemente à conclusão de que o todo não é apenas a soma de suas partes.

   O sistema, ele próprio, pode ser explicado apenas como uma totalidade.

   O holismo é uma visão oposta à do elementarismo que encara o total como a soma das partes componentes.

   O EC é aquele que tem uma visão holística.

2. **Sistema aberto** – Como foi dito anteriormente, um sistema aberto recebe insumos do ambiente onde está inserido, trabalha com os mesmos e os devolve ao ambiente transformados em produtos.

   Em outros termos, sistemas abertos trocam energia, materiais e informações com o ambiente.

   Os sistemas biológicos e sociais (caso do empreendimento) são inerentemente sistemas abertos.

Os três elementos-chave para o sucesso de qualquer sistema vivo (a empresa do EC) são a sua aptidão para:

a) interagir com o ambiente dentro do qual se encontra;

b) ajustar-se ao ambiente;

c) conectar-se com o ambiente.

Uma tarefa vital para qualquer EC é a de saber esquadrinhar o ambiente e então adaptar a sua empresa ao mesmo.

O EC criativo que busca tornar o seu negócio excelente é aquele movido pela sua intensa vontade de receber *feedback* (retroalimentação), e sempre aberto para receber novas informações do ambiente (mercado) que o ajudem a corrigir o rumo da sua empresa em direção à prosperidade e à liderança no setor.

3. **Limites dos sistemas**.

Todos os sistemas possuem limites que os separam ou incluem claramente dentro de certos ambientes.

O conceito de fronteiras estimula no EC a compreensão efetiva entre o que é um sistema aberto e o que é um sistema fechado.

O sistema relativamente fechado tem limites impenetráveis, enquanto um sistema aberto possui limites permeáveis entre si e algum supra-sistema mais amplo.

Portanto, um sistema aberto pode integrar-se de maneira mais simples e colaborar com o ambiente.

No tocante à concorrência, isto significa também que ela pode competir com o empreendimento do EC em qualquer lugar que esteja.

Se os limites são fáceis de definir nos sistemas físicos e biológicos, o mesmo já não acontece com as comunidades e as organizações, pelo menos nestes tempos de globalização, quando de um lado têm-se problemas com o MST (Movimento dos Sem-Terra) invadindo propriedades alheias, e da Organização Mundial do Comércio (OMC) sem a autoridade suficiente para resolver todas as questões de proteção que os países impõem para a venda ou aquisição de produtos.

Isto talvez possa ser explicado pelo fato de que os nossos sistemas legislativos fornecem mais proteção para os direitos individuais e bem menos para os "bens comuns" de uma comunidade ou uma empresa.

Realmente para as organizações, quaisquer que sejam os seus portes, as fronteiras estão ficando cada vez mais abertas, tornando-as termos muito vagos para de fato se poder entendê-las como limites.

No século XXI estamos vivendo cada vez mais no mundo da comunicação instantânea, da desregulamentação, no qual todas as fronteiras estão se abrindo de forma inacreditável...

O EC é aquele que consegue deslocar-se do **pensamento analítico** ou mecânico, estruturado no reducionismo, na análise e na mecanização fundamentada na relação simples de que toda causa tem um único efeito, para o **pensamento sistêmico**, quando então tem condição de promover as mudanças corretas no seu negócio (sistema).

4. O modelo insumo – transformação – produção.

Todo sistema aberto deve ser visto como um modelo de transformação, e a sua relação com o ambiente precisa ser dinâmica.

Ele assim recebe muitos *inputs* (insumos), transforma esses *inputs* de algum modo e os torna *outputs* (resultados), tendo a condição de exportá-los ou cedê-los para algum outro sistema ou organismo.

Essa é a forma como os sistemas vivos e naturais operam, sendo pois a essência do modelo do pensamento sistêmico que o EC precisa internalizar caso queira agir corretamente nas melhorias que deseja implementar no seu negócio.

Este modelo de fato pode ser combinado com a 5ª característica – *feedback* (realimentação) – e o 1º conceito (os sete níveis do pensamento sistêmico) para criar um fluxograma no qual possam ser mostradas as mudanças e as transformações que ocorrem com o passar do tempo.

No caso elementar do nosso organismo, precisamos receber insumos como água e alimentos e transformá-los em nutrientes vitais caso queiramos sobreviver, não é?

5. O *feedback* (realimentação).

É vital o EC entender como um sistema se mantém num estado estacionário e como isto pode ser melhorado.

Toda a informação referente ao que o sistema produz deve ser levada de volta ao mesmo como um insumo, que talvez permita promover mudanças que possibilitem a obtenção de resultados melhores.

Freqüentemente esse insumo informacional ajuda muito para se chegar à raiz dos problemas.

Pelo menos, este foi um dos princípios utilizados pelo famoso guru da qualidade W. E. Deming para aumentar a eficiência dos processos produtivos.

Naturalmente o *feedback* pode ser tanto positivo como negativo.

O *feedback* positivo indica que o atual estado estacionário de um sistema é eficaz.

Já o *feedback* negativo sugere claramente que o sistema está se desviando do curso anteriormente planejado e é preciso reajustá-lo.

Ambas as formas de *feedback* estimulam o aprendizado e a mudança.

O EC sabe que é essencial para a sobrevivência do negócio receber continuamente *feedback*, compreendê-lo e, mesmo que seja constituído de más notícias, utilizá-lo para chegar às **causas-raiz** dos problemas.

O EC pensa que é só com o *feedback* que ele pode melhorar o seu negócio nos vários níveis: individual, de equipe e de organização.

É comum em muitas PMEs alguns ECs terem pouco *feedback* sobre o desempenho do negócio, a não ser o *feedback* financeiro, o que lamentavelmente é uma parte do quadro todo do seu *business*.

Como o mundo dos negócios está em uma tremenda mutação, as soluções que funcionam hoje podem simplesmente não servir amanhã.

Com efeito, o EC além de saber a importância de se chegar à descoberta das soluções iniciais para os problemas no seu negócio, também se preocupa em continuamente receber o *feedback* (geralmente dos clientes) para saber como os seus produtos estão atendendo ao que os consumidores esperam dos mesmos.

A aptidão de ser flexível e adaptável é crucial para qualquer pequeno negócio.

O *feedback* será a fase B do modelo ABCD que constitui o 3º conceito, e ele é vital para que o empreendimento possa ser classificado como uma organização do aprendizado, porque ajuda todos os empregados, individualmente ou em equipe, a saber lidar com as mudanças pessoal e profissionalmente.

6. Busca de metas (resultados) múltiplos.

Os sistemas biológicos e sociais podem ter múltiplas metas ou finalidades.

Nas organizações sociais é comum fixarem-se metas múltiplas por uma razão básica: os seus membros têm valores e objetivos diferentes.

Como esta é uma característica de todos os sistemas, ou seja, a pretensão de alcançar metas múltiplas, o EC precisa ter uma visão detalhada de toda a sua organização para poder coordenar e focar as ações praticadas pelos seus funcionários.

Lamentavelmente a colisão entre as metas individuais e as organizacionais nas empresas contemporâneas tem provocado muito conflito e perda de produtividade para todos os envolvidos, causando em última instância situações **perde-perde**.

Os ECs que conseguiram muito sucesso nas várias partes do mundo provaram que chegaram lá graças à sua imaginação...

Eles souberam imaginar o futuro e criar um quadro na mente do que queriam para o seu negócio, e aí o foram materializando em todos os seus detalhes, alterando um pouco aqui, mudando algo ali, mas mexendo imperturbavel e serenamente em todas as partes do negócio, sem nunca parar...

Na realidade, quando se fala de resultados, procura-se responder à pergunta: "Onde é que se quer chegar com o negócio?", e isto significa que aí se deve incluir a visão, os fins, as metas, os objetivos, a missão e a finalidade para os quais foi montada a empresa.

Naturalmente entre os vários resultados que se esperam dessa empresa estão incluídas as necessidades dos clientes, dos empregados, dos sócios – caso existam –, dos investidores, dos fornecedores e da comunidade.

7. A não-eqüitabilidade dos sistemas abertos.

Nos sistemas mecânicos existe uma relação direta de causa e efeito entre as condições iniciais e o estado final.

Mas os sistemas biológicos e sociais operam de maneira bem diferente, e certos resultados podem ser atingidos com condições iniciais diversas e de maneiras distintas.

Isto oferece ao EC a base para atuar com agilidade, flexibilidade, e fazer várias escolhas no dinâmico mundo do século XXI.

Em outras palavras, isto sugere claramente ao EC que na organização social (no seu negócio) ele pode alcançar os seus objetivos com diversos *inputs* e com várias atividades internas (processos).

É por essa razão que ele é EC, isto é, tem plena convicção de que não existe uma **única maneira melhor** de resolver a maioria dos seus problemas.

Como o EC sabe que não existe uma única melhor maneira para solucionar as dificuldades no seu negócio, para ele é crucial ser estrategicamente consistente em relação a metas múltiplas, à flexibilidade operacional, e em dar autonomia para os seus empregados.

Lamentavelmente existem empresários e executivos de importantes organizações que ainda lutam por aquela melhor maneira única de fazer as coisas, esquecendo que uma tal solução não mais funciona bem no mundo sistêmico do século XXI.

8. Entropia.

Todos os sistemas físicos estão sujeitos à força da entropia, a qual aumenta até que eventualmente o sistema todo falhe.

A tendência em direção à entropia máxima é um movimento para a desordem, para uma completa ausência de transformação de recursos, e tendo como final o surgimento da morte.

Por exemplo, as pessoas com anorexia diminuem cada vez mais a ingestão de alimentos para manter seu peso, e chegam a um ponto tal que a "desordem" prevalece e elas morrem...

Em um sistema fechado a mudança na entropia é sempre "positiva", significando o encaminhamento para a morte...

Já nos sistemas biológicos ou sociais abertos, a entropia pode ser detida e até mesmo ser transformada em **entropia negativa**: um processo com organização mais completa e aptidão realçada para transformar os recursos.

Por que isso pode ser feito?

Porque um sistema pode **importar** energia e recursos do ambiente, levando-o à **renovação**.

Aí está o motivo por que a educação e o aprendizado são tão importantes, pois eles permitem prover as pessoas com novos insumos (podemos chamar de entropia negativa) que transformam cada uma delas em seres humanos melhores!!!

Diz o adágio popular: "Nós começamos a morrer a partir do momento em que nascemos!"

Isto é verdade desde o momento em que muitas das nossas células param de se regenerar, e é função de cada indivíduo protelar isto o mais que possa, contando hoje entre outras coisas com uma medicina muito evoluída e um suprimento de alimentos saudáveis jamais conhecidos e provados pelos nossos antecessores.

É a falta da entropia negativa, melhor dizendo, da energia nova, que leva os negócios à obsolescência, à rigidez, ao declínio, e no final de tudo à falência.

Uma pergunta típica é: "Quais são os sinais numa empresa de que ela está começando a padecer de entropia?"

Bem, alguns dos sinais indicadores da ação devastadora da entropia na empresa são os seguintes:

- ▶ A tendência para a formalidade e maneiras requintadas em vez da eficácia.
- ▶ Disputas internas entre os colaboradores.

- Não ter tempo para reconhecer o bom trabalho feito pelos empregados.
- Promoção de funcionários sem seguir um critério de merecimento.
- Uso de enormes manuais de como devem ser feitas as tarefas.
- Os solucionadores de problemas passam a ser reativos e não pró-ativos.
- Os empregados têm autonomia mínima para atender os clientes.
- Os empregados entendem de maneira diferente o significado de palavras como qualidade de serviço, cliente, produto correto, tarefa bem feita, etc.
- Aumento do relacionamento rude entre os funcionários.
- O foco está voltado mais para a adivinhação do que para o planejamento estratégico criativo.
- Instalação do sentimento de que atingir as metas nada mais é do que uma obrigação dos funcionários, que são pagos para isso.

O EC é aquele que sabe como conseguir a entropia negativa fazendo as mudanças positivas aconteceram, até mesmo criando as condições para suprimir os efeitos da entropia positiva evidenciada pelos indicadores há pouco citados.

9. Hierarquia.

Um sistema normalmente consiste em subsistemas (sistemas de ordem menor) e ele próprio pode ser parte de um supra-sistema (um sistema de ordem superior).

Por exemplo, hoje em dia, em um ambiente politicamente correto a noção de hierarquia é bastante impopular, entretanto ela é um fato estabelecido na vida.

O que deve buscar o EC é achatar ao máximo a hierarquia na sua empresa, permitindo dessa maneira muita flexibilidade e fugindo então de uma estrutura burocrática e artificial.

Ele deve batalhar bastante para minimizar os efeitos da hierarquia no seu empreendimento, mas deve também entender que ela não pode ser eliminada, pois é simplesmente inerente ao sistema.

No mundo natural a hierarquia se evidencia em todos os cantos, e um exemplo disto é a liderança observada entre os macacos, entre as abelhas, ou entre as formigas, bem como as diferentes funções executadas por certos integrantes de cada espécie.

O EC sabe evitar o pensamento simplístico que conduz ao dilema centralizar *versus* descentralizar.

Comumente a centralização é útil quando se foca "o que", e a descentralização, "como" fazer algo.

Mas justamente aí o EC não esquece que ele pode chegar aos resultados desejados de inúmeras maneiras diferentes, só que neste caso deve-se seguir o princípio que diz: **as pessoas apóiam e tornam concreto o que elas ajudaram a criar!!!**

O EC coloca sabiamente esse princípio na prática encorajando todos aqueles que foram afetados por alguma mudança ou inovação para contribuir no processo de planejamento da mesma, antes da sua implementação.

Os funcionários querem estar envolvidos nas decisões que terão impacto sobre o seu modo de trabalhar na empresa e aí eles colaboram criando inclusive um efeito de sinergia.

O paradigma atual da liderança impõe que se comande diferentemente a empresa do século XXI, ou melhor, que se fique no meio termo entre controlar tudo e abdicar de algumas responsabilidades dando autonomia aos empregados.

Isto quer dizer que existem três níveis de maturidade e sabedoria: **dependente** (pueril ou infantil), **independente** (individual ou separado) e **interdependente** (sistêmico ou trabalho em equipe); o EC procura de todas as maneiras ter o seu foco sobre a **interdependência**.

10. Partes inter-relacionadas (subsistemas ou componentes).

Uma outra definição que podemos dar de sistema é de uma entidade composta de partes ou elementos inter-relacionados uns com os outros.

Aliás, isto é verdade para todos os sistemas: mecânico, biológico e social.

Cada sistema tem ao menos dois elementos e eles estão sempre interconectados.

Nas organizações é vital fazer com que todos os subsistemas trabalhem em conjunto para a consecução das metas do negócio.

Lamentavelmente o que se constata nas grandes empresas é que os departamentos competem uns com os outros, buscando individualmente maximizar a sua influência na organização em detrimento de outros departamentos e, em última instância, da empresa no seu todo.

E isto também ocorre nas pequenas empresas onde às vezes os departamentos são constituídos por pessoas que não colaboram entre si.

O EC que estiver aplicando o pensamento sistêmico comumente deverá ter respostas para perguntas do tipo: "Qual é a relação de x com y e z?"

E para responder adequadamente a essa questão o EC tem na sua mente que:

- o sistema é mais importante que as partes ou os eventos que ocorrem dentro do mesmo; as partes são importantes no que se refere à sua relação com outras partes (ou eventos);
- o equilíbrio e a otimização são a chave no seu negócio e não a dominância e a maximização de uma certa parte;
- num sistema o importante são os processos e as relações, não os departamentos/unidades ou particulares eventos.

Ademais, o EC sabe que na sua empresa a questão principal não é **"como"** poder maximizar o desempenho de algum colaborador ou de um certo setor, mas sim **como** fazer com que todos trabalhem bem e estejam integrados para dar suporte aos objetivos globais do negócio.

Isto significa buscar o **efeito da sinergia** para produzir um resultado que seja maior do que aquele obtido pela soma das colaborações individuais.

E isto só se consegue quando as pessoas se relacionam e trabalham bem com todas as outras!

Cabe ao EC equilibrar as demandas de cada setor do seu negócio, o que indica que ele deve saber lidar com a solução de conflitos e as diferentes aptidões dos seus colaboradores.

Ele deve ter a capacidade de eliminar todos os silos dentro do seu empreendimento e de criar um sistema no qual o relacionamento entre todos seja natural, leal e referente aos objetivos do negócio.

11. Equilíbrio dinâmico (estado estacionário).

A noção do equilíbrio dinâmico no "estado estacionário" está intimamente ligada ao que vem a ser entropia negativa.

Um sistema fechado eventualmente atinge um estado de equilíbrio, mas depois acaba chegando à entropia máxima que denota desorganização total e morte.

Contudo, um sistema aberto pode atingir um estado no qual permanece em equilíbrio através do recebimento contínuo de materiais, energia, informações e *feedback*.

Isso conduz ao equilíbrio e à estabilidade.

Infelizmente isso leva também os homens a uma certa acomodação, o que por sua vez alimenta uma forte resistência à mudança, criando raízes e hábitos no estado alcançado.

A tendência normal e natural dos seres humanos é a de resistir a todas as mudanças nas suas vidas ou nas organizações em que trabalham, desejando permanecer no equilíbrio dinâmico alcançado, quando muito...

Todavia no mundo da era digital em rápidas mudanças não é nada fácil manter a estabilidade alcançada, porque isto pode manter uma empresa numa inércia que facilite com que ela seja ultrapassada por organizações concorrentes.

É por isso que o EC é aquele que sabe dirigir o seu negócio de maneira flexível, conseguindo adaptá-lo continuamente às mudanças que precisam ser implementadas.

Quando o EC busca mudar seu negócio, três elementos desempenham um papel fundamental em todas as reações interpessoais e do sistema:

1. o **conteúdo** da mudança, bem como as tarefas e metas nela envolvidas;
2. o **processo** da mudança, isto é, como executar as tarefas para atingir as metas;
3. a **estrutura** ou **armação** dentro da qual operam o conteúdo e os processos, incluindo-se aí os arranjos que precisam ser feitos para gerenciar a mudança.

O primeiro elemento – o **conteúdo** – é mais óbvio e é nele que se foca na maioria das vezes.

Os outros dois freqüentemente são mais difíceis de enxergar.

Lamentavelmente parece que 87% dos itens que devem sofrer as mudanças e soluções estão "abaixo do nível da água", dando assim uma idéia semelhante à de um *iceberg* especial (ver Figura 6.1).

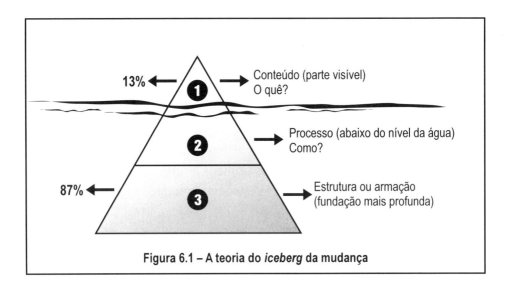

Figura 6.1 – A teoria do *iceberg* da mudança

O 2º elemento – o **processo** – fica bem abaixo da superfície da água, e o 3º elemento – a **estrutura** – fica bem no fundo, porém como eles são vitais para o sucesso do negócio, precisam ser trazidos à tona, ficando bem visíveis!!!

A inclinação natural do indivíduo é manter o *statu quo*, com o seu conforto, familiaridade e estabilidade em vez de querer continuamente promover mudanças cheias de incertezas e ambigüidades.

Mas os ECs devem estar cientes do perigo do equilíbrio fornecido pelo estado estacionário, visto que estão imersos num ambiente em que a concorrência pode mudar seu estilo de ação repentinamente.

A mudança exige que o EC enfrente dois "obstáculos" difíceis:
- admita a necessidade da mudança e deseje efetuá-la;
- adquira rapidamente as novas aptidões e competências para que possa implementá-la eficazmente.

Porém, se possuir na sua empresa uma estrutura adequada para a mudança, naturalmente será bem mais fácil para ele manejar ambos: o conteúdo e o processo, para chegar à inovação desejada no seu empreendimento.

De qualquer forma, o EC deve realizar de tempos em tempos uma **destruição criativa** introduzindo novos conteúdos e processos na sua empresa, mudando até mesmo a própria estrutura.

O princípio que deve orientar o EC é que o estado estacionário de hoje nada mais é que uma condição passageira da mudança constante na direção de uma prosperidade maior, ou pelo menos para manter a lucratividade já conseguida que muitas vezes não dá para alcançar com os mesmos produtos/serviços.

O ideal é que o EC distribua a sua energia e tempo de forma eqüitativa na análise desses três tópicos vitais para a sobrevivência da empresa – conteúdo, processos e estrutura.

O equilíbrio dinâmico existente faz com que o EC tenha que mudar quase todos os aspectos dos trabalhos internos no negócio, para que o todo (a empresa) possa entrar num novo estado de equilíbrio.

12. Aperfeiçoamento interno.

Os sistemas fechados movem-se irreversivelmente para a desorganização e a entropia máxima.

Ao contrário, os sistemas abertos tendem a deslocar-se para uma diferenciação maior, para o aperfeiçoamento, o ajuste dos detalhes, e para um nível mais alto de sofisticação organizacional.

À primeira vista parece que tudo isto acontece de maneira trivial, mas na realidade pode conduzir a empresa a uma grande complexidade e instalar nela uma burocracia do pior estilo.

O EC deve impedir que a complexidade se instale no seu negócio, pois isto "ossifica", enrijece e pode levar à falência a sua empresa.

O EC deve, portanto, ser adepto do método KISS (**Keep it simple, stupid**, ou seja, **mantenha-o simples, estúpido**), buscando sempre simplificar ao máximo todas as tarefas feitas na empresa, principalmente o atendimento aos clientes.

O método KISS muitas vezes é mais poderoso do que muitas economias de escala.

O EC que busca criar a simplicidade e a flexibilidade, minimizando a burocracia, precisa sempre ter respostas diárias para as seguintes questões:

- O que é que mais me aborreceu?
- O que demorou muito para ser resolvido?
- O que provocou mais reclamações?
- O que é que foi compreendido de forma errada?

- O que é que custou muito caro?
- O que é que se desejava?
- O que é que foi mais complicado de resolver?
- Qual foi a coisa mais tola que se fez na empresa?
- Qual tarefa envolveu muita gente?
- Qual serviço absorveu o maior número de ações?

Além disso, o EC deve sempre seguir a **regra das três partes**, melhor dizendo, no caso de uma **pessoa** buscar mudanças no corpo, na mente e no espírito; no tocante ao aprendizado, procurar aperfeiçoar as aptidões, o conhecimento e as atitudes (sentimentos), e no que se refere à interação humana, fazer mudanças na estrutura, no conteúdo e no processo.

Sempre o EC deve ter em mente que o ideal é manter tudo o mais simples possível.

Também deve dedicar muita atenção na eliminação do desperdício e ter na qualidade a sua preocupação interminável, o que permite reverter a tendência de ossificação que imobiliza tantas empresas.

O fato é que para fazer com que uma empresa cresça é necessário saber lidar com diversas complexidades, ter competência para sair de várias confusões e livrar-se do caos que se instala por vezes no negócio, quando parece que até faltam idéias para ajudar a administrar a situação.

É aí que se torna imprescindível para o EC ter um pensamento sistêmico que possibilite enfrentar todos esses desafios empresariais.

O EC não pode se esquecer do "conselho" dado por Albert Einstein: "Para ter novas possibilidades de solução no tocante a velhos problemas é necessário encará-los sob outro ângulo, e isto requer uma imaginação criativa que é o que tem permitido os avanços reais na ciência."

Isto, em outras palavras, significa que os problemas não podem ser resolvidos no nível em que eles foram criados.

E aí a recomendação para todo aquele que desejar transformar-se em um EC: que ele suba em um "helicóptero mental" e se eleve sempre para um nível bem mais alto, que lhe permita ganhar uma perspectiva mais ampla e consiga enxergar uma gama bem maior de possíveis novas soluções.

3º Conceito – O modelo do sistema ABCD.

O EC, ao contrário de muitos outros empreendedores, vive pensando continuamente em termos de *inputs, outputs, throughouts* e *feedbacks,* e como eles se relacionam com o seu ambiente.

Na realidade, insumos (C), resultados (A), *throughputs* (D) – que são a transformação do começo ao fim –, e a realimentação (B) constituem a estrutura conceitual do modelo sistêmico ABCD, que na verdade nada mais é que a própria definição de um sistema: "Um conjunto de componentes que trabalham juntos para o bem de todo o conjunto."

Na Figura 6.2 está um gráfico mostrando que um sistema não é uma entidade estática, ao contrário, é um ente vivo.

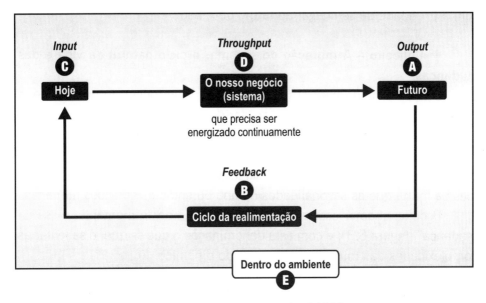

Figura 6.2 – O modelo conceitual ABCD

O EC, quando olha para a Figura 6.2 procurando introduzir melhorias no seu negócio, começa por onde o pensamento analítico teria parado, isto é, na fase dos resultados (*outputs*).

Aí ele faz a pergunta: "Onde eu gostaria que o meu negócio estivesse?" (**A**), e começa a raciocinar para trás através das várias fases do sistema para criar o estado desejado no futuro.

Depois de ter a resposta para essa primeira questão (**A**), devem ser respondidas **nesta ordem** as seguintes perguntas:

B Como saberemos se já chegamos ao estado futuro desejado?

C Onde estamos agora?

D O que precisamos fazer para poder sair do estado atual e chegar ao estado desejado?

E O que é que está mudando no ambiente que precisa ser levado em consideração?

Como se pode notar, ao se encontrar respostas para todas essas perguntas ficarão claras na mente do EC todas as interdependências, bem como todos os processos, atividades e as relações que precisam ser implementadas com a finalidade de se chegar ao futuro desejado.

4º Conceito – A mutação do sistema: o ciclo natural da vida e das mudanças.

O nosso mundo natural (e dos negócios) não opera de uma maneira linear, de um modo seqüencial, e apesar de todo o treinamento que possamos ter e dos modelos de engenharia disponíveis é difícil prever todos os impactos sobre um sistema ao longo do tempo.

A vida de um negócio pode ser expressa em ciclos de mudança da mesma forma que as sazonalidades do ano ou então as gerações humanas.

Pode-se chamar esse ritmo natural da vida de "a montanha-russa da mudança" (Figura 6.3), e com esta denominação o que se quer é salientar as complexidades das mudanças num mundo dinâmico.

Logo, o EC sabe que todo sistema vivo sofre continuamente mudanças, e que isto faz parte natural da vida até se chegar à morte.

Assim, ele aceita que a mudança é uma constante e que a chave para se lidar bem com ela é encontrar as soluções mais simples para resolver os problemas mais complexos.

O gráfico da Figura 6.3 mostra uma possível "montanha-russa" para um negócio, a qual precisa ser percorrida usando uma grande variedade de ferramentas para se poder chegar à posição **7**.

O EC que irá enfrentar mudanças a vida toda, como as indicadas na Figura 6.3, deve usar o pensamento sistêmico para poder realizar eficazmente a gestão de todos os conflitos e ter respostas adequadas para perguntas do tipo:

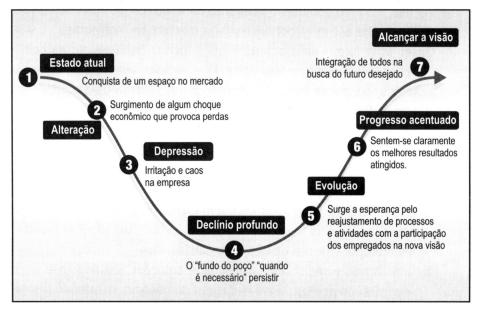

Figura 6.3 – A mutação de um sistema

- Qual é a profundidade da vala?
- O que é que deve ser reestruturado?
- Em que outros tipos de "montanha-russa" pode entrar a empresa?
- Que outras mudanças estão acontecendo?
- Como motivar todos os colaboradores e a si mesmo para perseverar e não desistir do negócio?
- Como se deve lidar com a resistência corriqueira contra.a mudança?
- Como é possível criar uma massa crítica suficiente para promover a mudança?

6.3 – Os benefícios do pensamento sistêmico.

O pensamento sistêmico dá ao EC uma grande quantidade de vantagens que lhe possibilitam:
  1. Enxergar o quadro geral que permite perceber as complexidades da vida e dos vários sistemas, inclusive do seu negócio.
  Essa visão o capacita a detectar padrões e relações entre os siste-

mas, e dentro dos sistemas as suas conexões com os diversos níveis, dando-lhe assim as condições para resolver os problemas.

2. Ter uma forma para aprender mais fácil e rapidamente as coisas novas, até porque muitas das regras básicas são simples e consistentes, permanecendo as mesmas de um sistema para outro.

3. Um melhor enfoque para integrar as novas idéias dentro do contexto do seu negócio.

4. Uma forma mais clara para ver e compreender o que está acontecendo no seu empreendimento ou em qualquer outro no seu ambiente.

Dessa maneira, os problemas complexos tornam-se mais simples de entender à medida que ficam conhecidas as inter-relações das partes (componentes) e os ciclos de causas e efeitos múltiplos.

5. Criar novas e melhores estratégias e soluções inovadoras e ainda encontrar os pontos de alavancagem do negócio, mantendo sempre na mente a trinca: **resultado**, **visão** e **objetivo**.

6. Utilizar corretamente o modelo ABCD para diagnosticar ou descobrir qualquer tipo de problema (e a sua solução) que esteja afetando o negócio.

7. Uma forma para engajar os colaboradores a trabalharem mais em equipe, bem como a pensarem mais profundamente sobre os processos de trabalho gerando diferentes soluções.

8. Como desafiar as suposições e modelos mentais incorretos que levam o nosso pensamento para soluções inadequadas e pouco duradouras, desviando as pessoas da rota que conduz a possibilidades mais criativas e simples.

9. Ter uma visão das interações dinâmicas e das relações entre os elementos do sistema e da colisão do sistema com outros sistemas.

10. Um conhecimento melhor para diagnosticar, diagramar, mapear ou analisar todo o seu negócio, chegando deste modo a melhores decisões.

11. A forma correta de gerenciar na complexa era digital (ou era sistêmica) focalizando-se no todo, nos seus componentes e nas relações entre os mesmos, em lugar de ficar estudando de maneira isolada partes independentes do negócio ou de algum problema.

12. Estabelecer uma estrutura comum para pensar e se comunicar, conseguindo com isto que os seus funcionários trabalhem juntos melhor, estejam abertos para promover continuamente mudanças positivas no empreendimento, e assim obter os resultados desejados.

O EC para de fato ter sucesso nesta era digital – que alguns chamam de era da informação e nós vamos enfatizar como **era sistêmica** ou mundo em rede – precisa seguir religiosamente os seguintes "conselhos", que aliás têm tudo a ver com o uso integral das ferramentas sistêmicas descritas neste capítulo:

- buscar sempre ir além dos próprios limites e das regras estabelecidas;
- romper as regras que conduziram ao sucesso no passado, não esperando que elas sejam rompidas antes por algum concorrente;
- desenvolver novos hábitos de leitura, incluindo aí a suspensão do prejulgamento;
- estar pronto para a falha, não procurando fugir dela desesperadamente, pois pode estar aí a semente para um sucesso no futuro;
- ouvir ativamente os outros, em vez de dar-lhes a sua resposta e as suas opiniões.

O EC deve ouvir, ouvir e ouvir o mais que puder, principalmente os colaboradores criativos e competentes.

Quando o EC ouviu todos e executou tudo o que foi planejado, ou seja, conseguiu com sucesso implementar todas as soluções sistêmicas integradas, somente então é que ele deve pensar em fazer a nova transição introduzindo novas aplicações em seu negócio.

As empresas precisam que os seus executivos usem o pensamento sistêmico e o enfoque integrativo.

Pensar além dos limites, explicando melhor, desenvolver um pensamento sistêmico integrado é um dos mais importantes atos de empreendedorismo.

Com certeza, é por isso que chamamos esse dono do negócio de EC, pois de fato ele o desenvolve de maneira criativa e com visão holística.

Enxergar os problemas e as oportunidades de uma forma integrada significa vê-los como conjuntos relacionados a um todo maior, em lugar de percebê-los como partes discretas, separadas, e que não influenciam ou nunca entram em contato umas com as outras.

A pesquisa tem comprovado que é este o tipo de pensamento que se desenvolve quando se quer implantar um elevado nível de inovação numa organização ou se desenvolver de forma significativa a criatividade pessoal.

Nesse caso, para ser um EC é vital que ele aprenda a pensar sistematicamente.

Para resolver os problemas do dia-a-dia numa empresa, tendo como objetivo expandir um negócio e prosperar, é preciso que o gestor não esqueça que é fundamental a maneira **como** ele enfoca todos os assuntos e **como** os analisa, sendo isto tão importante quanto as ações que depois devem ser desenvolvidas.

Conseqüentemente, para ter um pensamento sistêmico o EC deve sempre se basear nos quatro conceitos sistêmicos expostos neste capítulo, o que lhe permitirá na maioria das vezes sair do caos e da complexidade para soluções de uma simplicidade elegante e uma **obviedade** notável.

O EC é, pois, a pessoa que pratica a arte do aprendizado e sabe se valer das vantagens do pensamento sistêmico.

*O empreendedor bem-sucedido
é o que dá os cinco passos corretos.*

1. *Determina como fazer a coisa certa.*
2. *Documenta como fazer certo.*
3. *Comunica claramente a todos os seus funcionários como fazer certo.*
4. *Premia aqueles que fazem certo.*
5. *Toma providências radicais com aqueles que não fazem certo.*

Enfronhando-se criativamente no negócio e prospectando o seu futuro

7.1 – CONHECIMENTO PROFUNDO E ABRANGENTE DA EMPRESA

É quase impossível maximizar os lucros de um negócio sem que o EC conheça sua empresa de trás para a frente. Para tanto ele necessita:

1. ter sempre à mão informações seguras e confiáveis, não esquecendo que se vive numa superabundância de notícias e numa tremenda facilidade para se comunicar;

2. desenvolver um sistema de filtragem para dar significado e um uso prático a essas informações;

3. descobrir os problemas latentes no seu negócio e resolvê-los de forma desembaraçada antes que esses "inconvenientes" atrapalhem gravemente a empresa;

4. criar continuamente oportunidades para aperfeiçoar o seu empreendimento, até porque ele é um EC.

Entre os motivos principais para que o EC tenha um conhecimento profundo do seu negócio destacam-se estes dois:

a) ter o alicerce da orientação e do controle da gestão da empresa;

b) possuir a condição que lhe permita continuamente aperfeiçoar a empresa e assim atingir o potencial oculto de lucro.

Sem um conhecimento abrangente o EC não pode aplicar o seu pensamento sistêmico e não consegue visualizar realmente o seu negócio de forma integral.

Como conseqüência, os problemas e as oportunidades podem passar despercebidos e ignorados, perdendo o EC as possibilidades de aprimorar a sua empresa.

Os ECs de sucesso são de fato aqueles que desenvolveram uma curiosidade insaciável por novas informações, idéias e maneiras imparciais de perceber o seu negócio.

Ao mesmo tempo, eles desdenham respostas superficiais e fáceis.

Ao contrário, analisam todos os aspectos de uma situação com a mente aberta aos fatos, idéias e opiniões dos outros.

Usam sua inteligência analítica e criativa para fazer perguntas atrás de perguntas que desafiem todos os pressupostos operacionais da empresa e que invistam contra o *statu quo*.

Paul Resnik criou o termo **proprietários-gerentes criativos** para representar estes ECs que estão sempre querendo respostas para questões como:

- O que é que está faltando na minha empresa?
- O que é que eu não estou entendendo bem?
- O que não estou conseguindo enxergar que permitiria a perda de controle?
- Quais são algumas formas novas e mais eficientes para gerenciar o meu negócio?
- O que deveria ou poderia ser no futuro a minha empresa?
- Como fazer para chegar lá?

Eles estão, dessa maneira, constantemente perguntando quais os fatores que limitam a eficácia do seu negócio e como podem contornar criativamente essas barreiras, achando novos caminhos para passar por elas.

Os proprietários-gerentes são especialistas em minimizar ou eliminar completamente a sua ignorância em assuntos-chave para o seu negócio, isto é, levam muito a sério o alerta de Mark Twain: "Pode não ser o que você não saiba que o deixe em uma situação difícil; é o que você tem certeza que não é."

Claro que quanto mais o EC entende a complexidade e as possibilidades inerentes ao seu negócio, maiores são as suas oportunidades de aperfeiçoar o desempenho da empresa e a obtenção de lucros.

Naturalmente sempre que se consegue estimar as probabilidades com margem de confiança maior e separar o que é possível e talvez "certo" daquilo que é quase impossível ou errado, isto faz aumentar as possibilidades de sobrevivência e sucesso da empresa.

Um excelente ponto de partida para isto é o EC saber ler e interpretar na sua totalidade os relatórios financeiros da sua empresa e outros dados numéricos e tendências pertinentes.

Embora ele não possa administrar somente através dos números, também não conseguirá gerenciar **sem os números**.

Por incrível que pareça, o EC vai perceber que os números falam, e determinar o que significam, o que realmente estão dizendo; **é a sua responsabilidade**.

Ler e interpretar os números da sua empresa não é a responsabilidade principal do contador ou de qualquer outra pessoa que trabalhe na empresa.

É responsabilidade do EC!!!

O EC é aquele que **não pensa**: "Bem, eu não sou realmente uma pessoa ligada a números, até porque nunca tive jeito com os mesmos. "

Não se trata de ter ou não aptidão numérica, porém de ser **essencialmente curioso** em saber o que os números estão indicando sobre a empresa e onde eles estão mostrando que existe necessidade de foco e de muita atenção por parte do empresário.

O EC é aquele indivíduo que gosta de **sondar** os relatórios financeiros do seu negócio em lugares agradáveis como, por exemplo, depois de um passeio num parque numa linda manhã de sol de domingo...

Pois é, ele se senta num local confortável e aprazível e aí começa a sua procura de oportunidades de lucro e "diversão" na sua empresa...

E sondar é a palavra adequada para a descrição desse processo, o qual pode realmente ser divertido, pois é um **processo de descoberta**.

O EC deve analisar os demonstrativos dos resultados dos seus negócios de cima para baixo, e isto significa que sistematicamente e em períodos curtos de tempo deve estar a par das vendas ou receitas, do custo das mercadorias vendidas, dos lucros líquidos, do seu retorno sobre as vendas, do retorno sobre os investimentos, suas despesas operacionais, etc.

Assim, digamos, uma questão fundamental que ele deve conhecer é se uma determinada despesa é ou não justificável em qualquer nível, ou em um nível em particular.

No entanto, o EC sabe também que qualquer coisa é "justificável" unidimensionalmente.

Por certo existem "razões" para se fazer qualquer despesa, e alguns desses motivos podem ser bons, outros ruins.

Alguns podem ser bons até que se pergunte se não será mais proveitoso gastar o mesmo dinheiro em outras áreas da empresa, ou se os mesmos resultados não poderão ser atingidos com metade dos gastos atuais.

É óbvio que o EC faz ainda uma análise mensal minuciosa do balanço, porque é aí que está a chave para ele poder avaliar a liquidez e ter o controle dos ativos operacionais do seu negócio.

Não existe nenhum substituto para a análise do fluxo de caixa durante um período longo, mas o balanço mensal proporcionará ao EC uma leitura rápida da situação atual do seu caixa e da capacidade da empresa de pagar seus débitos.

É no balanço mensal que se perceberá qual é o dinheiro disponível; como estão os ativos operacionais, não-líquidos (como contas a receber e estoque); a existência de um passivo exigível a curto prazo; os coeficientes de liquidez e de rotatividade do estoque, e principalmente o prazo médio de cobrança de clientes.

Todos estes números e as estatísticas são necessários e úteis pois fornecem o mapeamento das condições da empresa.

Indicam para o EC onde está e para onde está se dirigindo o seu negócio, mas ele, devido à sua vasta imaginação, nunca esquece a ressalva: **a estatística é como um biquíni, isto é, o que revela é sugestivo, mas ainda assim encobre o vital**.

Lamentavelmente é preciso alertar que um bom proprietário-gerente, que seja também um EC, pode às vezes gastar dezenas de horas lendo e interpretando relatórios financeiros do seu negócio, e continuar sem saber realmente muito bem quais os problemas que afligem a empresa.

Isto acontece porque os números dos relatórios financeiros não chegam a mostrar tudo o que o EC precisaria saber, incluindo-se aí as percepções dos clientes sobre os seus produtos e/ou serviços (qualidade, reclamações, rejeições, etc.).

É por isso que o EC não se limita nunca a ler apenas os números e meditar sobre as estatísticas do seu negócio.

Sua curiosidade, seu ceticismo e seu instinto de investigação fazem com que ele vá "farejar", questionar, escutar seus empregados, observar e fazer muitas perguntas aos seus clientes para sair de uma percepção estagnada, unidimensional e muito incompleta da sua empresa.

É claro que aí ele estará aplicando o seu pensamento sistêmico.

O proprietário-gerente, um EC, fica cético com as informações de segunda mão já processadas e abstratas, e dessa maneira sai em busca de realidades não filtradas (talvez até maquiadas...) e vai até as origens.

Ele não se sente nem um pouco à vontade com boatos, especulações e afirmações "óbvias", entretanto não comprovadas, e por isso sai com "o seu machado e a sua serra elétrica cortando os galhos grossos" que escondem detalhes das informações relatadas e investiga a situação em primeira mão.

O EC precisa ter a capacidade literal de "cheirar" os "fatos reais" entre as evidências apresentadas, e ainda mais, ter curiosidade intelectual e ser destemido, quer dizer, "ter estômago" e/ou evidente falta de polidez, se necessário, para ter a **certeza** de que aquilo que ele realmente tem é, na verdade, um "fato indiscutível e inabalável".

Efetivamente, o EC deve saber "sacudir" para se convencer de que não falta alguma coisa mais para cair ou aparecer.

É por isso que ele desenvolve a habilidade de lidar com informações incompletas ou distorcidas e procura conseguir os detalhes que faltam.

Desse modo, ele analisa as informações recebidas e procura saber se são verdadeiras ou se foram:

- baseadas em boatos;
- baseadas em especulações, impressões ou opiniões particulares;
- apoiadas em suposições obscuras ou questionáveis;
- destinadas a servir a alguém ou a mostrar um espírito do tipo "eu consigo fazer";
- deliberadamente enganosas;

- moldadas para agradá-lo com novidades boas e "escolhidas a dedo";
- incompletas, inconsistentes, contraditórias ou ilógicas, constituindo uma manipulação dos dados da realidade.

Quando as pessoas – seus funcionários, por exemplo – lhe trazem informações, o EC sempre pergunta como as obtiveram, que confiança depositam nelas, qual a base desta confiança, e assim por diante.

E quando continuar a sentir algum desconforto provocado pelas informações recebidas, o EC continuará a investigar e esmiuçar até chegar às fontes diretas e imparciais de informações verificáveis.

Se ele ouve a conhecida expressão: "Dizem que...", logo pergunta: "Quem disse, por quê, e com que fundamento?"

E se um empregado lhe dá garantias de que uma coisa importante foi concluída de acordo com as instruções, ele faz alguma auditoria para ver se de fato o serviço foi feito satisfatoriamente.

Sempre que as informações simplesmente não parecerem convincentes, o EC cavará mais fundo...

Os proprietários-gerentes que são ambiciosos e críticos nunca se contentam com a situação atual simplesmente por estarem tendo lucro.

Ao contrário, de forma criativa e com pensamento sistêmico concentram-se na provável lacuna entre desempenho e lucros reais e os lucros potenciais.

Assumem logo que há espaço para aperfeiçoamentos e buscam ativamente resolver os problemas e aproveitar as oportunidades latentes ou escondidas.

Muitos sabem que os chineses usam o mesmo símbolo para representar "crise" e "oportunidade", pois de fato é a partir da primeira (a crise) que se tem a segunda, ou a oportunidade para a melhoria.

Os bons proprietários-gerentes estão sempre em movimento atrás das **melhores situações** que as crises passageiras permitem...

Dessa maneira, eles procuram furiosamente – e arrancam imediatamente – as pequenas ervas daninhas antes que elas cresçam e estrangulem o seu negócio.

Eles buscam de forma implacável oportunidades para fazer coisas novas ou para fazer melhor as coisas velhas, seguindo o ditado: **"Um homem sábio é aquele que cria mais oportunidades do que encontra pela frente."**

Portanto, os ECs eficazes tomam para si o trabalho de analisar as informações recebidas e os fatos relatados pelo menos de "100 maneiras diferentes".

Os proprietários-gerentes ineficazes são aqueles que não conseguem resolver os problemas porque não os vêem!!!

No modo de agir do EC, a percepção antecede a análise, as soluções e as decisões.

Ele aplica a exploração aberta que precede a política e a ação.

Realmente a maneira como vemos uma situação define largamente o que pensamos e fazemos em relação a ela.

Quando você entende isto, é possível fazer um esforço ativo e consciente para se desligar de atitudes e pensamentos pré-moldados.

O EC é aquele que consegue ver as coisas de uma perspectiva diferente.

7.2 – O PROCESSO DE EXPLORAÇÃO CRIATIVA

Uma tendência pronunciada do empreendedor ativista é a de "progredir com as coisas", e existe uma evidência clara de que as pessoas criativas e inovadoras passam mais tempo do que as outras explorando e formulando problemas.

A criatividade caracteriza-se de fato por uma disposição de procurar e aceitar informações relevantes de toda e qualquer fonte, de suspender julgamentos, adiar comprometimentos, manter-se distante das pressões a fim de tomar uma posição.

Para enxergar a empresa sem viés para romper com as formas comuns ou rotineiras de executar as coisas, o **proprietário-gerente inovador** deve desafiar as antigas idéias e suposições operacionais de como as coisas são ou deveriam ser.

Ele procura novas interpretações, padrões e conexões nos dados existentes.

Os proprietários-gerentes (ECs) que procuram consistentemente aprimorar suas empresas são cautelosos com a primeira impressão, explicação ou solução que lhes vem à mente ou que lhes é sugerida.

Eles não mais aceitam aquelas primeiras idéias, bem como não adquirem a primeira coisa que lhes é oferecida por um fornecedor.

Retardam suas conclusões, análises e avaliações até que tenham examinado tudo de diversas formas distintas.

Eles já aprenderam que a melhor forma de encorajar percepções imparciais e potencialmente úteis é suspender o julgamento de novas idéias a fim de entrar no fluxo dessas novas idéias.

Paradoxalmente, tendemos a nos ater às maneiras confortáveis e habituais de fazer as coisas até que elas se tornem dolorosas.

Um modo de manter a situação atual é resistir às novas idéias, matando-as com pensamentos do tipo:

- "Sim, mas..."
- "Não temos tempo para desenvolver esse produto."
- "Mas isto não é lógico."
- "Não vai funcionar, de maneira alguma."
- "Isto é impraticável."
- "O ponto fraco aqui é intransponível."
- "Fulano e sicrano não vão gostar disso..."
  Etc.

Os ECs procuram ouvir e dar um certo crédito às novas idéias, independentemente do fato de poderem parecer tolas ou absurdas.

Os ECs sabem que uma forma excelente de terminar prematuramente a exploração de uma situação é introduzindo questões que exigem "sim" ou "não" como única resposta.

Se, por exemplo, a questão for: "Será que devemos gastar R$ 300 mil este ano em propaganda?", uma resposta "sim ou não" eliminará várias interpretações possíveis sobre a eficácia daquele gasto ou sobre a análise da possibilidade de investimentos alternativos.

Pode ser que determinada parte, talvez R$ 200 mil, dos gastos com propaganda seja altamente produtiva, e que o resto seja um desperdício e, conseqüentemente, os R$ 100 mil ineficientes deveriam ser investidos em uma campanha de relações públicas ou em algum outro tipo de atividade promocional.

Talvez todos os R$ 300 mil pudessem ser investidos mais produtivamente em novos projetos, em pacotes para os produtos da empresa ou em reformas das suas instalações, caso a empresa atue na área de varejo.

Ou quem sabe o dinheiro pudesse ser melhor empregado no incremento de incentivos para a força de vendas.

Na realidade, a menos que o item propaganda seja considerado como parte de todo um pacote de questões com relação ao crescimento das vendas, uma decisão prematura, do tipo "sim ou não", provavelmente será ineficaz.

Nos últimos dez anos surgiram no Brasil vários livros excelentes (de autores nacionais ou estrangeiros) sobre como cada pessoa pode **melhorar sua capacidade para a criatividade do dia-a-dia**, o que é altamente relevante para o mundo dos proprietários de negócios (micros, pequenos ou médios).

Tais obras enfatizam as técnicas de solução de problemas e de descoberta de oportunidades.

Se você, meu caro empreendedor, não estiver satisfeito com a situação atual, até duvidando de sua "criatividade", seria bom ler alguns livros sobre técnicas de pensamento criativo, inclusive um de nossa autoria, cujo título é *Qualidade da Criatividade*.

Para o EC, talvez a melhor maneira de gerar perspectivas imparciais sobre a sua empresa, descobrir oportunidades latentes para aperfeiçoar o desempenho e o lucro da sua empresa é fazendo mais perguntas aos seus funcionários, aos seus clientes, aos eventuais investidores, ao mercado e aos fornecedores.

Rudyard Kipling escreveu:

"Eu tenho seis empregados honestos.
Eles me ensinaram tudo o que sei.
Seus nomes são O Quê, Por Quê, Quando, Como, Onde e Quem."

Realmente, fazer as perguntas corretas é a melhor maneira de ter acesso a novas verdades e atividades da empresa.

Mas isto não é fácil e, com freqüência, dá margem a ridicularizações e recriminações.

As questões "certas" geralmente parecem "estúpidas", "tolas" ou "inocentes".

Ou então, são perturbativas e acabam com a paz de todos.

É preciso muito treinamento e persistência para saber fazer as perguntas "certas".

Entretanto, a compensação pode ser deveras maravilhosa em termos de melhorias incrementais e estruturais importantes na empresa – aprimoramentos que comumente resultam em aumento de lucro.

Faça agora, estimado(a) leitor(a), os seguintes exercícios respondendo às diversas questões que têm ligação com os preconceitos e a rigidez que impedem o seu negócio de atingir o seu plano potencial.

1º Exercício – O que é importante?

As perguntas formuladas a seguir irão ajudá-lo (a) a enfocar os problemas centrais, que uma vez dominados, equacionam o sucesso da sua empresa e economizam para o(a) EC muitas horas valiosas do seu tempo.

- Onde estamos, onde queremos ir e como chegaremos lá?
- O que é realmente vital para a empresa?
- Como pode ser executada a tarefa de achar as áreas que necessitam de aperfeiçoamento, e em que setores devem ser implementadas rapidamente as mudanças apropriadas?
- Quais são os principais pontos problemáticos do negócio?
- Qual o problema fundamental, isolado dos sintomas superficiais?
- Qual é a questão urgente? Qual é a preocupação proeminente?
- Quais são os componentes centrais dessa situação?
- O que lhe perguntaria um consultor inteligente e de valor, ou um amigo sensato conhecedor do seu negócio e em quem você confia?
- Você consegue separar o que é urgente do que não é, para ser feito?
- O que não foi perguntado, o que está faltando, o que é vital mas até agora não foi ainda esclarecido?

2º Exercício – Desafiar o *statu quo*.

Infelizmente é uma tendência da maioria das pessoas assumir que o que existe está certo.

O EC não é assim, e ele busca nunca perder de vista opções mais produtivas, procurando constantemente quebrar as defesas teimosas e muito relutantes do *statu quo*.

- Será que esta é a melhor situação?
- Será que esta é a única forma?
- Por que estamos agindo ou fazendo desta maneira?
- Quais são as suposições subjacentes?
  Por que todos as aceitam?
  Alguém já se fez esta pergunta antes?
  Testou-a?
  Será que existem outras suposições igualmente válidas?
  Qual é a suposição diretamente oposta?
- Será que esta seria a forma de agir de um proprietário-gerente de fato inovador?
- Que mudanças os seus funcionários têm lhe sugerido e por quê?
- Que mudanças os clientes desejam e por quê?
  Qual é o motivo para não empreendê-las?
  Existem motivos verdadeiramente convincentes para não implementá-las?
- Será que uma outra forma de trabalhar na empresa produziria melhores resultados?
- E se fizéssemos...?
- Se esta situação fosse na verdade resolvida de forma diferente, ou se fosse melhorada, como é que as coisas ficariam então?
- Se realmente pudermos melhorar isto (por exemplo, vendas pela Internet, otimizar as operações, eliminar desperdícios, etc.), como seriam os resultados?
- Como nos ocuparíamos desta realização?
  O que deveria ser feito para que ela fosse alcançada?

Observação importante: Sempre examine a resposta a uma questão "por quê", e pergunte:
- Será que isto é suficiente?
- Qual é a outra face desse argumento?
- Quais são as outras opções?

Existem sempre "motivos" para se fazer qualquer coisa, contudo a questão crucial é como você pesa os "prós" e os "contras", e como você os pondera em contraposição a explicações ou cursos de ação alternativos.

3º Exercício – Investigar mudanças construtivas baseadas em "três coisas".

Esforçar-se em gerar alternativas para a situação atual é uma forma de libertar-se de uma cegueira inconsciente e involuntária em relação a oportunidades atraentes para melhorar o negócio.

1. Liste três áreas críticas da empresa em que as melhorias poderiam ser feitas.
2. Aponte três problemas da empresa.
3. Cite três oportunidades de crescimento ou melhoria em cada uma das seguintes áreas:
   a) custos e despesas;
   b) produtividade dos funcionários;
   c) qualidade do produto (serviço);
   d) disponibilidade do caixa;
   e) vendas estacionadas (ou em declínio);
   f) utilização do tempo do proprietário-gerente;
   g) conhecimento ou aceitação do produto (serviço) por parte do cliente;
   h) relacionamento com os fornecedores;
   i) melhoria da distribuição.
4. Mencione três coisas que as seguintes pessoas poderiam pedir ou recomendar para melhorar a empresa:
   a) um profissional de *marketing;*
   b) um cliente;
   c) um funcionário inovador;
   d) um investidor;
   e) um sócio;
   f) outra pessoa.
5. Determine três adjetivos favoráveis e três desfavoráveis que os clientes usam para descrever os seus produtos (serviços).
6. Destaque três coisas que poderiam ser eliminadas ou acrescidas para tornar uma situação melhor.
7. Expresse três maneiras de explicar essa situação.
8. Indique três questões sobre uma situação que não foram indagadas e que poderiam abrir as portas para resultados aprimorados.

4º Exercício – Analisar mais mudanças através do esquema "E se..."

Agora o (a) leitor(a) deve se perguntar "E se..." sobre cada item da lista a seguir:

- reduzíssemos os funcionários pela metade?
- aumentássemos os funcionários em 50%?
- abríssemos várias filiais novas em...?
- remodelássemos nosso prédio? O produto (serviço)?
- fizéssemos uma reunião com todos os funcionários e déssemos prêmios para as três melhores sugestões?
- eliminássemos os intermediários?
- fechássemos a empresa nos fins de semana?
- permitíssemos que os funcionários estabelecessem o seu horário de trabalho?
- quiséssemos introduzir isto, o que teríamos de fazer?
- começássemos tudo de novo, o que faríamos que não estamos fazendo agora, ou o que não faríamos que estamos fazendo agora? Por que não implementar estas idéias já?
- isto (alguma operação, tarefa ou um produto) fosse maior, menor, mais ou menos complexo, feito mais rapidamente ou lentamente, etc., quais seriam os resultados, como chegaríamos lá e a que custo?
- fizéssemos isto, o que aconteceria? O que não ocorreria? O que não sabemos?

5º Exercício – Descobrir conexões úteis.

Com freqüência, fenômenos aparentemente aleatórios estão relacionados de maneira importante, e uma vez entendida esta conexão, ela resulta em políticas e em atividades mais produtivas.

Quando o EC perceber as relações-chave de causa e efeito (comumente muitas causas...), digamos na área de volume de vendas, é bem provável que ele com isto amplie a receita da empresa e não perca mais tempo e dinheiro em atitudes fúteis, como fazer promoções inadequadas ou *marketing* no nicho errado.

É bastante oportuno que o EC responda às seguintes questões:

- A confiabilidade do produto (serviço), por exemplo, está relacionada à aceitação do produto (serviço) por parte dos clientes?

- O declínio de vendas tem algo a ver com a falta de uma promoção adequada?
- A escassez de caixa tem alguma relação com a produtividade inadequada dos empregados ou com o declínio das vendas?
- O mau uso do tempo por parte dos funcionários está relacionado com o *lay-out* incorreto da empresa?
- A falta de novas idéias e sugestões por parte dos funcionários tem algo a ver com a falta de incentivos e de reconhecimento?
- A motivação para o trabalho depende de participação nos lucros da empresa?

6º Exercício – Converter idéias em realidade.

Claro que as idéias no vazio são altamente irrealistas e o EC deve forçar a si mesmo para implementar um ambiente no seu negócio que permita convertê-las em resultados reais.

Às vezes isto também auxilia o EC a visualizar algumas melhorias evidentes na empresa, resultando em ações específicas necessárias para fazer acontecer estas melhorias.

Eis algumas questões destinadas a deflagrar este processo:

- Se eu tivesse que mudar isto para melhor, por onde começaria? O que procuraria?
- Como sei que isto não pode ser feito? Por que assumo que isto não pode ser feito?
- Como ficaria esta idéia se fosse convertida em realidade?
- O que fazer para torná-la real, prática, útil?
- Quais os pré-requisitos para fazê-la ocorrer?
- O que deve ser desenvolvido?
- Quais são os problemas, barreiras, restrições e riscos?
- Como podemos remover, mudar ou contornar estas restrições?
- Quais são os custos?
- Como se relacionam os gastos com benefícios esperados?

7º Exercício – Identificar e usar os pontos fortes da empresa.

O EC sempre procura enfocar os pontos fortes e fracos da sua empresa, pois este é um modo excelente para descobrir maneiras adicionais de melhorar o desempenho dos negócios.

A seguir estão as questões que voltam a atenção para esses fatores e que devem ajudá-lo(a) a lidar com os mesmos de forma construtiva.

Pontos fortes e oportunidades.

- O que fazemos melhor que os concorrentes?
- O que fazemos que é totalmente novo?
- O que funciona bem?
- Quem trabalha melhor entre todos?
- Que métodos funcionam bem?
- O que motiva muito os empregados?
- Quais produtos (serviços) vendem bem?
- Que recursos/bens produzem os melhores resultados?
- Por quê?
  Podemos extrapolar quaisquer lições e aplicá-las em outras áreas da empresa? Ou redobrar os esforços bem-sucedidos?

Pontos fracos ou deficiências.

- Quais são os pontos fracos da empresa? Da administração? Dos funcionários?
- Quais são as fraquezas difíceis de evitar?
- Quais fraquezas poderiam ser minimizadas com mais tempo e esforço?
- Quais itens parecem exigir mais talento e dinheiro que existem no momento à disposição na empresa?
- O que não está se saindo tão bem quanto o esperado? Por quê?
- Quais são os obstáculos a um melhor desempenho do negócio? Caso estes obstáculos não estivessem presentes, como seria a situação da empresa? Quais seriam os resultados?
- Se tivéssemos que remover apenas um ou dois destes obstáculos, quais seriam eles e como faríamos?
- O que as empresas concorrentes fazem em circunstâncias semelhantes?
- Onde está um verdadeiro caos? O que deveria ser feito agora?
- O que estamos negligenciando?

O que se deve temer que pode ocorrer se continuarmos a negligenciá-lo(s)?
Como podemos resolver essa situação?
- O que poderia funcionar melhor? De que jeito? Por que deixamos as coisas chegarem a esse ponto? O motivo que levou a isso é justificável?
- Como podemos converter as chamadas deficiências em vantagens competitivas?

7.3 – DECISÕES EFICAZES

A maioria dos problemas diários de uma empresa comumente pode ser resolvida no momento em que aparece.

Neste caso, a decisão é relativamente fácil ou, então, qualquer decisão é melhor do que nenhuma.

Na realidade, as conseqüências de muitas decisões não são particularmente de longo alcance.

Outras questões, no entanto, são suficientemente complexas e importantes para exigir um grau de conhecimento analítico e exploratório consistente, ou seja, será necessário promover uma:
- perseguição incansável e reveladora de suposições obscuras e coercitivas e de informações incompletas;
- busca aberta e livre de julgamentos de diagnósticos, explicações e opções alternativas.

O fato é que se deve tomar muito cuidado com as decisões para problemas complexos, pois dois tipos de erro podem ser cometidos: tomar as decisões "erradas" que têm conseqüências caras e de longo alcance, ou chegar a respostas "certas" para problemas errados, o que sem dúvida também trará conseqüências igualmente prejudiciais.

Quando qualquer coisa importante estiver em jogo, ou se tomar uma decisão deve-se dar tempo ao tempo e lutar contra ela, desenvolver um interesse pessoal por sua execução.

O ex-presidente dos EUA Dwight Eisenhower costumava dizer aos seus funcionários mais chegados: "Bem, meninos, não vamos cometer erros com pressa."

Ninguém pode esquecer que quando o tempo gasto para se atacar um problema ou chegar a uma decisão importante for relativamente pequeno, vai se continuar gastando muito tempo dedicado à correria do dia-a-dia para lidar com a solução incompleta ou com a decisão inadequada.

Na Tabela 7.1 estão as sugestões sobre o que precisa ser levado em conta quando um problema ou um desafio importante e aparentemente insolúvel aparecer.

A maneira como você esquematiza um problema guia decisivamente a maneira como responde a ele.

Ela determina o que você assume, o que busca e o que está enxergando.

Comumente é melhor começar com uma definição relativamente ampla do problema, por exemplo: **"Por que as vendas estão caindo?"**

Isto irá auxiliá-lo a isolar qualquer suposição omitida que possa estar limitando uma conclusão predeterminada.

Se o mesmo problema fosse definido como: **"Que preços devemos baixar?"**, você estaria impossibilitado de descobrir uma variedade de outras possíveis causas fundamentais de queda de vendas.

Pode ser que os custos da empresa sejam muito elevados e que por isso os preços estejam necessariamente altos.

Pode haver muitos motivos para o declínio das vendas que não tenham nenhuma relação com preços ou custos, como por exemplo o produto (serviço) que se está oferecendo ser obsoleto, ou um concorrente estar facilitando a entrega de um produto (serviço) ao cliente, que prefere assim fazer negócio com a competição.

Nenhuma decisão eficaz está completa sem um plano de ação (que será discutido adiante) associado.

O importante a perceber agora é o **que** está em conexão com a forma **como** você toma esta decisão.

Se os fins e os meios não forem integralmente coerentes uns com os outros, naturalmente a decisão nunca será boa.

Por outro lado, as atividades que fluem de uma decisão precisam ser exeqüíveis.

TABELA 7.1 – ESQUEMA PARA SOLUCIONAR E TOMAR DECISÕES

1ª ETAPA
Defina o problema. Teste a declaração de várias maneiras. Um problema bem definido é meio caminho para se chegar à solução.

2ª ETAPA
Obtenha os fatos: qual é o histórico?

3ª ETAPA
Determine o que é conhecido, desconhecido, obscuro.
Que informações ainda são necessárias?

4ª ETAPA
Analise experimentalmente ou tente "sentir" a situação e para onde ela está apontando.

5ª ETAPA
Ao mesmo tempo, exponha e examine as suposições que estão governando a interpretação da situação.
Elas são realmente válidas?
Existem outras suposições operantes igualmente válidas ou melhores?

6ª ETAPA
Tente redefinir o problema agora.

7ª ETAPA
Elabore várias opções e soluções alternativas.

8ª ETAPA
Agora examine e analise essas opções, individual e comparativamente.
Estude, pois:
  a) a possibilidade de realizações;
  b) a exeqüibilidade;
  c) os custos/benefícios;
  d) os riscos/recompensas;
  e) os pré-requisitos do sucesso;
  f) os seus próprios interesses e preocupações.

9ª ETAPA
Decida, e para tanto analise racionalmente, sim, porém siga sua intuição, seu palpite do tipo "funciona" ou simplesmente "não funciona".

Devem ser calculadas para que se alcancem os resultados desejados, e precisam ser executáveis dentro dos limites de custos, riscos e efeitos colaterais aceitáveis.

Portanto, um pré-requisito imprescindível para compatibilizar objetos e atividades e poder administrar um negócio, levando-o ao sucesso, é sem dúvida nenhuma **conhecer essa empresa de trás para a frente, isto é, do fim para o começo**.

7.4 – PLANEJANDO O FUTURO

É vital planejar para um amanhã não muito distante, moldado no que podemos, queremos e fazemos hoje.

Os proprietários-gerentes que focalizam somente as tarefas imediatas e concretas, em geral vêem o planejamento para o futuro como remoto e visionário.

Definitivamente um bom planejamento de uma empresa realmente implica força de imaginação do seu EC, e é quase certo que onde não existe planejamento, tanto os funcionários quanto as empresas padecem e depois perecem.

Um planejamento eficaz para um negócio visa a ações e resultados.

Envolve converter objetivos que desafiam, mas são concretos e realistas, em atividades produtivas.

A finalidade do planejamento é, então, chegar a um melhor desempenho e a um maior lucro.

É preciso contudo livrar-se da armadilha do planejamento ineficaz.

O planejamento do qual estamos falando **não** exige aquela montanha de documentos especulativos repletos de histórias, biografias dos empregados-chave, projeções fantásticas de lucro e "demolição" de concorrentes, destinados geralmente a impressionar investidores externos.

Também não há a necessidade daquelas longas sessões com apresentação de análises freqüentemente irrelevantes, preparadas por subunidades das empresas que fazem parte da lista das maiores empresas do Brasil ou de algum país desenvolvido.

Num negócio relativamente pequeno não podemos estar preocupados com projeções fantasiosas e com planos detalhados para os próximos cinco anos, nem com os opostos – aquelas declarações de três sentenças, cheias de intenções nobres, mas imprecisas, seguidas de projeções das tendências atuais.

Esse tipo de plano deve ser merecidamente arquivado para sempre! Ele só serve para acumular poeira...

Devemos estar preocupados, sim, é com as exigências práticas e operacionais de um negócio.

Isto significa avaliar onde sua empresa está, quais as necessidades dela, para onde o EC decide realisticamente guiá-la e como se propõe a chegar lá.

O ex-presidente dos EUA Abraham Lincoln disse: "Se pudéssemos primeiro saber onde estamos e para onde estamos nos dirigindo, poderíamos julgar melhor o que fazer e como fazê-lo."

Não existe nada mais ou menos envolvido no planejamento de uma empresa do que decisões conscientes e coordenadas sobre onde e como aplicar os seus limitados recursos e obter deles os melhores resultados.

A menos que uma empresa deseje ficar para sempre prisioneira de uma turbulência diária e do conseqüente "combate ao fogo" (resolver sempre os problemas urgentes), o planejamento é uma atividade necessária, e por incrível que pareça, extremamente prática.

As compensações reais de um planejamento bem feito para as empresas não estão apenas na execução das tarefas e no enfrentamento dos desafios do dia-a-dia, mas sim na realização das oportunidades de prazo mais longo.

O aprimoramento das oportunidades pode ser atingido por meio da alocação produtiva e cuidadosamente concebida dos recursos da empresa e de programas de ação viáveis.

O planejamento empresarial auxilia o EC a concentrar-se nos fatores-chave para o sucesso da empresa e em suas prioridades proeminentes.

Os atributos específicos do planejamento empresarial incluem o seguinte:

1. **O processo de planejamento em si exige uma disciplina poderosa** que força o EC a voltar atrás, desligar-se das batalhas diárias e obter um panorama geral de toda a empresa, quer dizer, utilizar o pensamento sistêmico.

2. **É um jogo** que tem por finalidade casar as atividades e objetivos específicos e desafiadores de forma que as necessidades sejam satisfeitas.
3. **Ele requer a contribuição dos funcionários** e permite que o EC, por sua vez, os inclua nos valores e metas da empresa e em suas próprias expectativas com relação ao resultado do trabalho deles.
4. **É um comprometimento pessoal** para com aquilo que só o EC deve iniciar, contribuir e decidir.

As perspectivas de sobrevivência e sucesso de um negócio aumentam muito quando o EC sabe o que quer fazer para aumentar o lucro, como empreender a tarefa e o que especificamente precisa fazer para atingi-la, valendo aí o que observou Henry David Thoreau: "No final das contas, os homens só acertam aquilo que miram."

Infelizmente muitos proprietários-gerentes não aceitam ainda o que um planejamento deste tipo produz ou por que e como este esforço resulta em recompensas significativas.

Este tipo de empreendedores ainda acredita que o futuro é muito volátil e incerto para poder ser dirigido e controlado.

Entretanto este não é um bom motivo para se evitar o planejamento empresarial, porquanto entre outras coisas ele reduz o imponderável, preparando-nos para surpresas e para lidar com elas desde o início antes que se tornem ameaçadoras.

O que todos que têm seu próprio negócio devem perceber é que o planejamento empresarial não precisa ser uma camisa-de-força, e as cabeças não vão rolar se metas e objetivos específicos não forem atingidos.

Longe de inibir mudanças oportunas de direção, uma elaboração e análise freqüente do plano libera-o de percepções rígidas e de compromissos com o passado.

O EC, à medida que desenvolve um novo plano, cumpre as seguintes exigências:
1. **Colocar tudo por escrito no papel (ou no computador).**
   Quando se coloca tudo por escrito, a tendência é revelar onde o plano está vago ou mal elaborado.
   Se isto não for feito, será muito fácil ocorrerem deslizes no processo,

e provavelmente mesmo que o EC tenha uma longa lista de boas intenções, não acontecerá nenhum comprometimento de ação séria e exeqüível.

2. Elaborar um plano breve.

O plano deve ter de seis a dez páginas e concentrar-se naquilo que o EC realisticamente quer ver acontecer, e naquilo que deve ser feito para que as melhorias almejadas sejam realizadas.

3. Estipular um tempo não superior a um ano.

Seis meses devem ser o mínimo para o plano, e o tempo máximo imposto é de 12 meses.

O EC deve dar uma olhada minuciosa no plano a cada dois ou três meses, e revisá-lo conforme seja necessário com o intuito de fazer os ajustes referentes a eventos e resultados propriamente ditos.

Quando revisa o plano, o EC busca assegurar-se de que as variações entre o que foi planejado e a experiência real tenham sido provocadas por erros ou mudanças nas suposições básicas ou por fatores fora do seu controle.

4. Envolver os funcionários no planejamento.

Os empregados em muitos casos sabem melhor quais são as necessidades realistas da empresa e o que precisa ser feito para satisfazê-las.

A ampla concordância dos funcionários com o plano é uma peça importante para o seu sucesso.

Este consenso proporcionará a base da suposição cooperativa de responsabilidade pelas ações.

Sem a participação e cooperação dos empregados, o EC estará se arriscando a sofrer uma sabotagem no plano estabelecido para o seu negócio.

Ao preparar o seu plano, o EC sabe que ele não evolui de maneira seqüencial e que todas as partes interagem.

Assim, por exemplo, ao desenvolver o mesmo, coloca-se o fluxo de caixa no fim, mas na verdade ele afetará outras áreas, como os planos estabelecidos para expandir a escala de produtos ou o quadro de funcionários que se emprega por ano.

O EC responsável é aquele que diz: "Nós analisamos tudo desde o início pelo menos uma vez por ano."

Saber o que está acontecendo é um processo diário e progressivo, mas um exame sistêmico uma ou duas vezes por ano é especialmente produtivo.

Ao procurar obter uma visão geral não significa que o EC tenha que sair toda vez do zero.

De outro modo, essa visão geral é apenas um resumo imparcial e coerente dos seus pensamentos e avaliações em particular.

Uma empresa (especialmente a pequena) é quase sempre limitada pela disparidade entre o que ela gostaria de realizar, por um lado, e o que ela deve ou pode realisticamente atingir, por outro.

Mas isto não que dizer que ela não deva no seu plano ter metas e objetivos.

Ao contrário, uma empresa sem metas e objetivos parecerá um jogo de basquete em um terreno baldio sem um aro para se fazer as cestas!!!

O truque que o EC usa é inicialmente definir quais são realmente as suas prioridades, ou seja, "onde o dinheiro está".

Ele destaca as três principais metas ou objetivos no item **"Prioridades de primeira linha"** e descreve mais três ou quatro metas em **"Prioridades de segunda linha"**.

É evidente que o propósito desta abordagem é manter o raciocínio, a energia e os recursos da empresa concentrados nas atividades verdadeiramente essenciais, que não podem ser sacrificadas ou suspensas no correcorre dos acontecimentos diários.

Em segundo lugar, ele expressa as prioridades na forma de metas concretas e específicas.

Deste modo, consegue evitar qualquer tendência de distorção da realidade e divagações bem-intencionadas.

Quando as metas são bem definidas e expressas em termos quantitativos claros, o EC poderá verificar facilmente se os resultados finais foram alcançados e se o planejamento foi um sucesso.

Como uma ilustração, algumas metas concretas e prioritárias poderiam ser definidas como segue:

- reduzir os custos em pelo menos 10% nos próximos 12 meses;

- aumentar a velocidade de entrega em 50% por meio da modernização dos recursos de produção até o dia 31 de dezembro;
- melhorar em um ano o serviço ao cliente em três áreas onde se têm reclamações para atingir um nível de satisfação que supere 90%.

Claro que para cada uma das metas prioritárias deve ser elaborado um plano de ação minucioso, para que o plano global não se torne um exercício fútil.

O ponto é estabelecer exatamente o que é necessário e suficiente para atingir as metas.

Os elementos básicos do plano de ação são os seguintes:

- **Quem** faz o **quê**?
- Até **quando** deve ser completada cada etapa da meta? (um cronograma geralmente ajuda).
- Que **recursos** são necessários e quando?
- Quais são os possíveis **obstáculos**, quais deles são controláveis e como serão reconhecidos? (as opções de **emergência** devem ser incluídas).
- Quais são **as responsabilidades de informação e monitoramento**?
- Quais são os procedimentos para o **exame** e **correção** conforme for apropriado?

Na verdade é imprescindível incluir o orçamento no plano, aliás esta é a parte mais temida por todos os empreendedores novatos, e mesmo por aqueles mais veteranos que tenham inclusive alguma experiência disciplinada após terem já trabalhado num corporação bem administrada.

Diz-se que Samuel Goldwyn, o magnata do cinema, falou certo dia: "As previsões são perigosas, particularmente aquelas sobre o futuro."

Mas o EC não teme esta afirmação e analisa a questão de outra perspectiva.

Um orçamento não é nada mais nem menos do que uma lista quantificada de suposições ou expectativas.

E quanto mais tempo o EC passar lendo, meditando, imaginando e jogando com as possibilidades dos números da sua empresa, mais fácil se tornará a tarefa para ele de incluir os recursos financeiros no seu planejamento.

O primeiro dos orçamentos é o **fluxo de caixa**.

As estimativas de caixa não apenas sinalizam se e quando haverá um déficit, mas também estabelecem um esquema para as atividades que acontecerão ao longo do ano.

Essas estimativas serão muito úteis e adequadas se incorporarem as principais suposições em relação aos gastos com expansão, investimento de capital ou grandes débitos financeiros a vencer, bem como as mudanças previstas nos custos de vendas e nos custos operacionais.

Um orçamento de receita e despesa também é uma ferramenta útil, sendo que estes números já devem estar estimados quando da preparação do fluxo de caixa.

O EC sabe que pode sempre revisar o orçamento, aumentando-o se as metas estiverem sendo excedidas ou se for desejável restaurar objetivos e incentivos desafiadores, ou reduzindo-o caso seus planos forem surpreendidos por eventos inesperados e as suposições por trás deles provarem ser irreais, incorretas ou incontroláveis.

O essencial é não esquecer nunca que um processo de planejamento consciente e sistemático produz sempre recompensas muito ricas para a empresa!

7.5 – OS DECÁLOGOS FINAIS: QUEBRANDO OU DESENVOLVENDO O SEU NEGÓCIO

Quem quiser quebrar a sua empresa em pouco tempo, e assim afundar a brilhante iniciativa fundamentada em uma magnífica idéia do EC, basta que aplique os seguintes **princípios da destruição** de um novo negócio.

1. **Evite levar em conta as observações e sugestões de pessoas de fora**; afinal, o que é que elas sabem e entendem do seu negócio, não é?

   O empreendedor que acreditar que os seus pontos fortes sobrepujarão e eliminarão qualquer obstáculo e o seu trabalho duro garantirá o sucesso contínuo da sua empresa está muito enganado.

   Constatará a verdade quando estiver fechando as portas da empresa...

2. **Pense que tudo é igualmente importante** e, então, faça tudo igualmente bem, dividindo os recursos da empresa de maneira suficientemente escassa e eqüitativa para agradar a todos e ver onde o seu negócio vai parar...

Ele vai desaparecer se você proceder assim, principalmente se der prioridade apenas às necessidades do momento.

Ninguém pode esquecer que vivemos num mundo de muitas prioridades, e não se pode jamais deixar escapar da memória que as prioridades vitais têm que ser tratadas de modo especial.

3.**Comece com os produtos ou serviços que seguramente** refletem apenas os seus valores e gostos, e em breve poucos estarão comprando os mesmos pois os seus clientes, na maioria, não devem apreciar o que lhe agrada ou encanta...

4.**Construa uma armadilha mais ampla** ainda lançando um produto do tipo "este é a minha cara", e acredite que o público acorrerá em massa até a sua empresa ou às lojas onde ele está sendo comercializado.

Acredite que bons produtos como este se vendem sozinhos, esquecendo-se de perguntar realmente o que os clientes querem.

Você deve ter um produto (serviço) que seja adequado à idade, ao sexo, ao estado civil e ao estilo de vida dos seus clientes.

Será que todos eles são iguais a você, meu caro empreendedor?

5.Já que você é responsável por tudo, **faça tudo sozinho**, afinal de contas ninguém mais fará melhor do que você!

Para que trabalho de equipe?

Para que servem os seus colaboradores?

Qual é a vantagem da sinergia, não é?

6. **Não ligue para os registros contábeis, nem para os controles financeiros.**

Outras pessoas na empresa podem ocupar-se disto e lhe dirão o significado de tais dados.

Economize também o dinheiro que gastaria com um contador, pois qualquer um pode produzir os dados exigidos pelas autoridades tributárias.

O jeito mais fácil de afundar uma empresa é gastar mais do que se fatura mês a mês, não é?

7. **Ignore o capital de giro** e faça a si mesmo um convite para envolver a sua empresa numa fraude.

Certamente que contanto que haja lucro, você acreditará que tem o caixa que precisa, não é?

Além disso, não se esqueça daquele dito popular: "A mentira tem pernas curtas..."

8. **Concentre-se num crescimento espetacular de vendas.**

Este é o traço característico de uma empresa que quer vencer, acreditando que o crescimento rápido gerará lucro e o caixa que a empresa precisa para sobreviver e ter sucesso.

Mas com o crescimento rápido pode ocorrer uma desordenação no negócio, quando os lucros são postos em perigo, a liquidez é ameaçada, os pontos comprovadamente fortes da empresa podem se diluir, os controles administrativos estabelecidos podem entrar em colapso, e os funcionários talvez não sejam capazes de assumir a pressão das novas obrigações.

9. Um bom proprietário-gerente (ou um EC) comumente está tão próximo da sua empresa que **pode dirigi-la da sua mesa,** ou então usando a Internet.

Não há por que perder tempo valioso fazendo análises cuidadosas ou buscando novas informações, conhecendo como se resolvem os problemas similares aos seus e criando novas oportunidades de negócios.

Basta que o empreendedor trabalhe sério, e qualquer oportunidade concebível será obvia. Santa inocência, não é?

10. **Não planeje,** pois isto é impraticável e sempre dá errado.

Não estabeleça metas.

Cuide das operações diárias e o futuro cuidará de si próprio.

Isso não é o que faz o EC que busca através da sua imaginação elaborar o melhor plano viável possível, tendo força analítica e criativa.

Conclusão: Quem seguir os dez princípios desastrosos há pouco citados, em última análise pensa que dirigir o seu negócio está mais para um jogo de dados. Para um empreendedor deste tipo a sugestão é conhecer pelo menos algumas orações, e boa sorte no céu...(ou talvez no inferno...).

Bem, agora temos que apresentar o contraponto, ou seja, a viagem no caminho do progresso que levará a empresa ao sucesso.

Os dez princípios do desenvolvimento saudável do negócio são:

1. Seja **objetivo e avalie os pontos fortes e os pontos fracos** de sua empresa e os seus próprios.
   Depois trate de elaborar um programa que compense ou anule os pontos fracos.
2. **Mantenha tudo o mais simples possível e focalizado.**
   Elabore prioridades e concentre-se no que é efetivamente importante para o sucesso do seu negócio.
3. Forneça **produtos (serviços) realmente excelentes (encantadores)** que satisfaçam as necessidades de grupos selecionados de clientes.
4. Determine **como atingir seus clientes** e vender para eles.
5. **Crie, administre e motive uma equipe** para executar aquilo que você não consegue fazer sozinho (aliás, muitas coisas, não é?).
6. **Guarde consigo os registros contábeis e controles** que você precisa usar para entender e administrar a sua empresa.
   Contrate também um contador de primeira categoria, ou então um escritório de contabilidade confiável.
7. Administre seu patrimônio de forma a **nunca ficar sem caixa** e não confunda nunca vendas e lucros com dinheiro que se possa despender.
8. **Evite as armadilhas** comuns e geralmente fatais do crescimento rápido.
   Administre e controle este crescimento.
   Tenha em mente o que aconteceu recentemente com inúmeras empresas ponto.com.
9. **Conheça a sua empresa de trás para a frente**, isto é, até pelo avesso.
   Não existe nenhuma empresa cujo lucro não possa ser aumentado.
   Busque, pois, maneiras de melhorar a empresa.
   Afinal, você não é o EC?
10. **Planeje o futuro.**
    Estabeleça metas desafiadoras, porém realísticas, e elabore bons planos de ação para poder cumpri-las.

Conclusão: A sobrevivência do seu negócio, em última análise, depende de uma administração eficaz e criativa, quer dizer, do conhecimento, direção, controle da empresa e imaginação de uma pessoa que é você, meu (minha) caro(a) EC!

Quando você administra o seu negócio de forma eficaz e criativa, não precisa de rezas nem de sorte.

O sucesso é um resultado normal!!!

Você acredita nisso, não é?

"Os empreendedores que fracassam não são só aqueles que não planejam para não falhar, mas também os que falham no planejamento."

Capítulo 8
Empresas e empreendedores bem-sucedidos que se formaram na FAAP

1 ASYST SUDAMÉRICA

A ASYST SUDAMÉRICA, hoje líder em serviços de *help business* e *help desk*, é resultado da trajetória de um professor e um aluno da Faculdade de Engenharia da FAAP (FEFAAP) que souberam identificar e aproveitar as oportunidades oferecidas pela faculdade e pelo mercado de informática no Brasil.

Era década de 80 quando Francisco Ricardo Blagevitch, 16 anos, prestou e passou no vestibular da FAAP para o curso de Engenharia Eletrônica. Logo no primeiro ano de estudo sua família enfrentou problemas financeiros, sem condições de manter por muito tempo as mensalidades da faculdade. Ciente da sua dificuldade, Blagevitch procurou os professores Victor Mirshawka e Josefa Alvarez Alvarez, diretores do curso, e pediu para ser monitor de uma das matérias. Uma vez aprovado, ele teria 60% de desconto na mensalidade. Blagevitch ofereceu-se para monitorar a disciplina de CNCC (Cálculo Numérico e Ciência da Computação), cujo professor era Oswaldo Brancaglione.

Brancaglione formou-se em engenharia eletrônica em 1981, pela FAAP. Residente em Santo André (SP), ia todos os dias de trem até a faculdade. Para garantir condições de quitar as mensalidades, também foi monitor de informática durante quatro anos de estudo. Paralelamente ao curso universitário, Brancaglione participava de cursos técnicos, o que fez com que se sobressaísse sobre os demais alunos e fosse convidado a dar aulas na própria FAAP assim que graduado.

Enquanto concorria à vaga de monitor, Blagevitch pediu orientação ao professor Brancaglione sobre algum curso que pudesse complementar a sua formação. Brancaglione incentivou o aluno a estudar Lógica Estruturada de Algol, na USP. "Se esse menino passar por esse curso, ele será aceito como monitor", pensou Brancaglione. Blagevitch concluiu o curso com êxito e ganhou a monitoria. "Foi o curso mais difícil que já fiz", confessa Blagevitch.

Como monitor, uma das funções de Blagevitch era dar aulas de laboratório na faculdade. Pelo bom desempenho como monitor, logo foi convidado a lecionar na FEFAAP. "O meu primeiro desafio foi ministrar aulas sobre o Sistema Operacional SISNE, que eu não conhecia. Tive que estudar e descobrir sozinho as funcionalidades da ferramenta", lembra Blagevitch.

Nessa época, o computador começava a invadir o dia-a-dia das empresas e a demanda por cursos era cada vez maior. "Os funcionários das empresas ficavam desesperados diante do computador, sem saber como operar a máquina", relembra Brancaglione.

Como a procura pelos cursos crescia a cada dia, em 1984 Brancaglione e Blagevitch criaram a "ASYST – Assessoria, Sistemas e Treinamento". Os primeiros contatos com clientes foram feitos através da FEFAAP. "A faculdade nos abriu as portas para o mercado de trabalho", comenta Blagevitch. As apostilas dos cursos ministrados pela dupla eram confeccionadas na cozinha da mãe de Blagevitch em uma impressora matricial. Para dar impulso à nova empresa, o pai de Brancaglione patrocinou a compra de seis computadores que, a cada contrato fechado, eram carregados pelo professor e aluno até a empresa contratante.

Brancaglione continuava com as aulas na FEFAAP pela manhã, tarde e noite. Blagevitch cursava então o terceiro ano de engenharia eletrônica. A ASYST, agora voltada também para o desenvolvimento de sistemas, exigia mais pessoas. "Até então nós fazíamos tudo com muito amor e foi difícil confiar em outras pessoas. Porém, tínhamos consciência de que era preciso profissionalizar a nossa empresa", diz Brancaglione.

Certa vez contrataram um instrutor que sumia nas semanas em que ocorria a Fórmula 1. "Depois descobrimos que ele era bandeira em Interlagos",

320 *Empresas e empreendedores bem-sucedidos que se formaram na FAAP*

revela Blagevitch. Assim, Brancaglione e Blagevitch, sempre acostumados a tocar tudo sozinhos, começavam a pagar o preço para ter uma empresa estruturada. "Passamos a ter que lidar com problemas que antes não existiam, como a falta de funcionários", comenta Brancaglione que, em razão do crescimento da ASYST, tomou a difícil decisão de deixar as aulas na FAAP.

Embora dedicados, faltava experiência à dupla de desenvolvedores e, por algumas vezes, foram prejudicados pelos diferentes planos econômicos que surgiam. "Éramos uma empresa ingênua", diz Brancaglione. O Plano Collor, lançado em abril de 1990, quase afundou a ASYST. "Prenderam o nosso dinheiro e alguns clientes cancelaram as programações de treinamentos em informática aos seus funcionários", explica Blagevitch.

Mas em 1992 a DuPont os procurou para dar treinamento de MS-DOS - Avançado a um grupo pequeno de funcionários. A DuPont estava descentralizando as operações do *mainframe* (computador de grande porte) e os usuários, com dúvidas constantes, não tinham auxílio direto. Percebendo essa deficiência, Brancaglione propôs ao gerente de informática da DuPont criar um departamento apenas para tirar dúvidas dos usuários. Nascia assim o primeiro *help desk* da ASYST. Todo o processo de *help desk* e os *metrics* da empresa foram desenvolvidos nesse período. O gerente e o diretor de tecnologia da DuPont ajudaram a formatar os processos de *help desk*.

Em 1995 a ASYST passou por dificuldades em conseqüência de uma série de erros administrativos. Para tentar salvar a empresa, os sócios fecharam os setores de treinamento, redes e desenvolvimento de sistemas. "Eram três áreas sazonais. Nos meses de dezembro, janeiro e fevereiro não havia pedidos de treinamento e nós não tínhamos como pagar os instrutores", explica Brancaglione. "Nessa fase aprendemos muito com as nossas falhas. Fizemos uma lista dos nossos erros e prometemos não repeti-los", complementa Blagevitch.

Foi nessa fase também que os sócios descobriram os seus limites e talentos individuais. Blagevitch, de repente, viu-se dirigindo a área de *marketing* e comercial da empresa, e Brancaglione, de professor, passou a gestor de processos.

Focados em *help desk*, a meta agora era investir no treinamento de pessoal e qualidade do serviço. Em 1998, Jorge A. Perlas, antigo consultor de qualidade e produtividade da Camargo Corrêa, juntou-se a Brancaglione e

Blagevitch para aprimorar a metodologia de trabalho da ASYST – Assessoria, Sistemas e Treinamento. "Crescer com qualidade" tornou-se o *slogan* oficial da empresa.

A prestação de serviços da ASYST ganhou reconhecimento internacional. Em 2000, a empresa abriu duas unidades na Argentina e tem recebido propostas de clientes multinacionais para ampliar sua atuação no mercado latino-americano.

A empresa, que é hoje a ASYST SUDAMÉRICA, mantém 25 companhias de grande porte em sua carteira de clientes, entre elas Johnson & Johnson, General Electric, Voith, Ericsson, AT&T, Gtech, Henkel Mercosul, DuPont, Fibra DuPont, Grupo Pepsico, Elma Chips, Banco Lloyds TSB, Solvay Indupa, Aços Villares, Villares Metals e outras.

O objetivo de manter o crescimento sem perder a qualidade tem sido aplicado e, como prova disso, há sete anos a empresa não perde um único contrato. São 400 funcionários distribuídos em 35 *sites* operacionais. Atualmente, são atendidas mais de mil localidades físicas, quatro mil chamados por dia e 50 mil usuários.

Para continuar sendo a melhor provedora de serviços na América Latina, a ASYST SUDAMÉRICA aposta no treinamento interno. Por ano, são cerca de 6.600 horas de treinamento voltadas para os seus profissionais. Já foi estabelecido pela ASYST SUDAMÉRICA uma parceria com a FAAP para treinar os funcionários na instituição.

Gestão e Operação da Area de Tecnologia da Informação é o novo negócio da ASYST SUDAMÉRICA para complementar os serviços. "O mercado atual quer além do *help desk*", diz Brancaglione. A empresa hoje oferece administração de correios, cabeamento, administração de redes LAN e WAN, etc.

Em relação aos seus concorrentes, os sócios são unânimes em dizer que o grande diferencial da ASYST SUDAMÉRICA é **fazer o que promete**. Para comprovar a qualidade dos seus serviços, a empresa está investindo na certificação ISO 9001 de todos os *sites* nos processos de *help desk*. Três sites já estão certificados. Além disso, a empresa estabelece um rigoroso contrato de SLA (*Service Level Agreement*), que pode levar a ASYST SUDAMÉRICA a pagar multa caso o SLA não seja cumprido.

Entretanto, a empresa não está voltada apenas para o seu lado técnico e financeiro. Uma das características da ASYST SUDAMÉRICA é a preocupação com a área social. Há quatro anos foi criada a campanha SLA – Solidariedade Levando Alimentos, que mobiliza funcionários, clientes e parceiros para doar alimentos não perecíveis a entidades beneficentes duas vezes ao ano, por ocasião das festas juninas e de final de ano. Na última campanha, realizada em dezembro de 2002, foram arrecadadas mais de oito toneladas de alimentos. A meta agora é alcançar 10 mil quilos.

Brancaglione e Blagevitch acreditam que o que move um empreendimento é a **paixão por aquilo que se faz**. "A paixão traz a determinação, o empreendedorismo, a coragem de começar de novo", diz Brancaglione com ar de professor que aprendeu e agora transmite uma nova lição!!!

*"As condições nem sempre são favoráveis.
Pessoas que atrasam suas ações
até que a situação esteja totalmente
favorável são as que nada fazem."*

William Feather

2 NSA BRASIL

A NSA Brasil, empresa de consultoria e treinamento em segurança pública e privada, foi o resultado de muitos anos de trabalho e de uma longa preparação. Durante o curso de Administração de Empresas na FAAP, Hugo Tisaka preocupou-se em conhecer todos os aspectos que gravitam em torno de um *business*. O conhecimento e a experiência dos professores foi primordial para alavancar a sua carreira. Certa vez, durante uma aula, o prof. Henrique Vailati Neto disse: "O pior que pode acontecer com vocês neste momento é conseguir o emprego dos seus sonhos." O que ele quis dizer com isso é que os alunos não deveriam acomodar-se na chamada "zona de conforto", e com isto poderiam ficar estagnados e acabar perdendo muitas oportunidades de crescimento pessoal e profissional.

O interessante é que essa frase permeou todo o seu histórico profissional, e as mudanças, tanto para melhor como para pior, foram sempre bem recebidas e administradas com muita serenidade. Após alguns anos no mercado financeiro, veio o convite para trabalhar na Internet. Responsável pelo desenvolvimento do **comércio eletrônico** no provedor Terra, e posteriormente em uma empresa pertencente à Garantia Participações, o mercado eletrônico pôde ver de perto o **sentido da palavra empreendedorismo**. Estas empresas começaram com uma boa idéia e muito trabalho. Para ser empreendedor não basta ter uma idéia, vendê-la para investidores e ficar esperando os seus frutos. É preciso pôr a mão na massa, abdicar de muitas coisas que antes faziam parte de sua vida e ter muito sangue frio e discernimento para saber até se pode ir.

Certa vez, recebi um artigo que mostrava claramente a diferença entre uma pessoa persistente e outra teimosa – **porque somente os persistentes prosperavam e não os teimosos**. O teimoso, segundo o artigo, decide fazer algo e não há nada que o tire desse sua convicção. O persistente, porém, é o indivíduo que ouve seus colegas, seus clientes e fornecedores, e apesar de manter o rumo dos negócios adapta os produtos, modifica o formato, o preço, para oferecer um produto/serviço de acordo com o que o mercado quer.

Durante umas férias nos Estados Unidos, Hugo Tisaka participou de um curso de Direção Evasiva ministrado por instrutores da SWAT da Flórida, FBI e Serviço Secreto Britânico. Aplicou-se nas aulas e terminou em primeiro lugar na parte prática e na teórica. Deste treinamento surgiu a idéia de trazer algumas dessas habilidades e a experiência sem par para o Brasil. Vendo uma oportunidade de negócio, aprofundou-se mais ainda e fez o curso avançado para conhecer melhor as técnicas utilizadas por esses profissionais.

Voltando ao Brasil, realizou uma pesquisa de mercado e participou de outros cursos e seminários ministrados localmente. Percebeu que eles poderiam ser melhorados e que havia aqui um nicho de mercado muito interessante e ainda não explorado.

Formou então uma aliança estratégica com algumas empresas dos Estados Unidos e da Europa e criou a GSA – Global Security Alliance, com o intuito de trocar tecnologia, experiência e *know-how*. Nesta rede internacional de consultores e empresas de segurança estão alguns profissionais como William Kearney, ex-chefe de segurança da Família Real Britânica e do chanceler alemão Gerhard Schroeder. Também Henry Petri, chefe de segurança do ex-presidente Miterrand; Dan Capel, chefe de segurança do secretário de Estado dos EUA Henry Kissinger, e tantos outros profissionais ativos ou reformados de agências internacionalmente conhecidas, como a New Scotland Yard, FBI, CIA, SWAT, GIGN, SEALS, serviços secretos de vários países e também de grupos locais de extrema competência como o GATE, DAS, DHPP, Fuzileiros Navais e Forças Especiais.

Para não competir diretamente com as grandes empresas do ramo, começou oferecendo aos seus clientes serviços que seus concorrentes não ofereciam, e ainda se aliou a algumas delas. Tisaka acentua: " O fato de sermos concorrentes não nos impedia de trabalhar juntos. Íamos aos mesmos clientes, com objetivos distintos, é verdade, e parecia bastante coerente trabalharmos alinhados para aumentar a nossa sinergia. Após conquistar a confiança de alguns clientes e aumentar o leque de produtos e serviços oferecidos pela NSA Brasil, e também contar com a ajuda de uma assessoria de comunicação competente que nos colocou na mídia, foi possível implantar o conceito de *one-stop-shop* para este nicho de mercado.

Notei que os clientes que aprovavam os contratos, em sua maioria, não eram especialistas na área. Muitos eram do departamento de compras, do administrativo, de recursos humanos, e não conheciam o mercado com a profundidade necessária, nem estavam dispostos a lidar com um sem-número de fornecedores diferentes. Hoje, perante seus clientes, a empresa é o ponto focal para todas as necessidades e desafios encontrados pela empresa no que se refere à **segurança, pessoal** e **patrimonial**. Como consultoria independente, pode indicar com total isenção equipamentos, serviços e blindagens mais adequados às necessidades de seus clientes."

Reconhecida no mercado como uma empresa competente e que presta serviços à comunidade, Hugo Tisaka está agora de olho no Mercosul, que deverá se fortalecer com a proximidade da criação da ALCA. A visão de longo prazo, aliada a ações cuidadosas no cotidiano fazem da NSA Brasil uma das promessas deste mercado.

SOBRE A NSA BRASIL

A NSA Brasil é uma consultoria em segurança pública e privada, com foco em treinamentos de alto padrão. Através de avançadas técnicas e metodologias e de seus instrutores altamente capacitados, agentes ativos ou reformados de instituições como FBI, SWAT, US Marines, entre outras, o programa de treinamentos da NSA prepara seus clientes para reagir a quaisquer situações de risco contra sua vida, família, sociedade e patrimônio, de maneira segura e com alto grau de eficiência.

3 GRÁFICA ARIZONA

Marcus Abdo Hadade, hoje presidente da Confederação Nacional de Jovens Empresários (Conaje), acaba de encerrar seu mandato como coordenador do Fórum de Jovens Empresários da Associação Comercial de São Paulo e lidera o grupo de trabalho jovem da Associação Brasileira da Indústria Gráfica, Abigraf. Aos 31 anos, Marcus Abdo Hadade é um dos promissores nomes do universo industrial paulista, administrando uma gráfica que dobra de tamanho a cada ano.

Ele iniciou sua vida profissional aos 18 anos, quando recebeu de seu pai, Abdo Hadade, as chaves de uma das lojas da rede Cineral em São Paulo, especializada em eletroeletrônicos. Em 1994, a empresa comprou uma fábrica em Manaus e, recém-formado em Administração de Empresas pela FAAP, Marcus foi para lá trabalhar com produção, relacionamento político, processos produtivos e contatos com fornecedores no exterior. Depois de um ano, o profissional voltou a São Paulo para atuar na gerencia comercial e na área de *marketing* da Região Nordeste, viajando na maior parte do tempo. Em seguida, assumiu a Região Sul e depois a Região Sudeste, com exceção da capital paulista.

Em 1998, Marcus e seu irmão Alexandre decidiram alavancar uma pequena gráfica que existia apenas para suprir a grande demanda de impressos da indústria de produtos eletrônicos. Tal empresa era a Gráfica Arizona, fundada em 1989 e até então dirigida por Jaqueline Zoppi Hadade, sua mãe. A empresa era muito pequena e contava apenas com impressoras monocolores e bicolores, produzindo basicamente notas fiscais, blocos, talões e manuais, funcionando quase como um departamento da fábrica.

Essa oportunidade aguçou o espírito empreendedor dos irmãos Marcus e Alexandre Hadade. Ver a empresa sem nenhuma perspectiva crescer com honra, gerar empregos e se tornar uma referência no ramo gráfico transformou-se num desafio. Começou, então, uma fase de profissionalização dentro da Arizona, que passou a focar-se no mercado promocional.

Sem nenhuma experiência no segmento de impressão, Marcus e Alexandre valeram-se de uma pesquisa junto às entidades do setor e aos clientes para elaborar um plano de negócios. Nas associações os dois levantaram o perfil do setor gráfico paulista, descobrindo que a maioria das 5.000 mil gráficas existentes em São Paulo era de pequeno porte, e que dessas, poucas atendiam o mercado de impressos promocionais, produzindo trabalhos extremamente sofisticados. Conversando com os publicitários e "marketeiros", identificaram as reais necessidades desse público e os questionamentos com relação aos serviços até então prestado pela concorrência.

Eles decidiram então posicionar a Gráfica Arizona como uma opção entre as pequenas e as grandes gráficas, oferecendo alta qualidade a preços competitivos.

Com uma atuação baseada em valores como ética, transparência e comprometimento, a empresa tem alcançado resultados surpreendentes. Nos últimos quatro anos, a média de crescimento do faturamento tem sido de 74% ao ano. Em agosto de 1998, a gráfica contava com seis funcionários e máquinas de escrever em lugar de computadores. Hoje são 52 profissionais operando as mais modernas tecnologias do mundo.

Além de muita determinação e espírito empreendedor, Marcus credita o sucesso da Arizona a algumas posturas. Organização e controle de processos norteiam a produção, enquanto a profissionalização impera na administração. O investimento em treinamento também é uma das bases de sustentação da empresa. No dia-a-dia, Marcus descobriu que em vez de contratar profissionais de larga experiência, melhores resultados são obtidos com a inclusão de pessoas dispostas a aprender e de fácil relacionamento quando trabalham em equipe. A idéia de que a diferença entre as empresas está nas pessoas e não nos equipamentos guia a política de recursos humanos da Arizona.

A transparência está não só no relacionamento com os colaboradores, mas também com os clientes. A empresa não tem equipe de vendas. Os contatos são realizados pelo próprio Marcus, cuja secretária não costuma perguntar quem está do outro lado da linha antes de passar uma ligação para o empresário. Num mercado no qual horas podem definir o sucesso ou o fracasso de uma campanha, respostas rápidas são fundamentais. Isto porque o objetivo da gráfica não é vender produtos ou serviços e sim resultados, resultados estes que ajudem a fortalecer as marcas de seus clientes.

MARIA TEREZA POSSATTO

Em **1992,** cursando o primeiro semestre de Economia na FAAP, Maria Tereza Possatto e sua irmã abriam a primeira franquia americana de Conveniência Gráfica no Brasil – Alphagraphics.

Aparentemente seus maiores desafios seriam os de manter um fluxo de caixa médio, até que tanto a marca quanto o conceito da conveniência fossem assimilados por um mercado que até então só conhecia parques gráficos na Zona Norte e cópias ainda em preto e branco. Tropicalizar conceitos internacionais não era tarefa fácil, e principalmente habituar o cliente à idéia de que fazer um serviço gráfico ou cópias coloridas numa loja acarpetada e com ar condicionado na Avenida Paulista, durante as 24 horas do dia, não requereria necessariamente uma linha de crédito pessoal.

Maria Tereza esclarece: "Trabalhar com máquinas é sinônimo de manutenção diária. Trabalhar com máquinas importadas era questionar até onde a globalização abre portas para você ou literalmente fecha suas portas. É incalculável o prejuízo junto a clientes e parceiros, desgastes com funcionários em horas extras, respaldados pelo Sindicato Gráfico, o segundo maior do País, todos rodeados de máquinas paradas por falta de peças, ou de *expertise* (perícia) para consertá-las.

Cumprir prazos é obrigação de qualquer empresa séria num mercado competitivo. Conseguir engrenar todas as etapas de produção de uma gráfica comum levava normalmente 15 dias para qualquer trabalho, desde cartões de visita até um *folder* em quatro cores.

Numa loja dessas a expectativa era de que isso fosse feito em 24 horas e com uma qualidade industrial. Cada trabalho era uma odisséia, soluções e improvisos nos faziam dar inveja até a David Coperfield.

Nessas horas eu e minha sócia-irmã nos perguntávamos: 'Por que cargas dágua compramos uma franquia? Não seria além da marca pelo *know how*, suporte e *expertise*?'

Sim, é só por isso que se deveria comprar uma franquia, além de pagar US$ 350.000, dos quais US$ 50.000 só de taxa de franquia. Infelizmente a relação das franquias e franqueados no Brasil seguia o molde de nossa pátria -mãe, confundindo a relação de colônia de exploração e não de desenvolvimento, cobrando ainda a bagatela de 8% do seu faturamento bruto a título de *royalties*.

Mas o mundo empresarial não nos poupa prazeres: já no segundo ano de vida começávamos a colher os frutos de uma empresa com gestão familiar...

Alguém conhece a casa da mãe Joana? É lá mesmo, é lá que começam todos os problemas de uma empresa (no meu humilde ponto de vista) muito antes de manter um fluxo de caixa médio.

Tende ao infinito a informalidade no ambiente de trabalho, o vai-e-volta nas decisões, o não-cumprimento de metas. Isto sem contar o fechamento de caixa e controle de estoque que por **natureza** não conferem nunca, ainda mais com saques pessoais, reembolsos diversos.

Não há *know-how*, MBA em Harvard, consultores de todas as espécies que façam uma estrutura dessas ser lucrativa!?!

Fazer uma faxina familiar numa empresa é uma das coisas mais óbvias e mais difíceis de serem feitas. Única. Fazer o que tem que ser feito é dolorido, mas é necessário.

Hoje, após onze anos, a nossa unidade da Alphagraphics não existe mais, em parte porque a nossa faxina nos custou negociações familiares decisivas, e ainda porque a própria franqueadora não fez o que tinha que ser feito, também era uma empresa familiar...

Fizemos novas sociedades e parcerias, de onde surgiram a Espaço Gráfico – Impressões Digitais Fechadas, e a Invito – Convites e Papelaria Social, hoje com quatro e dois anos respectivamente, empresas na área gráfica mas com focos totalmente distintos.

O equilíbrio e o sucesso dessas empresas só foi possível através da experiência desgastante, muitas vezes desanimadora, mas extremamente gratificante de constatar que valeu a pena não desistir.

Acho que viver, trabalhar, relacionar-se, crescer, cair, subir, tudo é válido, mas não desistir é fundamental. Aprendi recentemente três regrinhas básicas para não desistir:

1- Determinação;

2- Determinação;

3- Determinação."

5 PEGGY BEÇAK

Peggy Beçak relata: "Nas brincadeiras de criança já se fazia presente meu gosto pela organização de documentos, preenchimento de livro caixa, e o barulhinho da máquina de calcular elétrica registrando as "vendas" e a "entrada de dinheiro" em caixa.

Sempre adorei brincadeiras que envolvessem as relações contábeis, financeiras e a administração, mas foi efetivamente aos quinze anos, quando minha mãe abriu uma empresa – e passei a ficar responsável pelas áreas administrativa e financeira – que a decisão sobre a escolha profissional se consolidou. Restava ainda uma dúvida: economia ou administração de empresas ? Na incerteza de definir apenas um dos enfoques, resolvi que iria prestar vestibular para as duas áreas.

Resultado: fiz as duas faculdades simultaneamente e tenho absoluta convicção de que escolhi bem as profissões. Nunca mais deixei de exercê-las. A atividade na empresa de minha mãe continua até hoje.

Lembro-me perfeitamente de que os primeiros ensinamentos vindos da contabilidade foram fundamentais, tanto para entender os registros que precisavam ser feitos na empresa, especificamente quanto à gestão de estoques, compras e capacidade financeira de caixa, quanto à formação de custos.

Na época, nós desenvolvíamos uma linha de *design* exclusivo e comprávamos o produto básico de grandes fabricantes tradicionais do mercado, por exemplo tecidos e porcelanas, e nos beneficiávamos com a criação de jogos americanos e toalhas e jogos de jantar que se compunham entre si. Eram peças *king size* com propostas de composição e desenhos muito modernas, **não existindo nada parecido no mercado**.

As primeiras dúvidas foram quanto à negociação da compra e ao cálculo do preço final de venda. Como o espaço físico do estoque era relativamente pequeno e a capacidade de fluxo financeiro também restrita, acabávamos tendo que comprar lotes de produtos com preços não muito convidativos, o que terminava por elevar nossos custos e muitas vezes tornava o produto final pouco competitivo no mercado em termos de preços comparativos aos similares nacionais.

Recorri às aulas da Faculdade de Economia na FAAP e aos esclarecimentos pessoais com alguns professores, para que pudéssemos entender as deficiências e corrigir as técnicas de negociação com fornecedores e aumentar a eficiência na produção, quando então chegamos a vender nossos produtos para importantes *boutiques* de São Paulo, interior e outros Estados.

Mas a influência da FAAP não ficou restrita a essa época, ela persiste até hoje. Desde que terminei o curso de graduação comecei a lecionar na própria FAAP e em outras faculdades e não parei mais. Nutri uma satisfação muito grande pelo desenvolvimento acadêmico e pela pesquisa constante, e foi assim que trabalhei como pesquisadora no Instituto Fernand Braudel e no Instituto Liberal de São Paulo. Ao concluir o mestrado, escrevi meu primeiro livro sobre experiências de integração na América Latina e iniciei o curso de doutorado.

O desafio empreendedor e a precariedade de informações sobre as possibilidades de comércio na América Latina acabaram por me motivar a abrir em 1996 a empresa Peggy Beçak Consultoria e Publicações, que atua nas áreas de economia e *marketing* internacional, além de ser responsável pela criação e desenvolvimento de conteúdo para o *site* próprio, denominado Informe Mercosul.

Antes de se transformar em um portal de informações e negócios, o

Informe Mercosul circulou na modalidade impressa, com periodicidade mensal, e pôde contar com a colaboração de ilustres personalidades públicas como Ives Gandra Martins, Miguel Jorge, Kenichi Ohmae, Edmundo Klotz e outros.

Neste sentido, posso dizer que a FAAP representou e representa um papel fundamental no meu desenvolvimento intelectual e em minha carreira profissional, a começar pela formação sólida e completa que propiciou durante minha graduação. Guardo até hoje algumas apostilas e elas têm se mostrado bastante úteis no dia-a-dia da empresa, como cálculos financeiros e elaboração de projetos. Além disso, não é apenas pelo conteúdo programático que se forma um profissional, o ambiente físico e as relações interpessoais também são fundamentais no processo de formação, e estes dois alicerces eu também encontrei na FAAP.

Muitos de meus amigos pessoais foram meus professores ou colegas de faculdade.

É seguindo este percurso que acabo de finalizar minha gestão na vice-presidência do Conselho Regional de Economia de São Paulo, durante o ano de 2002, e é com esta disposição que pretendo galgar muitos outros degraus..."

Peggy Beçak é economista pela FAAP e administradora de empresas pelo Mackenzie, mestre em Integração da América Latina – Economia pela USP, e doutoranda em História Econômica pela USP.

6 EDSON CRESCITELLI

Edson Crescitelli assim expôs sua história:

"Ter seu próprio negócio e se ver livre do patrão é, certamente, o sonho de muitos brasileiros, **mas nunca foi o meu**! Minha experiência como empreendedor começou de uma forma peculiar. Ao contrário de certas pessoas que acalentam por muitos e muitos anos o sonho de montar seu próprio negócio, acabei me tornando um empreendedor levado por capricho dos deuses, obra do destino ou pelas circunstâncias, como preferirem. Talvez por nunca me imaginar envolvido em um empreendimento, nunca ter sonhado com isso, estive sempre menos envolvido emocionalmente com o assunto, o que me permitiu um olhar crítico sobre minha experiência como empreendedor, que adianto, foi muito boa enquanto durou.

No ano de 1988, um ano após me formar em Publicidade e Propaganda pela FAAP, fui trabalhar em uma agência de comunicações recém-formada por um ex-chefe meu (com quem trabalhara em outra agência) e mais uma sócia. Com o passar dos anos, fui subindo de posto até me tornar, em 1991, sócio da agência juntamente com outra profissional da agência. Éramos, então, quatros sócios: os dois fundadores e mais os dois novos. Ao longo do tempo, fui aumentando minha participação na sociedade até deter 24% das cotas. No ano de 2000 resolvi encerrar minha experiência como empreendedor, que considero bem-sucedida, quando pude apreender muitas lições, algumas das quais pretendo aqui relatar. Contudo, a agência continua funcionando firme e forte no mercado.

A experiência mais relevante de todas para um empreendedor é sua **relação com seus sócios**. A única forma de evitá-la é não ter sócios, mas isto jamais passou pela minha cabeça, pois é preciso ser muito bom em tudo para formar uma empresa sozinho, além de não ter com quem compartilhar angústias, riscos e decisões. Assim, provavelmente a relação mais intensa e mais complexa em um empreendimento seja formar a sociedade. Uma sociedade requer os mesmos cuidados de um casamento, com uma agravante, sem sexo, e em geral envolvendo mais do que duas pessoas. Ao longo de minha carreira vi diversas sociedades acabarem por vários motivos, de incompatibilidade até roubo de uma das partes.

No meu caso, nós sempre tivemos um relacionamento saudável, claro que, como em todo relacionamento, existiram brigas, divergências e frustrações. Mas creio que sempre tivemos o que é fundamental em um relacionamento: confiança mútua, lealdade e honestidade. Outro fator que ajudou, e muito, a nossa harmonia foi a divisão bem nítida de funções. Formávamos uma equipe, e cada sócio cuidava de uma área diferente de acordo com sua habilidade. Felizmente, cada um dos quatro sócios tinha uma aptidão por áreas distintas e nunca houve sobreposição, disputas ou desconfiança quanto à capacidade de cada um fazer bem a sua parte. Formar uma sociedade que **funcione adequadamente** é o primeiro, e considero o mais importante passo para um negócio ser bem-sucedido.

Muito embora eu tivesse uma área específica para cuidar, sentia que era preciso dominar todas as demais áreas que envolviam o negócio. Foi nesse momento que percebi quanto minha formação foi útil, pois em meu curso de publicidade e propaganda (na FACOM da FAAP) tive a oportunidade de conhecer todas as áreas que compõem o segmento de comunicação. Essa visão generalista e com consistência das diversas áreas me ajudou muito no gerenciamento da agência.

Enquanto a agência era pequena, estava ainda fraca e enfrentava muitas dificuldades, a união dos sócios era grande, todos movidos pelos ideais, com objetivos claros e convergentes. Porém, por incrível que pareça, à medida que o negócio progredia e a empresa se tornava mais sólida, o relacionamento perdia um pouco de sua força. Não chegou a um ponto de ruptura, todavia era nítido um novo modelo de relacionamento. Isto se agravou quando os objetivos de sobrevivência estavam cumpridos e era preciso traçar novos rumos para a agência. Então surgiram dilemas, como: crescer mais?, mudar de patamar?, ou ficar do tamanho atual? Acreditem, quanto mais a empresa cresce e progride, maiores são os problemas enfrentados. Não é sem motivo que nessa passagem de pequena para média muitos empreendimentos naufragam ou têm mudanças de sócios. Meu maior dilema como empreendedor era saber qual o tamanho ideal do negócio, e minha maior dificuldade era conciliar questões de curto prazo (problemas do dia-a-dia, tais como faturamento, pagamento de despesas, problemas com clientes) com estratégias de longo prazo (tendências de mercado, ação dos concorrentes, necessidades dos clientes, etc.).

Felizmente não tivemos atritos nessa passagem: todos concordavam em crescer, mas acredito que cometemos um equívoco, pois nossa vocação não era ser uma agência de grande ou mesmo de médio porte. Éramos muito mais bem-sucedidos quando menores, e sempre que tentávamos mudar de porte, nossos resultados pioravam. Outra lição: nem sempre o crescimento é sinônimo de lucratividade ou um caminho natural a ser seguido. Ser grande, médio ou pequeno depende das condições de mercado e, especialmente, do perfil e do estilo da empresa. Ignorar isso pode ser fatal. Afortunadamente, percebemos isso a tempo e nos reposicionamos em um patamar mais adequado.

Ser um empreendedor ampliou minha perspectiva de responsabilidade em relação aos meus funcionários, fornecedores, sócios, governo, sociedade e clientes. Em maior ou menor grau, sentia-me comprometido e de alguma forma tinha de atender aos interesses de todos eles, especialmente dos funcionários, que são o maior patrimônio do nosso negócio. Contudo, atender todos eles exigia sempre grande dose de competência e habilidade, sobretudo quando os recursos eram insuficientes. Lembro-me bem que dizíamos que o empreendedor é o último a pegar o dinheiro quando sobra e o primeiro a pôr quando falta. Mas, felizmente, sobrou mais vezes do que faltou. Uma experiência à parte é a relação com a equipe de colaboradores. Formá-la e mantê-la motivada é tarefa difícil e que consome muito esforço, mas o pior é ter de demitir bons profissionais em momentos de crise. Esse foi, sem dúvida, o aspecto mais amargo da minha vida de empresário.

Posso dizer, enfim, que minha experiência como empreendedor foi muito boa. Claro, ela exigiu muita dedicação, muito trabalho, roubou-me horas de lazer e de convivência com minha família, mas, por outro lado, pude obter retorno financeiro satisfatório, desenvolver um trabalho profissional do qual me orgulho, conviver com pessoas interessantes e, o mais importante, ter sido feliz. Ser empreendedor não é melhor e nem pior do que ser empregado. **Ser empreendedor é uma atividade que, como qualquer outra, exige habilidade e devoção para se obter sucesso!"**

INJEPET EMBALAGENS

Gilson Schilis descreve desta forma a sua trajetória como empreendedor:

"Concluí meu curso de Administração de Empresas na FAAP em 1983, e tive especialização profissional com ênfase em administração financeira e auditoria contábil-operacional. Em 1991, em conjunto com um engenheiro de operações formado em Porto Alegre, fundamos em Manaus/Amazonas a Injeplast – Injeção Plástica da Amazônia S/A, cujo objetivo principal seria explorar o potencial do *boom* do mercado de embalagens plásticas descartáveis. Esse nosso intento ocorreu em função do provável êxito do plano de estabilização econômica, que estava em marcha, executado pelo então ministro da Fazenda Fernando Henrique Cardoso. O possível êxito do plano levaria ao mercado um número enorme de clientes ávidos por consumir alimentos, bebidas e outros bens. E, após muito planejamento, a Injeplast iniciou suas operações em maio de 1994. Já com Fernando Henrique Cardoso na presidência da República, todos os prognósticos e projeções se confirmaram!

Apenas para exemplificar, o mercado de refrigerantes cresceu de 9 bilhões de litros (1995) para 13 bilhões de litros (2000), tornando-se o terceiro maior mercado de refrigerantes do mundo. Neste cenário, a participação das embalagens descartáveis de *pet* saíram de 2,1 bilhões de garrafas (1995) para 5,3 bilhões de garrafas (2000). Só para se ter uma idéia, a produção física da empresa em termos de unidades produzidas teve um incremento efetivo de 12 vezes no período de 1994 a 1999.

O crescimento do mercado foi absurdo, pois cada vez mais uma parcela maior da população, por ter uma moeda e renda estável (estabilidade econômica), comprava mais alimentos, e a economia brasileira não parou de crescer nesse período!

A participação do *pet* no segmento de embalagens, aliado ao crescimento de mercado, foi inacreditável, como se mostra na Tabela 8.1.

TABELA 8.1 - EVOLUÇÃO DAS EMBALAGENS DE *PET*

Ano	Crescimento real (em porcentagem)
1996	33%
1997	25%
1998	20%
1999	26%

Em 1995, a Injeplast resolveu focar sua operação no segmento de embalagens plásticas descartáveis de *pet*; mudando inclusive sua razão social para Injepet Embalgens S/A.

Em dezembro de1994 nasceu a filial de Alphaville-Barueri/São Paulo, e em 1996, a filial de Belém do Pará, dentro do maior e mais importante envasador de bebidas da Amazônia (produção *in-house*).

O crescimento da Injepet, apesar de sustentado, foi traumático, porquanto na medida em que o faturamento crescia em progressão geométrica, o *market share* da empresa, neste segmento específico de embalagens descartáveis, saltou de 2% (1994) para 15% (1999), conforme se atesta na Tabela 8.2.

O número de funcionários aumentou de 60 para 700!

O desafio da gestão de recursos humanos era contínuo, sendo difícil fazer o pensamento dos colaboradores crescer na velocidade da empresa! Porém, em 1997 resolvemos implantar um modelo de gestão para consolidar de vez a empresa no mercado, e em paralelo fizemos sociedade, vendendo 49% do nosso controle acionário para um Fundo de Private Equity, cujo resultado financeiro da venda foi todo reinvestido na indústria em novas e mais modernas instalações, o que tornou a empresa muito mais competitiva.

Em 1999 a Injepet transformou-se num modelo para o mercado em termos de gestão integrada, produtividade, qualidade assegurada, treinamento de pessoal e padrão de atendimento a clientes.

Foi nessa época que nosso parceiro estratégico (Amcor) ofereceu a possibilidade de fazermos parte de uma empresa global, e no início de 2000 o acordo foi firmado, quando me tornei presidente do Conselho de Administração da empresa. Coube a mim nessa nova fase monitorar a empresa para que a mesma mantivesse seu ritmo de crescimento e padrão de qualidade.

Em meados de 2002, o nosso sócio operacional e controlador (Amcor) realizou uma megafusão, transformando-se no maior fabricante global de garrafas plásticas de *pet*. Nessa ocasião, por força dos contratos, vendemos nossa participação a eles, **quando então me despedi da empresa que criei!**

Atualmente estou operacionalizando a Injecard – Indústria de Injetados Plásticos, com sede em Manaus, que se dedica à produção e comercialização de cartões inteligentes *(smart cards)*, com aplicação voltada basicamente para instrumentos de crédito, pedágio, controles de acesso e identificação.

Além disso, administro e gerencio uma empresa própria de participações e investimentos.

TABELA 8.2 - CRESCIMENTO DA INJEPET

Ano	Aumento no faturamento	% de *market share* (participação no mercado)
1994	Início das operações	2%
1994/95	7,10 vezes	6%
1995/96	1,34 vezes	8%
1996/97	1,37 vezes	12%
1997/98	1,56 vezes	14%
1998/99	1,07 vezes	15%

Tenho a plena convicção de que contribuí para o desenvolvimento do mercado e a capacitação de novos profissionais, e que indiscutivelmente dei condições e oportunidades a muitos profissionais de se desenvolverem e melhorarem sua qualidade de vida, e que cada um deles acabou se tornando um agente multiplicador do modelo de gestão que desenvolvemos. Creio que se cada um de nós fizer a sua parte, o Brasil será em breve **uma nação ímpar!**"

8 SÉRGIO KALIL

Ritz, Spot e Hotel Lycra são três dos restaurantes mais bem freqüentados de São Paulo, sendo frutos do carisma e empreendedorismo de um dos seus proprietários, Sérgio Kalil.

No ano de 1981, Sérgio Kalil decidiu cursar a Faculdade de Economia na FAAP a fim de obter uma visão mais abrangente acerca da situação econômica do País, e desta forma ter a possibilidade de escolher posteriormente qual o caminho que iria efetivamente seguir.

Diante de um mercado tão grande e com tantas oscilações, Sérgio Kalil tinha a consciência de que estagiar numa grande empresa seria o primeiro passo para uma carreira de sucesso, e por isso conciliou seus estudos com o trabalho na Souza Cruz, onde ficou por dois anos.

Nos anos que se seguiram, Sérgio Kalil conquistou um de seus maiores objetivos profissionais, tornando-se *trainee* do Citybank que, segundo ele, propiciava aos seus profissionais a possibilidade de se desenvolver através de cursos oferecidos pela própria empresa.

Sérgio Kalil, no entanto, queria ter mais liberdade para os seus outros projetos profissionais e pessoais, e diante do convite de Quentin, tornou-se sócio do bistrô L'Arnaque, entrando para o ramo de restaurantes. Este empreendimento lhe rendeu bons frutos devido a sua intensa dedicação e consciência de que aquele era o momento de investir em sua carreira, afinal, somente quando se é jovem, existe a possibilidade de errar, ou se arrepender, e ainda assim recomeçar.

O desgaste provocado por este empreendimento fez com que Sérgio Kalil, num dado momento, repensasse o seu futuro profissional, pois eram perdidas inúmeras noites em prol do trabalho. Mas esta dúvida não durou muito tempo e, após uma temporada na Califórnia, ele se associou a Maria Helena Guimarães no comando do restaurante Ritz.

A partir disso, Sérgio Kalil obteve êxito em todos os seus empreendimentos, mas ele enfatiza sempre: "São muitos os esforços que precisam ser despendidos para se atingir o sucesso."

Quando Sérgio Kalil foi questionado sobre a razão de seu sucesso, ele contou que toda a sua história é marcada por atitudes que de alguma forma simbolizam o seu empreendedorismo. Dentre elas, a crença de que para se alcançar o sucesso é preciso se associar a pessoas certas, pois não basta você se cercar de bons profissionais, mas estar junto a pessoas que estão em busca dos mesmos objetivos que você. Outro aspecto apontado por Sérgio Kalil diz respeito ao lazer. Segundo ele, é indispensável ter um momento para o descanso para que se tenha forças para a realização de um bom trabalho.

Somente através de uma dedicação intensa é possível se ter o domínio de seus negócios. A partir disso é criada uma estrutura que serve de base para que as coisas funcionem independentemente da sua presença.

Segundo Sérgio Kalil, manter um bom relacionamento com seus clientes também é fundamental quando se é proprietário de qualquer ramo comercial, em especial com restaurantes. Os profissionais desta área precisam ter a consciência de que, se o cliente não é bem atendido dificilmente ele irá voltar àquele lugar. A solução para esta difícil tarefa é escolher um determinado público-alvo, o que não é um empecilho quando se vive numa cidade como São Paulo, onde existem públicos em potencial para qualquer coisa que se queira abrir.

Um cliente sempre deve ser bem vindo, afinal clientes não podem ser substituídos, apenas somados ou perdidos.

350 *Empresas e empreendedores bem-sucedidos que se formaram na FAAP*

Ao final de tudo, Sérgio Kalil conclui que não existem muitas diferenças entre aquele jovem universitário de outrora e os seus dias atuais, apenas o fato de que, somente quando se é jovem as coisas ainda são novas, inesperadas e estupendas, mesmo que haja dificuldades. E depois, as coisas continuam acontecendo, mas são somente mais algumas coisas a acontecerem...

9 TUDO COMEÇOU COM UMA PEQUENA ESTANTE...

A Livraria Cultura nasceu sob o signo de grandes mudanças. O mundo estava renascendo, após o final da Segunda Guerra Mundial, e os que sobreviveram ao nazismo tiveram de se lançar à reconstrução de suas vidas. Foi nesse contexto que a minha avó, Eva Herz, começou tudo. Ela deixara a Alemanha anos antes, em 1938, junto com o marido e a mãe. Partiram com a intenção de desembarcar no Brasil, porém, como Getúlio Vargas havia vetado o ingresso de refugiados no País, tiveram de aceitar outro destino: Argentina. Só conseguiram se transferir para São Paulo no ano seguinte.

Por conta dos tempos difíceis e da necessidade de ajudar no orçamento familiar, minha avó teve a idéia de abrir um modesto serviço de empréstimo de livros. Corria o ano de 1947. Eva Herz achava que muitos livros valiam a pena ser lidos – e não comprados. Sua "biblioteca circulante" funcionava na sala de casa, na Alameda Lorena. Minha avó disponibilizou dez títulos de seu acervo pessoal e fez a notícia correr na colônia alemã radicada na cidade. Este era o seu público-alvo, inicialmente.

Seu negócio foi tomando forma. Em 1953, ela levou a pequena biblioteca para a Rua Augusta, dividindo o espaço alugado com uma *bombonière*.

Um ano depois, instalou-a em local mais amplo: um sobrado, na mesma rua. Incentivada por clientes e amigos, sentiu-se pronta para experimentar o comércio de livros novos.

Ao fazer o primeiro pedido – e estava comprando apenas três livros – Eva disse: "Isso há de ser uma grande livraria. Uma grande livraria com qualidade, variedade e bom atendimento." Ela estabeleceu naquele instante os valores que a Livraria Cultura ainda hoje cultiva. Em outras palavras, minha avó faleceu em outubro de 2001, aos 89 anos, e sua visão continua sendo a nossa diretriz.

É claro que, dos dez livros para empréstimo aos mais de 700 mil títulos atualmente disponíveis em nossas lojas, foi preciso dar muitos passos. Em 1969, minha avó decidiu parar com a biblioteca circulante para se dedicar exclusivamente ao comércio. Levou então a livraria para um espaço mais amplo e apropriado, concretizando mais uma das suas previsões. Anos antes, ao observar operários num canteiro de obras do Conjunto Nacional, que estava surgindo na avenida Paulista, ela disse: "Ainda terei uma livraria aqui."

Dito e feito. Mas isso só foi possível naquele ano, quando a empresa passou a ser dirigida por seu filho mais velho, Pedro Herz, meu pai. Na sede do Conjunto Nacional, consolidou-se a missão da empresa: uma livraria que busca a atualização permanente em todos os campos, das ciências humanas às áreas técnicas, tanto em relação aos títulos nacionais quanto aos estrangeiros, com atendimento ágil e diferenciado. Queremos que o nosso cliente conte com livreiros preparados para aconselhá-lo em suas escolhas ou que o ajudem a encontrar o livro que procura.

A empresa soube perceber tendências que estavam a caminho e tratou de formar seu acervo de livros de informática, *marketing*, economia e negócios, etc., ainda hoje considerado um dos mais completos do país. Com a expansão de áreas, mais espaço se fez necessário e a segunda loja foi aberta em 1973. A terceira viria em 1989.

Paralelamente, a Livraria Cultura foi se convertendo em ponto de encontro de intelectuais e amantes dos livros – grupos que reservavam as manhãs de sábado para animadas conversas no local. Não por acaso, a livraria passou a ser chamada de a "praia dos paulistas". Tornou-se, também, um espaço disputado para noites de autógrafos. Quando o jornalista Fernando Gabeira lançou *O que é isso, companheiro?*, na volta de seu exílio político, a multidão tornou intransitável o Conjunto Nacional. O bibliófilo José Mindlin também atraiu centenas de amigos e admiradores, em fins de 1997, quando autografou o comovente *Uma Vida entre Livros*. Foram e continuam sendo inesquecíveis os encontros do público com os autores.

Eu Sergio Herz, comecei a trabalhar na empresa em 1991, quando era estudante de Administração na FAAP. Acalentei o sonho de ser médico, porém, aos 16 anos, em meio às dúvidas sobre futuro profissional, disse ao meu pai que gostaria de ver como era o trabalho na livraria. Nunca fui pressionado a dar continuidade aos negócios da família. Lembro-me bem das palavras do meu pai Pedro Herz: "Seu futuro depende só de você. O máximo que posso fazer é dar a oportunidade de começar na Cultura e conhecer como funciona." Meu primeiro trabalho foi como estoquista. Passei por todas as áreas da empresa. Apaixonei-me pelo mundo dos livros e desisti da medicina.

Em setembro de 1995, inauguramos nosso *site* na Internet. Fomos a primeira livraria brasileira a vender livros *on-line* – hoje a loja virtual representa 20 % do faturamento global da empresa. Em maio de 1997, inauguramos outros 600 m^2 no Conjunto Nacional, para ampliar o espaço destinado às áreas de literatura e humanidades. Em novembro do mesmo ano, reinauguramos a primeira loja da Cultura, totalmente reformada para receber o acervo dos livros de artes: pintura, desenho, fotografia, arquitetura, urbanismo, teatro, cinema, *design*.

Em abril de 2000, um belo projeto se concretizou: pela primeira vez no País, uma livraria tornou-se "âncora" de um *shopping-center*. Com 3 400 m^2 de área, abrimos a Livraria Cultura no Shopping Villa-Lobos, na marginal de Pinheiros, próxima ao *campus* da Universidade de São Paulo. Além de livros, esta filial comercializa CDs, vídeos, revistas, jornais, e mantém um auditório, a Sala Eva Herz, reservada a atividades culturais como recitais, *shows*, palestras, debates, etc.. O sucesso dessa empreitada nos incentivou a dar continuidade ao projeto de expansão. Em abril de 2003 abrimos, em Porto Alegre, a primeira filial fora de São Paulo: uma loja-âncora com 2.350 m^2, no Shopping Bourbon Country. E estamos prontos para novos empreendimentos.

Tenho dez anos como livreiro e, ao avaliar o percurso que já fiz, posso dizer que a Livraria Cultura mudou bastante. Dos 35 colaboradores de 1991, hoje contamos com mais de 300 pessoas na equipe. Não sou o único responsável por esse crescimento, com toda a certeza. Tudo isso tem sido possível devido à ajuda e ao trabalho de meu irmão, Fabio Herz, e à presença constante de meu pai, Pedro, que além de ótimo empresário é também um ótimo professor.

Nossa estratégia para a expansão dos negócios teve dois grandes alicerces: **tecnologia** e **recursos humanos**. Procuramos absorver o que há de mais avançado em tecnologia da informação para criar uma empresa voltada para o desenvolvimento de seus colaboradores, para a eficiência nos processos, controles e operação. O modelo de gestão participativa implantado funcionou. Não temos gerentes nas operações de nossas lojas e nos orgulhamos disso. Todos os funcionários são igualmente responsáveis pelo desempenho de suas áreas e pela qualidade do atendimento ao cliente. Cada filial tem uma auto-gestão para se adequar às necessidades locais. Estabelecemos canais diretos de comunicação entre a linha de frente, nossa equipe de vendas, e a direção da empresa. Qualquer colaborador, sem exceção, pode ligar diretamente para o presidente para trocar idéias, sugerir novos processos e resolver problemas de qualquer ordem.

Conseguimos estabelecer um modelo onde cada colaborador se sente totalmente responsável pela satisfação do cliente. Hoje podemos dizer que a Livraria Cultura tem um **patrimônio de 300 intra-empreendedores** que, sem dúvida alguma, fazem o negócio andar para frente. Estou convencido de que todas as empresas – não importa o tamanho – deveriam se preocupar, cada vez mais, **em fazer de cada colaborador um empreendedor interno!**

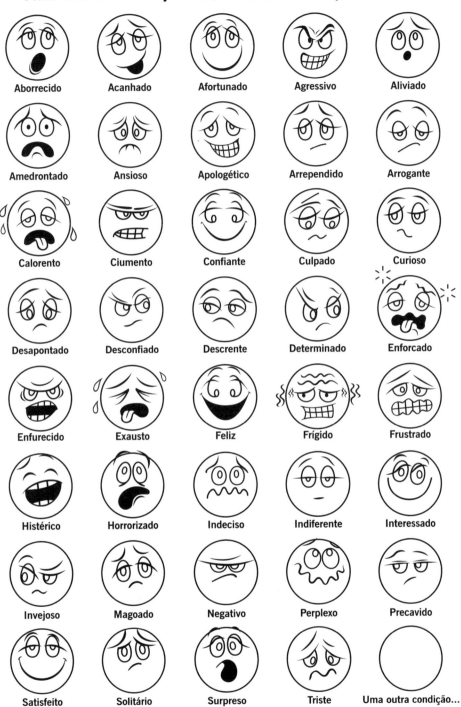

Bibliografia

- Almeida, L.G. – *Gestão de processos e a gestão estratégica* – Qualitymark Editora Ltda - Rio de Janeiro – 2003
- Amorim, L. A. M. – *Por que as Empresas Quebram?* – Editora Casa da Qualidade – 2000
- Allen, M. – *Visionary Business – An entrepreneur's Guide to Success* – New World Library – Novato – 1997
- Aquino, C. – *História empresarial vivida –Depoimentos de empresários brasileiros bem-sucedidos (volumes 1 e 2)* – Gazeta Mercantil S.A. Editora Jornalística - São Paulo – 1986
- Azevedo, S.C. de – *Guia valor econômico de marketing para pequenas e médias empresas* – Editora Globo - São Paulo – 2002
- Balfour, A. - Hingston, P. – *Como trabalhar em casa no seu próprio negócio* – Publifolha - São Paulo – 2001
- Bangs Jr, D. H. – *Guia prático - Como abrir seu próprio negócio* – Livraria Nobel S.A – 1999

❏ Baty, G.B. – *Pequenas e médias empresas dos anos 90 - Guia do consultor e do empreendedor* – Makron Books do Brasil Editora Ltda. – São Paulo – 1991

❏ Baven, M. – *Extreme Entrepreneur* – Entrepreneur Press - Lark Productions – 2001

❏ Bernhoeft, R. – *Como tornar-se empreendedor em qualquer idade* – Livraria Nobel S.A. - São Paulo – 1997

❏ Birley, S. - Muzyka, D.F. – *Dominando os desafios do empreendedor* – Makron *Books* Ltda - São Paulo – 2001

❏ Boyett, J.H. - Boyett, J.T. – *The Guru Guide to Entrepreneurship - A Concise Guide to the Best Ideas from the World's Top Entrepreneurs* – John Wiley & Sons Inc - New York – 2001

❏ Brem, M.L. – *The 7 Greatest Truths About Successful Women - How you Can Achieve Financial Independence, Profissional Freedom, and Personal Joy* – Penguin Putnam Inc - New York – 2001

❏ Britto F. - Wever, L. – *Empreendedores brasileiros - Vivendo e aprendendo com os grandes nomes* – Negócio Editora – Rio de Janeiro – 2003

❏ Cher, R. – *Abrindo com sucesso o próprio negócio* – Editora Maltese – São Paulo – 1997

❏ Cher, R. – *O meu próprio negócio* – Negócio Editora – São Paulo – 2002

❏ Cohen, W. A. – *The Entrepreneurs Small Problem Solver - An Encyclopedic Reference and Guide* – John Wiley & Sons - New York – 1990

❏ Cohen, W. A. - Cohen, N. – *A empresa paranóica - Diversas maneiras que podem transformar sua empresa em uma paranóia total, e como curá-la!* – Makron *Books* do Brasil Editora Ltda. - São Paulo – 1995

❏ Collins, J. C. - Porras, J.I. – *Feitas para durar - Práticas bem-sucedidas de empresas visionárias* – Editora Rocco Ltda - Rio de Janeiro – 1995

❏ Debelak, D. – *Lance seu produto no mercado* – Makron Books do Brasil Editora Ltda. - São Paulo – 1999

- Degen, R. - Mello, A. A. A. – *O empreendedor - Fundamentos da iniciativa empresarial* – Editora Mc Graw Hill - São Paulo – 1989

- Dichter, E. – *O gerente nu* – Summus Editorial Ltda. - São Paulo – 1974

- Dolabela, F. – *Oficina de empreendedor* – Cultura Editores Associados - São Paulo – 1999

- Dolabela, F. – *O segredo de Luíza - Uma idéia, uma paixão e um plano de negócios: como nasce o empreendedor e se cria uma empresa* – Cultura Editores Associados - São Paulo – 1999

- Dornelas, J. L. A. – *Empreendedorismo - Transformando idéias em negócios* – Editora Campus - Rio de Janeiro – 2001

- Dornelas, J. L. A. – *Planejando incubadoras de empresas - Como desenvolver um plano de negócios* – Editora Campus - Rio de Janeiro – 2002

- Downer - Taylor, S.A. - Hamilton, D. L. - Taylor, S.A. – *The Entrepreneur's Guide to Starting and Maintaining a Successful Small Business* – Professional Prodigy, Inc. - Hillside – 2000

- Ealy, C. D. – *The Woman's Book of Creativity* – Beyond Words Publishing, Inc. – 1995

- Erickson, G. K. – *Entrepreneur of the Year Award - Insights from the Winner's Cicle* – Dearborn - Trade Publishing – 2002

- Evans, G. – *Nos Negócios, jogue como homens e vença como mulher* – Editora Futura - São Paulo – 2000

- Farrell, L.C. – *The Entrepreneurial Age - Awakening the Spirit of Enterprise in People, Campanies , and Countries* – Allworth Press - New York – 2001

- Finch, B. – *30 Minutos...para redigir um plano de negócios* – Clio Editora - São Paulo – 2002

- Finch, B. – *30 Minutos...para negociar um acordo melhor* – Clio Editora - São Paulo – 2002

- Foster, R. - Kaplan, S. – *Destruição criativa - Porque empresas feitas para durar não são bem-sucedidas e como transformá-las* – Editora Campus - Rio de Janeiro – 2002

❏ Franco, S. – *Criando o próprio futuro - O mercado de trabalho na era da competitividade* – Editora Ática - São Paulo – 1997

❏ Gerber, M.E. – *O mito do empreendedor - Como fazer de seu empreendimento um negócio bem-sucedido* – Editora Saraiva - São Paulo – 1990

❏ Gerber, M.E. – *The E-Myth Revisited - Why Most Small Businesses Don't Work and What to Do About It* – Harper Business - New York – 2001

❏ Haines, S. G. – *Systems Thinking & Learning* – HRD Press, Inc. – Amherst – 1998

❏ Hall, d. – *Jump Start your Business Brain - Win More, Lose Less and Make More Money with your New Products, Services, Sales and Advertising* – Brain Brew Books - Cincinnati – 2001

❏ Halloran, J. W. – *Por que os empreendedores falham - Como evitar armadilhas fatais que podem levar seu negócio a um fracasso total* – Makron *Books* do Brasil Editora Ltda - São Paulo – 1994

❏ Heard, A. – *Quick & Smart Entrepreneur's Handbook - From the Procedures to Prevent Problems Series* – Hollandays Publishing Corp. - Dayton – 2002

❏ Hendrios, G. - Ludeman, K. – *A mística empresarial - Uma nova perspectiva para líderes visionários que têm os pés no chão* – Editora Cultrix - São Paulo – 1996

❏ Hiebeler, R. - Kelly, T. B. - Ketteman, C. – *Best Practices - Construindo seu negócio com as melhores práticas globais* – Editora Atlas S. A. - São Paulo – 1999

❏ Hingston, P. – *Como abrir e administrar seu próprio negócio* – Publifolha - São Paulo – 2001

❏ Hingston, P. – *Como utilizar o marketing no seu próprio negócio* – Publifolha -São Paulo – 2001

❏ Inmon, W. H. - Terdeman, R. H. - Imhoff, C. – *Data warehousing - Como transformar informações em oportunidades de negócios* – Editora Berkeley - São Paulo – 2001

- Jones, L. B. – *Jesus, Entrepreneur - Using Ancient Wisdom to Launch and Live your Dreams* – Three Rivers Press - New York – 2001

- Kennedy, D. S. – *How to Make a Million with your Ideas - An Entrepreneur's Guide* – Plume Book - New York – 1996

- Kriegel, R. J. – *Ganhar mais e trabalhar menos - Como vencer nos negócios sem se estressar* – Editora Campus - Rio de Janeiro – 2002

- Langdon, K. – *As 100 melhores idéias de negócios de todos os tempos* – Editora Best Seller - São Paulo – 2000

- La Roache, J. - Ryan, R. – *Estratégia para mulheres no trabalho* – Makron *Books* do Brasil Editora Ltda. - São Paulo – 1991

- Legrain, M. - Magain, D. – *Plano de marketing* – Makron *Books* do Brasil Editora Ltda. - São Paulo – 1992

- Legrain, M. - Magain, D. – *Estudo de mercado* – Makron *Books* do Brasil Editora Ltda. - São Paulo – 1992

- Legrain, M. - Magain, D. – *Promoção de vendas* – Makron *Books* do Brasil Editora Ltda – 1992

- Leite, R. C. – *De executivo a empresário - Como realizar o seu ideal de segurança e independência* – Editora Campus - Rio de Janeiro – 1998

- Lepri, R. – *A arte da liderança na organização do futuro* – Editora Comunità Ltda - Niterói – 2001

- Lichtenberg, R. – *A influência do fator pessoal nos negócios - As 9 leis de relacionamentos que alavancam sua carreira* – Editora Campus - Rio de Janeiro – 2002

- Marcum, D. - Smith, S. - Khalsa, M. – *Business Think - Rules for Getting it Right - Now, and No Matter What!* – John Wiley & Sons, Inc. - New York – 2002

- Mariotti, S. - DeSalvo, D. - Towle, T. – *The Young Entrepreneur's Guide - To Starting and Running a Business* – Three Rivers Press - New York – 2000

- Marsteller, W. A. – *Creative Management* – NTC Business Books - Lincolnwood – 1992

❑ Minarelli, J. A. – *Trabalhar por conta própria - Uma opção que pode dar certo* – Editora Gente - São Paulo – 1997

❑ Morris, M. J. – *Iniciando uma pequena empresa com sucesso* – Makron *Books* do Brasil Editora Ltda - São Paulo – 1991

❑ Nash, L. L. – *Ética nas empresas - Guia prático para soluções de problemas éticos nas empresas* – Makron *Books* Ltda - São Paulo – 2001

❑ Ness, W. - Volkema, R. L. (organizadores) – *Estudos em negócios* – Manad Editora Ltda - Rio de Janeiro – 2001

❑ O'Connell, B. – *B2B.com - Ganhando dinheiro no e-comerce, business – to-business* – Makron *Books* Ltda - São Paulo – 2002

❑ Parlapiano, E. H. - Cobe, P. – *Mompreneurs - A Mother's Pratical Step - by - Step Guide to Work - at Home Success* – Perigee Book - New York – 1996

❑ Pereira, H. J. - Santos, S. A. dos (organizadores) – *Criando seu próprio negócio - Como desenvolver o potencial empreendedor* – Edição SEBRAE - Brasília – 1995

❑ Persona, M. – *Receitas dos grandes negócios* – Editora Futuro - São Paulo – 2002

❑ Peters, T. – *O seminário Tom Peters - Tempos loucos exigem organizações malucas* – Editora Harbra Ltda - São Paulo – 1995

❑ Pinchot, G. - Pinchot E. – *O poder das pessoas - Como usar a inteligência de todos dentro da empresa para conquista do mercado* – Editora Campus - Rio de Janeiro – 1995

❑ Pinchot, G. - Pellman, R. – *Intrapreneuring in Action - A Handbook for Business Innovation* – Berrett - Koehler Publishers, Ino - San Francisco – 1999

❑ Pine II , B. J. – Gilmore, J.H. – *O espetáculo dos negócios - Desperte emoções que seduzam os clientes - Sensações intensas determinam o valor de produtos e serviços* – Editora Campus - Rio de Janeiro – 1999

- Ramsey, D. – *101 Maneiras de ganhar dinheiro trabalhando no fim de semana* – Qualitymark Editora Ltda - Rio de Janeiro – 2000

- Ranadivé, V. – *Negócios em tempo real - Liderando mercados com o uso da tecnologia* – Editora Futura - São Paulo – 2001

- Resnik, P. – *A Bíblia da pequena empresa - Como iniciar com segurança sua pequena empresa e ser muito bem-sucedido* – Makron *Books* do Brasil - São Paulo – 1995

- Rezende, S. – *Deve ser bom ser você* – Editora Futura – 2002

- Ribas Junior, F. B. - Antunes, M. H. – *Mulheres voluntárias - Experiências empreendedoras no terceiro setor* – Prêmio Editorial Ltda - São Paulo – 2002

- Rios, M. – *Guia PEGN, pequenas empresas grandes negócios - Como montar seu próprio negócio* – Editora Globo - São Paulo – 2002

- Rothman, H. – *50 Empresas que mudaram o mundo* – Editora Manole Ltda - São Paulo – 2001

- Rummler, G. A. - Brache, A. P. – *Melhores desempenhos das empresas - Uma abordagem prática para transformar as organizações através da reengenharia* – Makron *Books* do Brasil Editora Ltda - São Paulo – 1994

- Sachs, I. – *Desenvolvimento humano, trabalho decente e o futuro dos empreendedores de pequeno porte no Brasil* – Edição SEBRAE - Brasília – 2002

- Salim, C. S. – Hochman, N. - Ramal, A. C. - Ramal, A. C. – *Construindo planos de negócios - Todos os passos necessários para planejar e desenvolver negócios de sucesso* – Editora Campus – 2001

- Saner, R. – *O negociador experiente - Estratégia, táticas, motivação, comportamento, liderança* – Editora SENAC - São Paulo – 2000

- Saviani, J. R. – *Empresabilidade - Como as empresas devem agir para manter em seus quadros elementos com a alta taxa de empregabilidade* – Makron *Books* do Brasil Editora Ltda - São Paulo – 1997

- Saviani, J. R. – *Repensando as pequenas e médias empresas - Como adequar os processos de administração aos novos conceitos de modernidade* – Makron *Books* do Brasil Editora Ltda - São Paulo – 1995

- Schott, B. - Birker, K. – *Negociar com competência - Um novo caminho onde todos ganham* – Editora Cultrix - São Paulo – 1995

- Shane, M. B. – *How to Think Like an Entrepreneur* – Bret Publishing - New York – 1994

- Sharma, P. – *The Harvard Entrepreneurs Club - Guide to Starting Your Own Business* – John Wiley Sons Inc. - New York – 1999

- Southwick, K. – *A nova corrida do ouro - Como uma geração de estrelas da alta tecnologia está reescrevendo as regras dos negócios* – Livraria Nobel S. A. - São Paulo – 2000

- Spiegel, R. – *The Shoestring Entrepreneur's Guide to Internet Start-ups* – Truman Talley Books - New York – 2001

- Stolze, W.J. – *Start Up – An Entrepreneur's Guide to Launching and Managing a New Business* – Career Press - Franklin Lakes – 1999

- Tachizawa, T. – *Faria, M. de Sant'Anna - Criação de novos negócios - Gestão de micro e pequenas empresas* – FGV Editora - Rio de Janeiro – 2002

- Toogood, G. N. – *The Creative Executive - How Business Leaders Innovate by Stimulating Passion, Intuition and Creativity* – Adam Media Corporation - Avon – 2002

- Toppel, E. A. – *Zen nos negócios - Confissões de um investidor* – Editora Record - Rio de Janeiro – 1995

- Trevisan, A. M. – *Empresários do futuro - Como os jovens vão conquistar o mundo dos negócios* – Editora Infinito - São Paulo – 2000

- Trompenaars, F. - Turner-Hampden, C. – *21 Leaders for the 21 st Century - How Innovative Leaders Manage in the Digital Age* – Mc Graw Hill - New York – 2002

- Vieira, L. I. – *O vôo da cobra* – Qualitymark Editora - Rio de Janeiro – 1996

- Westwood, J. – *30 Minutos...para redigir um plano de marketing* – Clio Editora – 2002

- Williams, E. E. - Thompson, J. R. - Napier, M. A. – *Plano de negócios - 25 Princípios para um planejamento consistente* – Publifolha - São Paulo – 2002

- Wilkens, J. – *A mulher empreendedora - Como iniciar seu próprio negócio* – Mc Graw Hill - São Paulo – 1989

- Wollheim, B. - Marcondes, P. – *Empreendedor não é brincadeira* – Negócio Editora - São Paulo – 2003

- Zoghlin, G. G. – *De executivo a empreendedor* – Makron *Books* do Brasil Editora Ltda - São Paulo – 1994

- Zülzke, M. L. – *Abrindo a empresa para o consumidor - A importância de um bom canal de atendimento* – Qualitymark Editora - Rio de Janeiro – 1991

JORNAIS QUE SERVIRAM DE REFERÊNCIA

- *Folha de S. Paulo*
- *Gazeta Mercantil*
- *O Estado de S. Paulo*
- *Valor Econômico*

REVISTAS UTILIZADAS PARA ESCREVER O LIVRO

1. *Business Week* – The Mc Graw Hill Companies, Inc.
2. *Empreendedor* (www.empreendedor.com.br) – Editora Empreendedor
3. *Enjeux* – Group Les Echos

4. *Entrepreneur* – Entrepreneur, Inc.

5. *Época* – Editora Globo

6. *Exame* (www.uol.com.br/exame) – Editora Abril

7. *Forbes Global* – Forbes Global, Inc.

8. *Fortune* – Time Warner Publishing B.V

9. *Inc.* – G+J USA Publishing

10. *Isto é Dinheiro* – Editora Três

11. *Newsweek* – Newsweek, Inc.

12. *Pequenas Empresas & Grandes Negócios* – Editora Globo

13. *Veja* – Editora Abril

14. *Vencer* – Intermundi Editora Ltda.

15. *Você S.A* – Editora Abril

16. *The Atlantic* (www.theatlantic.com/teach/) – The Atlantic Monthly

17. *The Economist* (www.economist.com/research) – The Economist Newspaper Limited

SITES CONSULTADOS NA ELABORAÇÃO DESTE LIVRO

❑ Banco Nacional de Desenvolvimento Econômico e Serial (BNDES) – www.bndes .gov.br

❑ Brasil (governo) – www.gov.br

❑ CADE (pesquisa) – br.cade.dir.yahoo.com/educacao

❑ Centro das Indústrias do Estado de São Paulo (CIESP) – www.mondic.com.br/ciesp/ambient.htm

❑ Confederação Nacional da Indústria (CNI) – www.cni.org.br/produtos/publ/iso14000.htm

❑ Conselho Federal de Administração (CFA) – www.admnet.org.br

❑ Fundação SEAD – www.sead.com

- *Gazeta Mercantil* – www.gazetamercantil.com.br
- Governo do Estado de São Paulo – www.saopaulo.sp.gov.br
- Instituto Brasileiro de Geografia e Estatística (IBGE) – www.ibge.gov.br
- MEC (Instituto Nacional de Estudos e Pesquisas Educacionais (INEP) – www.inep.gov.br
- Presidência da República – www.planalto.gov.br
- SEBRAE – www.sebrae.com.br
- *Valor Econômico* – www.valoronline.com.br

EDITORAS E LIVRARIAS *ON-LINE*

- www.amazon.com
- www.barnesandnoble.com ou www.bn.com
- www.borders.com
- www.livcultura.com.br
- www.saraiva.com.br
- www.siciliano.com.br

REVISTAS ESPECIALIZADAS *ON-LINE*

- www.gazetamercantil.com.br
- www.exame.com.br
- www.infoexame.com.br

Algumas siglas usadas no livro

- APL – Arranjo Produtivo Local
- ATA – Apoio ao Trabalhador Autônomo
- BNDES – Banco Nacional de Desenvolvimento Econômico e Social
- CEBRAE – Centro Brasileiro de Apoio Gerencial à Pequena e Média Empresa
- CEAG – Centro de Assintência Gerencial, depois Centro de Assistência Gerencial à Micro e Pequena Empresa
- DCD – Dominância cerebral dual
- DCHD – Dominância cerebral do hemisfério direito
- DCHE – Dominância cerebral do hemisfério esquerdo
- EC – Empreendedor criativo
- EPP – Empresa de pequeno porte
- FIESP – Federação das Indústrias do Estado de São Paulo
- FUNCEX – Fundação Centro de Estudos do Comércio Exterior

❏ GEAMPE – Grupo Executivo de Assistência à Média e Pequena Empresa.

❏ GEM – Global Entrepreneurship Monitor

❏ IBGE – Instituto Brasileiro de Geografia e Estatística

❏ IPEA – Instituto de Pesquisa Econômica Aplicada

❏ KISS - *Keep it simple stupid*, ou seja, mantenha-o simples, estúpido.

❏ MPE – Micro e Pequena Empresa

❏ MPN – Micro e Pequeno Negócio

❏ MST – Movimento dos Sem-Terra

❏ OMC – Oprganização Mundial do Comércio

❏ ONG – Organização não-governamental

❏ PIB – Produto Interno Bruto

❏ PME – Pequena e Média Empresa

❏ ppcc – Pessoa de primeiro contato com o cliente

❏ SDI - Sistema de desempenho do intra-empreendimento

❏ SEBRAE – Serviço Brasileiro de Apoio à Micro e Pequena Empresa

❏ SIMPLES – Sistema Integrado de Pagamento de Impostos e Contribuições das Micro Empresas e Empresas de Pequeno Porte.

❏ TI – Tecnologia da Informação

www.dvseditora.com.br